Le Cahier rouge des chats

Le Cahier rouge des chats

*choix et préface
d'Arthur Chevallier*

Bernard Grasset

Paris

L'éditeur remercie le Comité Jean Cocteau,
M. Gabriel Jardin, ayant-droit de Paul Morand,
Mme Béatrice Szapiro, ayant-droit de Béatrix Beck.

COMITÉ

Jean Cocteau

Photo de couverture : Dessin de Prosper Mérimée
© RMN – Grand Palais – Michel Urtado.

ISBN : 978-2-246-85668-9
ISSN : 0756-7170

« Je ne connais qu'un regard humain plus riche de nuances [*que celui d'un chat*] : c'est celui de Greta Garbo ; et si elle était tentée de s'offenser de ce rapprochement, le trouvant sacrilège, qu'elle se souvienne que, cinq mille ans avant elle, la chatte était déesse », écrit Paul Morand dans *Rond-Point des Champs-Élysées*. Qui aime le chat le considère comme l'égal de l'homme. Voilà pourquoi, du point de vue des maîtres, le chat n'est pas un animal domestique comme les autres. Contrairement au chien, sa qualité ne se mesure pas à sa fidélité, à son affection ni même à sa gentillesse. Il n'est pas un esclave, c'est un être à séduire, à charmer, à contenter, à surprendre, à désirer, aussi difficile à garder qu'un amant ou une maîtresse.

Avant d'être l'égal de l'homme, le chat en a été le maître, le serviteur, le martyr et la passion. De l'Égypte ancienne en passant par la Chine et le monde arabe, il a été adulé comme une divinité ou, au moins, comme un animal sacré. En Europe, où il arrive au Ve siècle, il est employé pour la chasse aux rats dans les châteaux, les abbayes et les monastères. Comme la plupart des moines ont fait vœu de silence, ils parlent et se lient d'amitié avec les chats, vont jusqu'à écrire des poèmes à leur gloire. Le phénomène prend une ampleur telle que des religieux irlandais remplacent le culte de dieu par celui du chat. Concurrence inadmissible pour le pape Grégoire IX qui, en 1233, publie la bulle *Vox in Rama* où, en plus d'ordonner l'Inquisition, il assimile le chat au diable et en réclame la persécution. Qui menace le pape menace le roi. Les souverains de France craignent le chat, montent le peuple contre lui, organisent des cérémonies pour le massacrer, comme celle de la fête de la saint Jean à l'occasion de laquelle le peuple jetait des chats dans un bûcher. Louis XIV y assista une fois, en 1768, puis n'y parut plus. Du statut de bête maléfique, le chat revient à son état de chasseur de rats. La passion du roi provoque la folie des courtisans. Certains accueillent les chats dans les salons à la mode, d'autres les choisissent comme héritiers. Ils ne perdront plus leur place. Grâce aux écrivains, dont ils deviennent les compagnons, les amis et les muses, ils entrent dans la littérature.

« Le Chat idéal », première partie de cette anthologie inédite, rassemble des écrits qui abordent l'animal de façon théorique, philosophique ou scientifique. Certains, comme ceux de Remy de Gourmont et Florian, comparent le comportement du chat à celui des hommes, pour mieux montrer l'absurdité des derniers ; d'autres, comme celui de Jean-Louis Hue, traitent des études et expériences les plus farfelues, notamment à propos de l'origine de leur miaulement. *Les Chats* de Moncrif est le premier ouvrage encyclopédique sur l'animal. Son auteur combat l'idée reçue selon laquelle le chat serait un animal nuisible et démoniaque. Dans *Mes Chats*, Athénaïs Michelet, femme de l'historien, moque la servilité du chien et vante l'indépendance du félin : « […] le moindre signe ramènerait un chien à mes pieds, l'y retiendrait couché, humble et soumis. Le chat ne connaît pas cette obéissance passive. S'il a décidé de ne point venir à votre appel, vous aurez beau non pas ordonner, mais prier, il fera la sourde oreille [...] »

La deuxième partie, « Le Chat Magique », réunit des extraits de classiques de la littérature de l'Antiquité, où le chat était parfois perçu comme une divinité. Pour Plutarque, l'animal est « l'emblème de la lune par la variété de ses couleurs, par son activité durant la nuit [...] ». Hérodote revient sur son statut de bête sacrée chez les Égyptiens, sur les cultes et honneurs dont on le gratifiait : « On porte dans des maisons sacrées les chats qui viennent à mourir ; et, après qu'on les a embaumés, on les enterre à Bubastis. » Dans ses *Ruses de guerre*, Polyen relate une anecdote de bataille fascinante : pour vaincre l'armée égyptienne, des opposants placèrent des chats à l'avant-garde de sorte que les premiers refusèrent le combat. De l'Égypte, le chat a été introduit dans le monde arabe où, selon Moncrif, il avait droit aux meilleurs égards : « L'Orient n'est semé que de la renommée des chats ; ils sont traités à Constantinople avec les mêmes égards que les enfants d'une maison. On ne voit que des fondations faites par les gens de la plus haute considération, pour l'entretien des chats qui veulent vivre dans l'indépendance » (*Le Chat en Orient*).

Dans « L'animal des rois », on découvre que, après avoir été considéré comme l'incarnation du diable au Moyen Âge, le chat est devenu un des animaux les plus à la mode de la cour de France. Un extrait des *Historiettes* de Tallemant des Réaux évoque la passion de Richelieu pour ses chats. La princesse Palatine, figure du Versailles de Louis XIV, proclame, dans une de ses lettres : « Les chats sont, à mon avis, les plus jolies bêtes qu'il y ait au monde. » Proche de Louis XV, premier souverain amoureux des chats, Jean-Nicolas de Cheverny raconte comment le roi sermonnait quiconque jouait, s'emparait ou se moquait de son angora blanc.

« Les écrivains et les chats » rassemble des témoignages de l'amour des écrivains pour leurs chats. Edmond de Goncourt rappelle la complicité entre Théophile Gautier et Eponine, qui avait place à table ; Pierre Loti, dans *Vie de deux chattes*, revient sur ses « Moumouttes », à qui il avait fait faire des cartes de visite ; Champfleury se remémore sa première visite chez Victor Hugo où l'auteur de *Notre-Dame de Paris* lui présenta son félin ; Alexandre Dumas rend hommage à Mysouff, chat de son enfance. Est également reproduite pour la première fois depuis 1896, *Bêtes et gens de lettres*, une enquête passionnante menée par Georges Docquois sur les animaux et les écrivains. L'auteur est reçu chez Edmond de Goncourt, Emile Zola, Catulle Mendès ou encore Stéphane Mallarmé ; ces derniers lui présentent leurs chats, se souviennent d'anecdotes à leurs propos, expliquent pourquoi ils sont si importants dans leur vie et pour leurs œuvres : « M. Mallarmé a un rire des yeux. Il me désigne Lilith, qui, s'étant dressée, me tourne en ce moment le dos et me caresse le bout du nez avec la mèche du cierge noir de sa queue. Il me dit : "C'est cette tonsure qu'elle vous montre impudiquement, ce coin nu de sa bestialité... J'ai souvent songé à dorer cela ... " »

Dans les « Malheurs des chats », on trouve le passage de la mort de Belzébuth, fameux chat du *Capitaine Fracasse* de Théophile Gautier ; *L'Epitaphe d'un chat*, où Joachim du Bellay déplore la perte de son adoré Belaud ; un poème d'adieu à sa chatte de François Maynard, *Plainte sur la mort d'une chatte anglaise* : « J'aurai toujours dans la mémoire/Cette peluche blanche et noire/ Qui la fit admirer de tous […]. » La seconde partie rassemble des textes où le chat est présenté comme une bête sournoise, cupide, déloyale, preuve des préjugés dont il était victime. Dans *Vie et opinions philosophiques d'un chat*, Hippolyte Taine imagine un chat parlant dont le seul intérêt est de se rassasier. En créant un chat qui dévore son meilleur ami (*Le Chat et les deux moineaux*) Jean de La Fontaine en fait un archétype du traître. Enfin, le chirurgien Ambroise Paré l'accuse d'être porteur des pires infections : « Les chats n'infectent pas seulement par leur cervelle, mais aussi par leurs poils, haleine et regard […] » (*Le Livre des morsures*).

« Histoire de chat », dernière partie de cette anthologie, réunit les plus beaux contes, poèmes ou récits ayant le chat pour héros. *Le Chat botté* de Charles Perrault, *Le Chat noir* d'Edgar Allan Poe, *Le Paradis des chats* d'Emile Zola, les *Peines de cœur d'une chatte anglaise* d'Honoré de Balzac. « Histoire de chat », c'est aussi de la poésie. On y retrouve le légendaire *Chat* de Baudelaire, *A une chatte* de Charles Cros, *La Gazelle et le chat siamois* de Charles Dantzig. Sont également reproduits des extraits de classiques de la littérature étrangère, *Le Chat Murr* de Hoffmann, le chat du Cheshire d'*Alice au pays des merveilles* de Lewis Caroll, *Le Chat qui s'en va tout seul* de Rudyard Kipling, et même une traduction inédite du *Maître et Marguerite* de Mikhaïl Boulgakov.

Un humoriste français a dit que « dans son infinie bonté, Dieu a inventé le chat pour permettre à l'homme de caresser le tigre ». Le voici rusé, miaulant, caressé, admiré, aimé, adoré, vénéré, sous nos yeux, dans nos bras.

Arthur Chevallier

Le Chat idéal

Jean-Pierre Claris de Florian

Le Chat et le miroir

Philosophes hardis, qui passez votre vie
A vouloir expliquer ce qu'on n'explique pas,
Daignez écouter, je vous prie,
Ce trait du plus sage des chats.
Sur une table de toilette
Ce chat aperçût un miroir ;
Il y saute, regarde, et d'abord pense voir
Un de ses frères qui le guette.
Notre chat veut le joindre, il se trouve arrêté.
Surpris, il juge alors la glace transparente,
Et passe de l'autre côté,
Ne trouve rien, revient, et le chat se présente.
Il réfléchit un peu : de peur que l'animal,
Tandis qu'il fait le tour, ne sorte,
Sur le haut du miroir il se met à cheval,
Deux pattes par ici, deux par là ; de la sorte
Partout il pourra le saisir.
Alors, croyant bien le tenir,
Doucement vers la glace il incline la tête,
Aperçoit une oreille, et puis deux… à l'instant,
A droite, à gauche il va jetant
Sa griffe qu'il tient toute prête :

Mais il perd l'équilibre, il tombe et n'a rien pris.
Alors, sans davantage attendre,
Sans chercher plus longtemps ce qu'il ne peut comprendre,
Il laisse le miroir et retourne aux souris :
Que m'importe, dit-il, de percer ce mystère ?
Une chose que notre esprit,
Après un long travail, n'entend ni ne saisit,
Ne nous est jamais nécessaire.

Extrait des Fables, *livre I*

Jules Renard

Mon chat

I

Le mien ne mange pas les souris ; il n'aime pas ça. Il n'en attrape que pour jouer avec. Quand il a bien joué, il lui fait grâce de la vie, et il va rêver ailleurs, l'innocent, assis dans la boucle de sa queue, la tête bien fermée comme un poing. Mais à cause des griffes, la souris est morte.

II

On lui dit : « Prends les souris et laisse les oiseaux ! » C'est bien subtil, et le chat le plus fin quelquefois se trompe.

*Extrait d'*Histoires naturelles

Remy de Gourmont

Le chat de misère

L'autre jour, dans un salon qui ouvre de plein pied sur un jardin, on trouva, roulé en boule, un chat, mais quel chat ! Un être efflanqué, galeux, si las de la vie qu'il semblait indifférent à tout, sauf à sa sensation du moment, qui était, fait inespéré, d'avoir réussi à avoir chaud par un jour de pluie. Il avait faim aussi, mais n'étant pas de ces chats qui n'ont qu'à se frotter à leur maîtresse pour obtenir des choses qui se lapent ou des choses qui se mangent, il n'y songeait pas. Son étonnement fut visiblement très grand quand il se vit entouré d'un groupe d'humains qui lui offraient du lait et des gâteaux. Il n'avait pas peur, il était surpris comme nous le serions sur une route déserte, si, ayant soif et faim, une table servie surgissait à nos pieds. Les gens ne l'effrayaient pas parce qu'il n'en avait sans doute encore reçu aucun mal, mais ne l'attiraient pas, parce qu'il n'en avait reçu aucun bien. Les bêtes m'inspirent presque plus de pitié que les hommes, parce qu'elles sont encore plus effarées devant le malheur. Elles n'ont pas la ressource de maudire leurs frères et la société, ce qui est tout de même une distraction. Quelles réflexions un homme n'aurait-il pas faites, réduit à la condition errante et affamée de ce chat de misère ! Je vois cependant un point où la condition du chat était meilleure. Si cela avait été un humain qui se fût glissé dans le salon et se fût affalé sur un fauteuil, il est probable qu'on ne lui eût offert ni lait ni gâteaux et qu'on ne se fût pas penché sur lui pour admirer l'éclat de ses yeux

Extrait du Chat de misère, *idées et images*

Louis de Jaucourt

Chat, nom masculin

CHAT, s. m. *felis, catus*, (*Hist. nat.*) animal quadru-
pède domestique, dont on a donné le nom à un genre de
quadrupèdes, *felinum genus*, qui comprend avec le *chat*
des animaux très sauvages et très féroces. Celui-ci a sans
doute été préféré dans la dénomination, parce qu'y étant
le mieux connu, il était le plus propre à servir d'objet de
comparaison pour donner quelques idées du lion, du tigre,
du léopard, de l'ours, etc., à ceux qui n'en auraient jamais
vu. Il y a des *chats* sauvages ; on les appelle, en termes
de chasse, *chats-harests* ; et il y a lieu de croire qu'ils le
seraient tous, si on n'en avait apprivoisé. Les sauvages
sont plus grands que les autres ; leur poil est plus gros
et plus long ; ils sont de couleur brune ou grise. Gensner
en a décrit un qui avait été pris en Allemagne à la fin de
septembre ; sa longueur depuis le front jusqu'à l'extrémité
de la queue était de trois pieds ; il avait une bande noire le
long du dos, et d'autres bandes de la même couleur sur les
pieds et sur d'autres parties du corps. Il y avait une tache
blanche assez grande entre la poitrine et le col ; le reste du
corps était brun. Cette couleur était plus pâle, et approchait du cendré sur les côtés du corps. Les fesses étaient
rousses ; la plante des pieds et le poil qui était à l'entour

étaient noirs ; la queue était plus grosse que celle du *chat* domestique : elle avait trois palmes de longueur, et deux ou trois bandes circulaires de couleur noire.

Les *chats* domestiques diffèrent beaucoup les uns des autres pour la couleur et pour la grandeur : la pupille de ces animaux est oblongue ; ils n'ont que vingt-huit dents, savoir douze incisives, six à la mâchoire supérieure et six à l'inférieure ; quatre canines, deux en haut et deux en bas, elles sont plus longues que les autres ; et dix molaires, quatre en dessus et six en dessous. Les mamelles sont au nombre de huit, quatre sur la poitrine et quatre sur le ventre. Il y a cinq doigts aux pieds de devant, et seulement quatre à ceux de derrière.

En Europe, les *chats* entrent ordinairement en chaleur aux mois de janvier et de février, et ils y sont presque toute l'année dans les Indes. La femelle jette de grands cris durant les approches du mâle, soit que sa semence la brûle, soit qu'il la blesse avec ses griffes. On prétend que les femelles sont plus ardentes que les mâles, puisqu'elles les préviennent et qu'elles les attaquent. M. Boyle rapporte qu'un gros rat s'accoupla à Londres avec une *chatte ;* qu'il vint de ce mélange des petits qui tenaient du *chat* et du rat, et qu'on les éleva dans la ménagerie du roi d'Angleterre. Les *chattes* portent leurs petits pendant cinquante-six jours, et chaque portée est pour l'ordinaire de cinq ou six petits, selon Aristote ; cependant il arrive souvent dans ce pays-ci qu'elles en font moins. La femelle en a grand soin ; mais quelquefois le mâle les tue. Pline dit que les *chats* vivent six ans ; Aldrovande prétend qu'ils vont jusqu'à dix, et que ceux qui ont été coupés vivent plus longtemps. On a quantité d'exemples de *chats* et de *chattes* qui sans être coupés ont vécu bien plus de dix ans.

Tout le monde sait que les *chats* donnent la chasse aux rats et aux oiseaux ; car ils grimpent sur les arbres, ils sautent avec une très grande agilité, et ils rusent avec beaucoup de dextérité. On dit qu'ils aiment beaucoup le poisson ; ils prennent des lézards ; ils mangent des crapauds ; ils tuent les serpents, mais on prétend qu'ils n'en mangent jamais. Les *chats* prennent aussi les petits lièvres, et ils n'épargnent pas même leur propre espèce, puisqu'ils mangent quelquefois leurs petits.

Les *chats* sont fort caressants lorsqu'on les a bien apprivoisés ; cependant on les soupçonne toujours de tenir de la férocité naturelle à leur espèce : ce qu'il y aurait de plus à craindre, lorsqu'on vit trop familièrement avec des *chats*, serait l'haleine de ces animaux, s'il était vrai, comme l'a dit Matthiole, que leur haleine pût causer la phtisie à ceux qui la respireraient. Cet auteur en rapporte plusieurs exemples. Quoi qu'il en soit, il est bon d'en avertir les gens qui aiment les *chats* au point de les baiser, et de leur permettre de frotter leur museau contre leur visage.

*Extrait de l'*Encyclopédie

Jean-Henri Fabre

Histoire de mes chats

Si la rotation est sans effet aucun pour désorienter l'insecte, quelle influence peut-elle avoir sur le chat ? La méthode de l'animal balancé dans un sac pour empêcher le retour est-elle digne de confiance ? Je l'ai cru d'abord, tant elle s'accordait avec l'idée émise par l'illustre maître, idée si pleine d'espérances. Maintenant, ma foi s'ébranle, l'insecte me fait douter du chat. Si le premier revient après avoir tourné, pourquoi le second ne reviendrait-il pas ? Me voici donc engagé dans de nouvelles recherches.

Et d'abord jusqu'à quel point le chat mérite-t-il le renom de savoir revenir au logis aimé, aux lieux de ses ébats amoureux, sur les toits et dans les greniers ? On raconte sur son instinct les faits les plus curieux, les livres d'histoire naturelle enfantine regorgent de hauts faits qui font le plus grand honneur à ses talents de pèlerin. Je tiens ces récits en médiocre estime ; ils viennent d'observateurs improvisés, sans critique, portés à l'exagération. Il n'est pas donné au premier venu de parler correctement de la bête. Lorsque quelqu'un qui n'est pas du métier me dit de l'animal : c'est noir, je commence par m'informer si par hasard ce ne serait pas blanc ; et bien des fois le fait se trouve dans la proposition renversée. On me célèbre le chat comme expert en voyages. C'est bien : regardons-le comme un inepte voyageur. J'en serais là, si je n'avais que le témoignage des livres et des gens non habitués aux scrupules de l'examen scientifique. Heureusement j'ai connaissance de quelques faits qui ne laissent aucune prise à mon scepticisme. Le chat mérite réellement sa réputation de perspicace pèlerin. Racontons ces faits.

Un jour, c'était à Avignon, parut sur la muraille du jardin un misérable chat, le poil en désordre, les flancs creux, le dos dentelé par la maigreur. Il miaulait de famine. Mes enfants, très jeunes alors, eurent pitié de sa misère. Du pain trempé dans du lait lui fut présenté au bout d'un roseau. Il accepta. Les bouchées se succédèrent si bien que, repu, il partit malgré tous les « Minet ! Minet ! » de ses compatissants amis. La faim revint et l'affamé reparut au réfectoire de la muraille. Même service de pain trempé dans du lait, mêmes douces paroles ; il se laissa tenter. Il descendit. On put lui toucher le dos. Mon Dieu ! Qu'il était maigre !

Ce fut la grande question du jour. On en parlait à table ; on apprivoiserait le vagabond, on le garderait, on lui ferait une couchette de foin. C'était bien une belle affaire ! Je vois encore, je verrai toujours le conseil d'étourdis délibérant sur le sort du chat. Ils firent tant que la sauvage bête resta. Bientôt ce fut un superbe matou. Sa grosse tête ronde, ses jambes musculeuses, son pelage roux avec taches plus foncées, rappelaient un petit jaguar. On le nomma Jaunet à cause de sa couleur fauve. Une compagne lui advint plus tard, racolée dans des circonstances à peu près pareilles. Telle est l'origine de ma série de Jaunets, que je conserve, depuis tantôt une vingtaine

d'années, à travers les vicissitudes de mes déménagements.

Le premier de ces déménagements eut lieu en 1870.
Quelque peu avant, un ministre qui a laissé de si profonds
souvenirs dans l'université, l'excellent M. Victor Duruy,
avait institué des cours pour l'enseignement secondaire
des filles. Ainsi débutait, dans la mesure du possible à
cette époque, la grande question qui s'agite aujourd'hui.
Bien volontiers je prêtai mon humble concours à cette
œuvre de lumière. Je fus chargé de l'enseignement des
sciences physiques et naturelles. J'avais la foi et ne plai-
gnais pas la peine ; aussi rarement me suis-je trouvé
devant un auditoire plus attentif, mieux captivé. Les
jours de leçon, c'était fête, les jours de botanique surtout,
alors que la table disparaissait sous les richesses des
serres voisines.

C'en était trop. Et voyez, en effet, combien noir était
mon crime : j'enseignais à ces jeunes personnes ce que
sont l'air et l'eau, d'où proviennent l'éclair, le tonnerre, la
foudre ; par quel artifice la pensée se transmet à travers
les continents et les mers au moyen d'un fil de métal ;
pourquoi le foyer brûle et pourquoi nous respirons ;
comment germe une graine et comment s'épanouit une
fleur, toutes choses éminemment abominables aux yeux
de certains, dont la flasque paupière cligne devant le jour.

Il fallait au plus vite éteindre la petite lampe, il fallait
se débarrasser de l'importun qui s'efforçait de la main-
tenir allumée. Sournoisement on machine le coup avec
mes propriétaires, vieilles filles, qui voyaient l'abomina-
tion de la désolation dans ces nouveautés de l'enseignement. Je n'avais pas avec elles d'engagement écrit, propre

à me protéger. L'huissier parut avec du papier timbré. Sa
prose me disait que j'avais à déménager dans les quatre
semaines; sinon, la loi mettrait mes meubles sur le pavé.
Il fallut à la hâte se pourvoir d'un logis. Le hasard de la
première demeure trouvée me conduisit à Orange. Ainsi
s'est accompli mon exode d'Avignon.

Le déménagement des chats ne fut pas sans nous
donner des soucis. Nous y tenions tous et nous nous
serions fait un crime d'abandonner à la misère, et sans
doute à de stupides méchancetés, ces pauvres bêtes si
souvent caressées. Les jeunes et les chattes voyageront
sans encombre : cela se met dans un panier, cela se tient
tranquille en route; mais pour les vieux matous, la difficulté n'est pas petite. J'en avais deux : le chef de lignée,
le patriarche, et un de ses descendants, tout aussi fort que
lui. Nous prendrons l'aïeul, s'il veut bien s'y prêter, nous
laisserons le petit-fils en lui faisant un sort.

Un de mes amis, M. le docteur Loriol, se chargea de
l'abandonner. À la tombée de la nuit, la bête lui fut portée
dans une corbeille close. À peine étions-nous à table pour
le repas du soir, causant de l'heureuse chance échue à
notre matou, que nous voyons bondir par la fenêtre une
masse ruisselant d'eau. Ce paquet informe vint se frotter
à nos jambes en ronronnant de bonheur.

C'était le chat. Le lendemain je sus son histoire.

Amené chez M. Loriol, on l'enferma dans une
chambre. Dès qu'il se vit prisonnier dans une pièce
inconnue, le voilà qui bondit furieux sur les meubles,
aux carreaux de vitre, parmi les décors de la cheminée,
menaçant de tout saccager. Mme Loriol eut frayeur du

petit affolé : elle se hâta d'ouvrir la fenêtre et l'animal bondit dans la rue, au milieu des passants. Quelques minutes après, il avait retrouvé sa maison. Et ce n'était pas chose aisée : il fallait traverser la ville dans une grande partie de sa largeur, il fallait parcourir un long dédale de rues populeuses, au milieu de mille périls, parmi lesquels les gamins d'abord et puis les chiens ; il fallait enfin, obstacle peut-être encore plus sérieux, franchir un cours d'eau, la Sorgue, qui passe à l'intérieur d'Avignon. Des ponts se présentaient, nombreux même, mais l'animal, tirant au plus court, ne les avait pas suivis et bravement s'était jeté à l'eau comme le témoignait sa fourrure ruisselante. J'eus pitié du matou, si fidèle au logis. Il fut convenu que tout le possible serait fait pour l'amener avec nous. Nous n'eûmes pas ce tracas : à quelques jours de là, il fut trouvé raide sous un arbuste du jardin. La vaillante bête avait été victime de quelque stupide méchanceté. On me l'avait empoisonné. Qui ? Probablement pas mes amis.

Restait le vieux. Il n'était pas là quand nous partîmes ; il courait aventures dans les greniers du voisinage. Dix francs d'étrennes furent promis au voiturier s'il m'amenait le chat à Orange, avec l'un des chargements qu'il avait encore à faire. À son dernier voyage, en effet, il l'amena dans le caisson de la voiture. Quand on ouvrit sa prison roulante, où il était enfermé depuis la veille, j'eus de la peine à reconnaître mon vieux matou. Il sortit de là un animal redoutable, au poil hérissé, aux yeux injectés de sang, aux lèvres blanchies de bave, griffant et soufflant. Je le crus enragé, et quelque temps le surveillai de près. Je me trompais : c'était l'effarement de l'animal dépaysé. Avait-il eu de graves affaires avec le voiturier au moment d'être saisi ? Avait-il souffert en

voyage? L'histoire là-dessus reste muette. Ce que je
sais bien, c'est que l'animal semblait perverti : plus de
ronrons amicaux, plus de frictions contre nos jambes ;
mais un regard assauvagi, une sombre tristesse. Les
bons traitements ne purent l'adoucir. Il traîna ses misères
d'un recoin à l'autre encore quelques semaines, puis un
matin je le trouvai trépassé dans les cendres du foyer. Le
chagrin l'avait tué, la vieillesse aidant. Serait-il revenu
à Avignon s'il en avait eu la force? Je n'oserais l'affirmer. Je trouve du moins très remarquable qu'un animal
se laisse mourir de nostalgie parce que les infirmités de
l'âge l'empêchent de retourner au pays.

Ce que le patriarche n'a pu tenter, un autre va le faire,
avec une distance bien moindre, il est vrai. Un nouveau
déménagement est résolu pour trouver à la fin des fins
la tranquillité nécessaire à mes travaux. Cette fois-ci ce
sera le dernier, je l'espère bien. Je quitte Orange pour
Sérignan.

La famille des Jaunets s'est renouvelée : les anciens
ne sont plus, de nouveaux sont venus, parmi lesquels
un matou adulte, digne en tous points de ses ancêtres.
Lui seul donnera des difficultés : les autres, jeunes et
chattes, déménageront sans tracas. On les met dans des
paniers. Le matou à lui seul occupe le sien, sinon la paix
serait compromise. Le voyage se fait en voiture, en compagnie de ma famille. Rien de saillant jusqu'à l'arrivée.
Extraites de leurs paniers, les chattes visitent le nouveau
domicile, elles explorent une à une les pièces ; de leur
nez rose, elles reconnaissent les meubles : ce sont bien
leurs chaises, leurs tables, leurs fauteuils, mais les lieux
ne sont pas les mêmes. Il y a de petits miaulements étonnés, des regards interrogateurs. Quelques caresses et un

peu de pâtée calment toute appréhension ; et du jour au lendemain, les chattes sont acclimatées.

Avec le matou, c'est une autre affaire. On le loge dans les greniers, où il trouvera ampleur d'espace pour ses ébats ; on lui tient compagnie pour adoucir les ennuis de la captivité ; on lui monte double part d'assiettes à lécher ; de temps en temps, on le met en rapport avec quelques-uns des siens pour lui apprendre qu'il n'est pas seul dans la maison ; on a pour lui mille petits soins dans l'espoir de lui faire oublier Orange. Il paraît l'oublier en effet : le voilà doux sous la main qui le flatte, il accourt à l'appel, il ronronne, il fait le beau. C'est bien : une semaine de réclusion et de doux traitements ont banni toute idée de retour. Donnons-lui la liberté. Il descend à la cuisine, il stationne comme les autres autour de la table, il sort dans le jardin, sous la surveillance d'Aglaé qui ne le perd pas des yeux, il visite les alentours de l'air le plus innocent. Il rentre. Victoire ! Le chat ne s'en ira pas.

Le lendemain : « Minet ! Minet ! ... » pas de Minet. On cherche, on appelle. Rien. — Ah ! le tartufe, le tartufe ! Comme il nous a trompés ! Il est parti, il est à Orange. Autour de moi, personne n'ose croire à cet audacieux pèlerinage. J'affirme que le déserteur est en ce moment à Orange, miaulant devant la maison fermée.

Aglaé et Claire partirent. Elles trouvèrent le chat comme je l'avais dit, et le ramenèrent dans une corbeille. Il avait le ventre et les pattes crottées de terre rouge ; cependant le temps était sec, il n'y avait pas de boue. L'animal s'était donc mouillé en traversant le torrent de l'Aygues, et l'humidité de la fourrure avait retenu la poussière rouge des champs traversés. La distance en ligne droite de Sérignan à Orange est de sept kilomètres. Deux ponts se trouvent sur l'Aygues, l'un en amont, l'autre en aval de cette ligne droite, à une distance assez grande. Le chat n'a pris ni l'un ni l'autre : son instinct lui indique la ligne la plus courte, et il a suivi cette ligne comme l'indique son ventre crotté de rouge. Il a traversé le torrent en mai, à une époque où les eaux sont abondantes; il a surmonté ses répugnances aquatiques pour revenir au logis aimé. Le matou d'Avignon en avait fait autant en traversant la Sorgue.

Le déserteur est réintégré dans le grenier de Sérignan. Il y séjourne quinze jours, et finalement on le lâche. Vingt-quatre heures ne s'étaient pas écoulées qu'il était de retour à Orange. Il fallut l'abandonner à son malheureux sort. Un voisin de mon ancienne demeure, en pleine campagne, m'a raconté l'avoir vu un jour se dérober derrière une haie avec un lapin aux dents. N'ayant plus de pâtée, lui, habitué à toutes les douceurs de la vie féline, il s'est fait braconnier, exploitant les basses-cours dans le voisinage de la maison déserte. Je n'ai plus eu de ses nouvelles. Il a mal fini sans doute : devenu maraudeur, il a dû finir en maraudeur.

La preuve est faite : à deux reprises, j'ai vu. Les chats adultes savent retrouver le logis malgré la distance et le complet inconnu des lieux à parcourir. Ils ont, à leur manière, l'instinct de mes Chalicodomes. Un second point reste à mettre en lumière, celui de la rotation dans le sac. Sont-ils désorientés par cette manœuvre, ne le sont-ils pas? Je méditais des expériences lorsque des informations plus précises sont venues m'en démontrer l'inutilité. Le premier qui me fit connaître la méthode du sac tournant parlait d'après le récit d'un autre, qui

répétait le récit d'un troisième, récit fait sur le témoignage d'un quatrième, etc. Nul n'avait pratiqué, nul
n'avait vu. C'est une tradition dans les campagnes. Tous
préconisent le moyen comme infaillible sans l'avoir, pour
la plupart, essayé. Et la raison qu'ils donnent du succès
est pour eux concluante. Si, disent-ils, ayant les yeux
bandés, nous tournons quelque peu, nous ne savons plus
nous reconnaître. Ainsi du chat transporté dans l'obscurité du sac qui tourne. Ils concluent de l'homme à la
bête, comme d'autres concluent de la bête à l'homme,
méthode vicieuse de part et d'autre s'il y a là réellement
deux mondes psychiques distincts.

Pour qu'une telle croyance soit si bien ancrée dans l'esprit du paysan, il faut que des faits soient venus de temps
en temps la corroborer. Mais dans les cas de succès, il
est à croire que les chats dépaysés étaient des animaux
jeunes, non émancipés encore. Avec ces néophytes, un
peu de lait suffit pour chasser les chagrins de l'exil. Ils ne
reviennent pas au logis, qu'ils aient tourné ou non dans
un sac. Par surcroît de précaution, on se sera avisé de
les soumettre à la pratique rotatoire ; et cette pratique a
fait ainsi ses preuves au moyen de succès qui lui étaient
étrangers. Ce qu'il fallait dépayser pour juger la méthode,
c'était le chat adulte, le vrai matou.

Sur ce point, j'ai fini par trouver les témoignages que
je désirais. Des personnes dignes de foi, d'esprit réfléchi,
aptes à démêler les choses, m'ont raconté avoir essayé
la méthode du sac tournant pour empêcher les chats de
revenir à la maison. Personne n'y a réussi lorsque la bête
était adulte. Transporté à une grande distance, dans un
autre logis, après rotation consciencieuse, l'animal revenait toujours. J'ai en mémoire surtout un ravageur des

poissons rouges d'un bassin, qui, dépaysé de Sérignan à Piolenc suivant la méthode sacramentelle, revint à ses poissons ; qui, transporté dans la montagne et abandonné au fond des bois, revint encore. Le sac et la rotation restant sans effet, il fallut abattre le mécréant. J'ai recensé un nombre suffisant d'exemples analogues, tous dans de bonnes conditions. Leur témoignage est unanime : la rotation n'empêche nullement le chat adulte de revenir. La croyance populaire, qui m'avait d'abord tant séduit, est un préjugé de campagne, basé sur des faits mal observés. Il faut donc renoncer à l'idée de Darwin pour expliquer le retour aussi bien du chat que du chalicodome.

Extrait des Souvenirs entomologiques

Champfleury

La statistique et la race féline

Le chat domestique de campagne a d'autres ennemis, plus acharnés s'il est possible, que les chasseurs : le *Journal d'agriculture pratique* contenait dernièrement un énorme réquisitoire à son sujet. Suivant le rédacteur, le plus grand destructeur du gibier, c'est le chat. La nuit, il rôde dans la campagne, guettant avec plus de patience qu'un pêcheur a la ligne les lièvres et les lapins qui s'ébattent, enhardis par l'obscurité. Les bonds du chat sont, d'après l'accusation, aussi terribles que ceux d'une panthère, d'un saut, l'animal tombe sur les lapereaux, et on lui fait un crime que ses griffes pénètrent dans les chairs comme un hameçon.

Le rossignol commence sa chanson ; tout à coup il s'interrompt. Rossignol et chanson sont tombés dans la gueule du chat.

Les paysans font la chasse aux ortolans à l'aide de pièges qu'ils tendent dans les vignes ; s'il ne reste que des plumes à côté des engins, c'est que le chat, friand de becs-figues et d'ortolans, s'en sera passé le régal.

Plus nuisible à lui seul, chat, que les destructeurs de basse-cour, la fouine, la belette ou le loup. L'immense avantage du chat sur ces carnassiers est qu'il travaille en paix sans exciter de soupçons. Il est chez lui.

Le moindre bruit de l'intérieur de la ferme effraie le renard qui rôde sournoisement aux alentours. Il faut que les blés soient assez hauts pour tenir lieu de chemin couvert au renard. Un petit buisson sert de cachette au chat. Blotti dans des branches d'arbres, il fait plus de ravages dans les nids que tous les vauriens du canton.

Il a de singulières facultés magnétiques : son œil vert fascine les oiseaux et fait qu'ils tombent tout crus dans son gosier.

Le chien inspecte un champ à vue de nez, et une tournée rapide ne lui permet pas de découvrir tous les oiseaux blottis dans les sillons. Le chat, plus réfléchi, furette minutieusement ; ses pattes de velours lui permettent d'approcher sans bruit. Rien ne lui échappe d'une poussinée de perdrix.

Son oreille délicate perçoit le cri de ralliement de la femelle du lièvre pour rassembler ses petits. À ce signal arrive le chat, et les lapereaux, il les rassemble dans son estomac.

Le lièvre se défend contre le loup, contre le lapin, son plus cruel ennemi, et cherche protection auprès de l'homme. Pas d'animal qui accepterait plus volontiers la domesticité. Il affectionne les haies, les fossés aux alentours des fermes. On rencontre souvent le lièvre dans les potagers. La société des vaches à l'étable ne lui déplaît pas, et quelquefois la servante, en allant tirer du vin au cellier, aperçoit le profil de ses grandes oreilles ; mais le chat est là qui dévore impitoyablement l'animal venant demander l'hospitalité à la ferme.

À en croire le même témoin à charge, le renard, la fouine, le putois, le loup sont absents de certaines contrées ; si le busard et le gerfaut s'y montrent, ce n'est que pour apparaître et disparaître aux équinoxes. Les lièvres et les lapins n'en disparaissent pas moins comme par enchantement! L'enchanteur, suivant cette déposition, serait le chat, qui croquerait, année moyenne, quatre-vingt-dix lapereaux sur cent. Pourtant le chat de campagne est triste et maigre.

Sa tristesse, j'en ai dit la raison. Bourré de coups plus que de viande, méprisé autant que le chien est adulé, ne recevant jamais de caresses, délaissé par des natures brutales qui ne comprennent pas ses trésors d'affection, le chat souffre dans sa délicatesse. Pas de jambes amies contre lesquelles il puisse se frotter; la voix des gens de campagne semble rude à un animal d'une ouïe d'une exquise finesse. Dans sa jeunesse, il miaulait doucement pour satisfaire son appétit; personne ne l'a écouté. Le chat est devenu misanthrope; ses meilleures qualités se sont aigries. Il est allé demander à la solitude des champs et des bois un baume à ses mélancolies; ni les pâtures ni les forêts ne rendent l'enjouement, et c'est pourquoi le chat de village est triste.

Sa maigreur semble bizarre en présence des méfaits que le *Journal d'agriculture pratique* lui implique. Sans doute, la vie sauvage n'embellit pas les êtres à la façon des villes; un appartement bien chaud lustre le poil mieux que la brise; mais le gibier si abondant dont on lui reproche la destruction devrait avoir quelque action sur l'estomac de l'animal. On a vu l'étalage des déprédations des chats; le statisticien est plus terrible à son endroit, qu'un procureur impérial.

Le nombre des maisons rurales, en France, est évalué à six millions. Dans chacune, au village, ou peut compter un chat, si non plusieurs. Voilà donc plusieurs millions de carnassiers destructeurs de gibier. Conséquence : six millions de chats à exterminer.

Le rédacteur qui a aligné ces chiffres enjoint aux propriétaires ruraux d'empêcher leurs fermiers, métayers, vignerons, pâtres, meuniers, forestiers, journaliers, de conserver des chats chez eux; pour lui, comme pour M. Toussenel, un coup de fusil terminerait promptement l'affaire. Il n'est pas tenu compte dans cette statistique de la conservation des grains. Les rats, les souris et autres rongeurs semblent n'avoir jamais existé. On ne dit pas que la seule présence du chat dans une maison suffit a éloigner les destructeurs de blé.

La passion égare les ennemis de la race féline. Ce n'est pas tout que de dresser un réquisitoire; chaque accusé a droit de faire entendre des témoins à décharge. La mission des chats à la campagne a-t-elle été assez étudiée pour qu'on les condamne si facilement?

Extrait des Chats, histoires, mœurs, observations, anecdotes

Jean-Louis Hue

Des études scientifiques

D'un point de vue strictement géométrique, le chat est une figure simple. Quelques grandes lignes le définissent, une droite et une infinité de courbes qui s'articulent entre elles et se recombinent avec la souplesse des calligrammes.

Sa marche tient en un trait. Ses pattes antérieures se posent l'une devant l'autre, suivant un rail imaginaire, et moins de cinq centimètres séparent ses pattes postérieures. C'est un funambule né. On s'étonne même que la pluie puisse l'atteindre tant il semble capable de passer entre les gouttes. Il est conçu pour un monde de rameaux, de fils à linge, de drisses, de poutrelles et de lignes de fuite. Un sillon dans un champ de maïs lui ouvre une allée forestière qu'il remonte avec une rectitude de promeneur du dimanche. Il aime suivre les sentiers déjà tracés, comme l'acrobate, son fil. Il monte aux arbres parce que leurs troncs sont droits. Un chemin de halage lui assurerait une voie triomphale : il irait de la Marne à la Saône, du Rhône eu Rhin, le long de filins aquatiques que l'homme a tendus entre les cours d'eau.

Aucun contrepoids n'assure son équilibre. Au contraire, il paraît constamment s'alléger, et son corps ondule, à la façon de ces plaques de chaleur qui s'étirent sans fin vers le ciel. On a tort d'affirmer qu'il marche. Il flotte légèrement au-dessus du sol.

Ses expressions sont à l'image de sa trajectoire : sans détour. Seuls les aveugles peuvent le soupçonner d'hypocrisie. Il ne cache rien.

La taille même de son corps signale ses humeurs. La frayeur le dilate et lui enfile une armure d'oursin. L'affût l'écrase contre le sol, le réduisant à un petit monticule de poils que chaque minute érode. La colère l'amaigrit encore. Vidant ses poumons, contractant son ventre, raclant sa gorge, il vomit son corps entier et, comme un gant que l'on retourne, défroisse dans l'espace son double sonore. Qu'un besoin urgent le prenne et l'étau de nerfs et de muscles se resserre d'un cran. Il pose, en guise d'étron, une délicat virgule qui ponctue une longue crispation.

Le chat vit pour l'élégance, qui est l'art de s'exprimer à travers la forme la plus ajustée et sobre qui soit. Une revue de détail s'épuiserait à trouver un quelconque laisser-aller. Pas un seul faux pli, pas un seul faux mouvement.

Même les oreilles, organes souvent grotesques et mal entretenus chez d'autres espèces, restent irréprochables. Elles sont taillées sur mesure. Une vingtaine de muscles équipent chacune d'elles ; un petit soufflet, à leur base, garantit leur indépendance de mouvement. Sans exagération, ces oreilles peuvent tout dire.

Droites et inertes, elles accusent la perplexité du chat, esquissant un bonnet d'âne infligé à un élève un peu ballot. Un léger bruit suffira à les dégourdir. Elles révèlent alors leur fonction première de cornet acoustique, appréhendant les sons comme une main le fait d'un objet. Elles les localisent, les enveloppent, tâtonnent à la recherche de la position d'écoute idéale. Une porte claque, et elles débusquent la proie.

On peut vivre sourd et tout de même bien entendre : il suffit de regarder ces oreilles-là. Elles rendent évidents les décibels.

Soudain repliées sur elles-mêmes, elles sculptent un masque de guerrier et annoncent un combat proche. Un dessin rond, de poils diversement colorés, s'inscrit parfois à leurs revers : certains chats sauvages s'offrent ainsi une sorte d'œil supplémentaire, propice à effrayer l'ennemi.

Rejetées en arrière, devenant peu à peu invisibles, elles trahissent une grande peur. Elles tirent la tête du chat vers l'arrière, la mâchoire s'ouvre, le nez, les joues, le crâne se plissent, et des dizaines de rides drainent la face vers le ciel. L'allure générale évoque la mine ahurie de quelqu'un ôtant son passe-montagne.

Entre l'oreille belliqueuse et l'oreille poltronne, il existe quantité d'autres oreilles, bonasses, interroga-trices, posées en parenthèses, désolées, contrites, ou simplement étourdies, sans parler des oreilles qui se contredisent entre elles et perpétuent un dialogue de sourds.

Là comme ailleurs, une géométrie variable épouse les contours du sentiment. Un compromis formel s'éta-blit entre les pulsions d'attaques et de fuite. Le chat sait se montrer partagé. Il apparaît même parfois coupé en deux, la première moitié du corps saisie d'une raideur de gargouille, attendant on ne sait quelle pluie, tandis que la seconde moitié du corps, chavirée contre le sol, paresse.

Un autre tour de force gymnastique donne la posture du gros dos. La peur bloque les pattes antérieures du chat tandis que ses pattes postérieurs, plus courageuses, continuent à le lancer à l'attaque. Ce n'est plus, alors, qu'un jouet de bois, taillé sans respect des proportions, plus haut que long, qui avance sur un rythme de hoquet, par petits bonds latéraux. Parfois, les pattes postérieures, fouettées par l'audace, l'emportent et le chat à la limite de la culbute, improvise une marche où un derrière aveugle tient lieu de figure de proue.

Dos rond, ronds des yeux, griffes tracées au compas, une unique courbe délimite son être. Il apprécie les creux, les oreillers, les corbeilles, tous ces calques de sa forme où il s'inscrit sans rien laisser dépasser de lui-même. Lorsque sa robe est tigrée, des bagues de poils entourent sa queue et ses pattes pour mieux souligner une fidélité essentielle.

L'angle l'insupporte. Mais il manie son menton comme une râpe, frottant inlassablement rebords de marche, genoux cagneux, coins de table, arêtes de poutre, et toute sortes de pierres angulaires. Faute de savoir que la terre est ronde, il polit même les cailloux.

Qu'il tire la langue, bondisse d'un arbre ou passe sa patte sur son oreille, toujours ses gestes ourlent un espace curviligne. Endormi, il repose encore sur un cintre. Ses paupières se ferment, avec une infinie lenteur, comme s'il basculait deux coupoles de plomb. Puis son corps se boucle, niant l'angle et le risque d'insomnie.

Cet arc roman supporte le poids d'une immense nuit.

[...]

Le voilà tendre, câlin, bavard. Sa vie n'est qu'un petit lait qu'il boit goulûment. Il s'allonge contre l'aisselle d'un bras, moite et chaude, comme l'était le ventre de sa mère. Ses pattes pétrissent un bout d'oreiller. Grave et concentré, presque buté, il fait une tête de pianiste de concert. Un même motif musical le berce, la tessiture de sa vie : il ronronne.

Purr, dit l'Anglais, d'une douceur enrouée. *Ronfio*, clame l'Italien, et c'est une roulade de ténor. *Schnurren*, serine l'Allemand qui se souvient du bruit des anciens rouets. Ronron, roucoule l'Espagnol. Autant de médiocres onomatopées. Au XIXe siècle, Mme Michelet, la femme de l'historien, tente d'affiner la gamme et différencie *mourrons, mourons, mou'ons* et *mrrr*. Plus tard, en 1943, loin des fracas de la Seconde Guerre mondiale, le chercheur américain Milfred Moelk distingue le *brn*, ronronnement inspiratoire et le *rhn*, ronronnement expiratoire, l'ensemble composant ce râle d'asthmatique, *brn-rhn, brn-rhn* etc. La phonétique y gagne sans doute, mais on rate l'essentiel.

Le son n'est pas pur. Il contient plusieurs bruits qui se ressentent plus qu'ils ne s'écoutent, et annoncent un départ ou un changement d'état : le tumulte d'une eau frémissante, le halètement d'un vaporetto sur un canal vénitien, un ralenti de moteur bien huilé, le grondement d'un sol qui tremble, le souffle d'un vent qui se lève et froisse le feuillage. Il renferme même du silence, une pause d'été, rythmée de chutes de pétales et de vols de bourdons. Bien qu'il filtre d'une bouche close, le ronronnement s'étend à l'infini, dans l'air où il se vaporise, sur le sol, contre la peau qu'il couvre d'une lave tiède, et au fil de l'eau. À son contact à petits bouillons, tant ce bruit réchauffe.

Le chat ronronne pour la première fois de sa vie quand il tète. La béatitude est immense. Sa mère lui répond : deux paix confiantes et ensommeillées se font écho. Plus tard, face à l'homme, le chat retrouvera le goût de ces bruyantes tétées à travers une caresse ou une cajolerie. Mais le ronronnement n'est pas taillé à la seule mesure du bonheur. Il accompagne une forte fièvre, une blessure douloureuse, une grande peur ou même une agonie. Devant un maître en colère ou un congénère qui lui en impose, le chat ronronne. Il se soumet ; son murmure est un drapeau blanc. Il avoue sa faiblesse, appelle à l'aide, demande une consolation. Du chaton qui tète au chat qui souffre, la même note demeure. En ronronnant, le chat se livre corps et âme.

Ce bruit vient des profondeurs de l'animal. Les chercheurs, qui n'ont pas toujours l'oreille très fine, ont tâtonné pendant plus d'un siècle pour en localiser la source exacte. Comme le chat possède un larynx aussi encombré qu'une fosse d'orchestre, avec deux glottes et deux cordes vocales, les vraies et les fausses, chacun s'est égaré dans des méandres acoustiques. Au XIXᵉ siècle, certains entendent vibrer les fausses cordes vocales, d'autres, l'épiglotte ou le voile du palais. La cacophonie s'apaise un instant en 1957, quand un vétérinaire allemand, Hussel, attribue ronronnement aux vraies cordes vocales et propose une théorie « myo-élastique ». Mais, moins de dix ans plus tard, un vétérinaire américain, Mac Cuistion, échafaude une curieuse théorie circulatoire : le ronronnement prendrait naissance dans la paroi de la veine cave inférieure dont la vibration, provoquée par une accélération du débit sanguin, se propagerait dans les bronches puis dans les voies respiratoires. Plus personne ne s'entend. En 1969, Bernard Denis, auteur d'une thèse sur le sujet, redonne voix aux vibrations laryngées. Et, en 1972, enfin, deux autres chercheurs, Remmers et Gautier, étudiant le ronronnement parce que ce bruit les gênait quand ils écoutaient respirer des chats placés sur la table d'opération, mettent en évidence un détail jusque-là négligé, la contraction du diaphragme.

[...]

Ces recherches ne bouleversent pas par leurs découvertes mais par leurs méthodes. Car, pour fouiller les mécanismes du ronronnement, c'est le chat lui-même que l'on démonte. Mac Cuistion ouvre le ventre des chatons et écoute leurs murmures, l'index planté dans leurs viscères. De son côté, Bernard Denis ligature une veine cave, coupe le voile du palais, ouvre la trachée, cisaille les cordes vocales. Après chaque amputation, le chat ronronne encore. Comme s'il lançait une ultime supplique, exigeait sa grâce et manifestait son désir de vivre à travers la souffrance. Seule la section de certains nerfs laryngés le fait taire. La bête est musclée.

[...]

Pour son malheur, le chat est un pionnier de la méthode expérimentale. Dès le début du XVIIIe siècle, alors que l'esprit scientifique balbutie encore, l'Académie des sciences, saisie d'une grande dispute, s'interroge sur les œillades affolées de l'animal. Le problème est exposé par Diderot dans son *Encyclopédie* : « On a découvert que si on plonge un chat dans l'eau et que l'on tourne alors sa tête, de sorte que ses yeux soient directement exposés à la grande lumière, il arrive 1° que malgré la grande lumière la prunelle de l'animal ne se rétrécit point et qu'au contraire elle se dilate, et dès qu'on retire de l'eau l'animal vivant, sa prunelle se resserre ; 2° que l'on aperçoit distinctement dans l'eau le fond des yeux de cet animal, qu'il est bien certain qu'on ne peut voir à l'air. »

Une fois sorti de son bain, le chat sera dépecé.

[...]

Un rien touche le chat. Les coussinets de ses pattes enregistrent les vibrations du sol, prémices d'un tremblement de terre ou trottinements de souris ; ils trahissent une peur, une émotion forte, un état d'alerte, en sécrétant de petites flaques de sueur. Son nez capte les variations de température, au degré près, compensant ainsi l'indolence thermique d'un organisme qui supporte sans broncher des températures dépassant les 50 degrés centigrades. Ainsi le chat sait éviter les plats brûlants mais peut carboniser douillettement contre un poêle : au Moyen Âge, un matou à la robe roussie passait à juste titre pour un fainéant et un piètre chasseur de souris. Quant à ses moustaches, petites perches souples, elles sondent l'espace environnant. Plantées le long des joues, au-dessus des yeux, près du nez et même sous le menton, elles déploient un éventail prétentieux, à tiges de nacre, sans cesse agité d'une nervosité coquette. Ces moustaches évoquent une roue de paon qui s'articulerait autour de la face. Sensibles et mobiles, elles informent le chat sur la largeur d'un trou, le guident dans l'obscurité et l'aident à repérer des proies qui, lorsqu'elles passent sous son nez, échappent à son champ visuel. Un chat aveugle mais moustachu restera capable d'attraper une souris passant près de lui.

Le dernier regard que le chat lance à sa victime passe par la pointe de ses moustaches.

Extrait du Chat dans tous ses états

François-Augustin de Moncrif

De la fidélité des chattes

On soupçonne les Chats, Madame, d'avoir un penchant à nuire ; que c'est peu les connaître ! Il ne faut qu'un coup de crayon pour faire leur apologie ; ce trait qui prouvera leur douceur et leur facilité, est bien à la honte des hommes : mais il s'agit de justifier l'innocence ; nous ne pourrions rien dissimuler. Faisons-nous un effort, Madame. Considérons attentivement les Chats dans l'instant de l'attentat qu'on ose faire sur leur personne, par le ministère barbare des Chaudronniers ; déjà la perfidie est consommée : un Chat séduit par les caresses d'un homme dont il a bien voulu se faire un maître, s'est livré entre les mains d'un ennemi. Il s'en échappe enfin ; il est outragé ; il a toujours cette griffe dont on a tant exagéré les atteintes ; cependant un généreux mépris devient sa seule vengeance. Il se contente de fuir ces hommes qui l'ont si inhumainement trahi ; mais bientôt gagné par ce malheureux penchant avec lequel il est né pour eux, il revient, et leur découvre pour tout reproche, cette taciturnité et cette langueur dans laquelle il passe le reste de sa vie.

[...]

Nous parlions de la fidélité des Chattes. Quelle preuve plus glorieuse pour elles que cette sympathie que tant de Naturalistes ont reconnu qu'elles avaient pour leurs époux ? Quand il meurt, pendant qu'elles sont pleines, pour nous servir du terme vulgaire, soit qu'elles apprennent cette perte ou non, il se passe en elles une révolution qui les fait aussitôt avorter.

Et ces grands cris que les Chattes font la nuit dans la partie supérieure des villes, le vulgaire les regarde comme des clameurs purement machinales. Les Anciens sont partagés à cet égard. L'un a prétendu que c'est l'effet des griffes du Matou, qui par excès de zèle les embrasse trop vivement ; l'autre en imagine encore une autre cause galante dont on ne conçoit pas bien comment on peut s'instruire. Il fait de la Chatte une Semelé, et du Matou un Jupiter ; mais la vraie origine de ces cris est l'ouvrage de la prudence d'une Chatte qui avait une grande passion dans le cœur.

Voici donc l'opinion la plus communément reçue au sujet des exclamations des Chattes ; celle que je viens de citer était en rendez-vous avec un Chat qu'elle aimait éperdument. Ceux qui suivent l'ancienne philosophie, prétendent que c'était le moment précis où son amant triomphait de sa faiblesse. Il est vrai que ce sentiment est fondé sur l'opinion d'Aristote, qui soutient *que* « les Chattes ayant beaucoup plus de tempérament que les Chats, bien loin d'avoir la force de leur tenir rigueur un moment, elles leur font d'éternelles agaceries, sans ménagement, sans pudeur, au point même qu'elles en viennent à la violence, si le Matou paraît manquer de zèle ».

Quoi qu'il en soit, une Souris parut, et voilà notre galant qui part, et qui se met à sa poursuite. La Chatte piquée, comme vous le jugez bien, imagina un expédient pour ne plus éprouver un pareil affront ; c'était de jeter de temps en temps de grands cris chaque fois qu'elle était en tête à tête avec son amant. Ces cris ne manquèrent jamais d'aller au loin effrayer la gent souris qui n'osa plus venir troubler leur rendez-vous. Cette précaution parut si sage et si tendre à toutes les autres Chattes, que depuis cet évènement, dès qu'elles sont avec leur Matou favori, elles affectent de répandre ces clameurs ; épouvantail certain de l'espèce souriquoise. Mon Dieu, que les femmes seraient heureuses, s'il ne fallait que cet expédient, pour empêcher que leurs amants n'eussent des distractions avec elles.

Extrait des Chats

Athénaïs Michelet

La personnalité du chat

« Minette, permettez ! Aujourd'hui, j'ai beaucoup à faire. Vous allez tâcher de jouer seule. » Je suis bientôt comprise. Minette quitte la table, va s'asseoir sur une chaise, pas bien loin, mais pourtant un peu à distance. Elle me boude.

En pareil cas, le moindre signe ramènerait un chien à mes pieds, l'y retiendrait couché, humble et soumis. Le chat ne connaît pas cette obéissance passive. S'il a décidé de ne point venir à votre appel, vous aurez beau non pas ordonner, mais prier, il fera la sourde oreille ; si vous y mettez une insistance importune, tout simplement il vous demandera la porte.

Il faut bien le dire, si le chat tient une grande place au foyer, ce n'est pas seulement par ses gentillesses d'enfant gâté, ses câlineries amoureuses ; c'est surtout parce qu'il exige beaucoup. Sa personnalité est forte, ses réveils et ses vouloirs impatients. Il n'attend pas. Sous la grâce onduleuse, son geste insiste et commande. Vous avez beau vous défendre, il est le maître et vous cédez.

Est-ce à dire, comme le soutenait hier un ami, que le chat soit un être indisciplinable? Sans doute, il l'est si vous le comparez à celui dont le rôle, près de nous, est tout autre que le sien.

Gardien de nos demeures, auxiliaire du chasseur, surveillant du troupeau, le chien doit rester près de l'homme, suivre ses instructions, lui obéir.

Tout autre est la mission du chat, qui n'est qu'un chasseur à son compte. Sa place, comme serviteur libre, est à la cave, au grenier, sur les toits, partout enfin où l'homme n'atteint pas. Il est l'inspecteur de la maison. Revenu de sa tournée, si la chasse n'a pas été fructueuse, il vous demande de l'aider quelque peu à se nourrir. Puis, il reprend au foyer son rang de commensal, il y cherche le repos, ne veut rien comprendre à des volontés de ses instincts.

Extrait de Mes Chats

Jean-Jacques Rousseau

L'enfant et le chat

Voyez un chat entrer pour la première fois dans une chambre : il visite, il regarde, il flaire, il ne reste pas un moment en repos, il ne se fie à rien qu'après avoir tout examiné, tout connu. Ainsi fait un enfant commençant à marcher, et entrant pour ainsi dire dans l'espace du monde. Toute la différence est qu'à la vue commune de l'enfant au chat, le premier joint, pour observer, les mains que lui donna la nature, et l'autre l'odorat subtil dont elle l'a doué. Cette disposition bien ou mal cultivée est ce qui rend les enfants adroits ou lourds, pesants ou dispos, étourdis ou prudents.

Extrait de L'Émile

Pline l'Ancien

La ruse du chat

Avec quel silence et quelle légèreté le chat se glisse vers les oiseaux, comme il les tient en embuscade pour sauter sur la souris qu'il guette. Cet animal cache ses ordures et les recouvre de terre, parce qu'il sait que cet odeur le trahit.

*Extrait d'*Histoire Naturelle des animaux
(traduction de Pierre-Claude-Bernard Guéroult)

François Rozier

L'amour du chat pour la liberté

Cet animal, si joli, si vif, si turbulent quand il est
jeune ; si patelin, si adroit, si rusé quand il désire quelque
chose ; si fier, si libre dans les fers même de la domesticité ; si traître dans les vengeances ; cet animal, dis-je,
qui semble réunir tous les extrêmes, que l'on craint pour
la perfidie, que l'on souffre par besoin, que l'on chérit
quelquefois par faiblesse, est d'une utilité trop grande à
la campagne pour que nous le passions sous silence. La
guerre continuelle qu'il fait pour son seul et unique intérêt, purge nos habitations d'un ennemi importun, dont les
dégâts multipliés produisent, à la longue, de très grandes
pertes. Il faut donc bien traiter et récompenser, par nos
soins, un domestique infidèle qui nous est si utile, tout en
ne travaillant que pour lui-même. Les animaux auxquels
le chat fait la guerre, et qu'il détruit souvent, plus par le
plaisir de nuire que par besoin, sont indistinctement tous
les animaux faibles, et qui ne peuvent échapper ou à la
force ou à son adresse ; les oiseaux, les rats, les souris,
les levreaux, les jeunes lapins, les mulots, les taupes, les
crapauds, les grenouilles, les lézards, les serpents, les
chauves-souris etc., deviennent sa proie ou son jouet.
Ce qu'il ne peut ravir de haute lutte, il le guette et l'épie

avec une patience inconcevable. Tapi au bord d'un trou, rassemblé dans le moindre espace possible, les yeux fermés en apparence, mais assez ouverts pour distinguer sa proie ; et l'oreille au guet, il affecte un sommeil perfide, pour tromper l'animal dont il médite la mort. À peine est-il hors de son trou, qu'il l'attaque et le saisit ; s'il a sur lui un avantage considérable du côté de la force, il s'en joue et s'en amuse pendant quelque temps pour ajouter à son malheur. Le jeu commence-t-il à l'ennuyer, d'un coup de dent il le tue, souvent sans nécessité, lors même qu'il est le plus délicatement nourri. Ce caractère méchant sans avantage direct, indocile et destructeur par caprice, feront toujours du chat un traître dont on profite sans l'aimer. Le traitement le plus doux, les soins les plus marqués ne peuvent le fixer et détruire en lui ce naturel indépendant et à demi sauvage ; l'éducation même perpétuée de race en race, ne l'a point altéré ; et le chat seul, de tous les animaux que l'homme a réduit à l'esclavage, a conservé cette fierté et cet amour de la liberté qu'il avait au milieu des forêts.

Extrait du Cours complet d'agriculture théorique, pratique,
économique, et de médecine rurale et vétérinaire

Le Chat magique

Plutarque

Le chat et la lune

Au sommet de la convexité du sistre est la figure d'un chat à face humaine ; et au bas de l'instrument, au-dessous des lames de métal, on voit d'un côté la figure d'Isis, et de l'autre celle de Nephtys. Ces deux figures sont symboliques, et désignent la génération et la corruption, qui, comme on vient de le dire, ne sont que les mouvements et les changements divers des quatre éléments. Le chat est l'emblème de la lune par la variété de ses couleurs, par son activité durant la nuit, et par sa fécondité. On dit qu'à sa première portée il fait un petit, à la seconde deux, puis trois, puis quatre, ensuite cinq, et ainsi en augmentant à chaque portée, jusqu'à sept : ce qui fait en tout vingt-huit, nombre égal à celui des jours de la lune. Au reste, ceci peut bien n'être qu'une fable ; mais il paraît certain que les prunelles de ses yeux se remplissent et se dilatent à la pleine lune, et qu'elles se contractent et diminuent au décours de cet astre. La face humaine qu'on donne au chat montre que les changements que la lune éprouve sont dirigés par une faculté raisonnable et intelligente.

Extrait des Œuvres Morales *(traduction Dominique Ricard)*

Hérodote

L'animal sacré de l'Égypte

Quoique le nombre des animaux domestiques soit très grand, il y en aurait encore plus s'il n'arrivait des accidents aux chats. Lorsque les chattes ont mis bas, elles ne vont plus trouver les mâles. Ceux-ci cherchent leur compagne ; mais, ne pouvant y réussir, ils ont recours à la ruse. Ils enlèvent adroitement aux mères leurs petits, et les tuent sans cependant en recevoir aucun dommage. Les chattes les ayant perdus, comme elles désirent en avoir d'autres, parce que cet animal aime beaucoup ses petits, elles vont chercher les mâles. Lorsqu'il survient un incendie, il arrive à ces animaux quelque chose qui tient du prodige. Les Égyptiens, rangés par intervalles, négligent de l'éteindre, pour veiller à la sûreté de ces animaux ; mais les chats, se glissant entre les hommes, ou sautant par-dessus, se jettent dans les flammes. Lorsque cela arrive, les Égyptiens en témoignent une grande douleur. Si, dans quelque maison, il meurt un chat de mort naturelle, quiconque l'habite se rase les sourcils seulement ; mais, quand il meurt un chien, on se rase la tête et le corps entier.

*

On porte dans des maisons sacrées les chats qui viennent à mourir; et, après qu'on les a embaumés, on les enterre à Bubastis. À l'égard des chiens, chacun leur donne la sépulture dans sa ville, et les arrange dans des caisses sacrées. On rend les mêmes honneurs aux ichneumons. On transporte à Bute les musaraignes et les éperviers, et les ibis à Hermopolis; mais les ours, qui sont rares en Égypte, et les loups, qui n'y sont guère plus grands que des renards, on les enterre dans le lieu même où on les trouve morts.

Extrait de L'Histoire
(traduction de Pierre Henri Larcher)

Diodore de Sicile

Le culte du chat

Tout ce qui est relatif aux animaux sacrés des Égyptiens paraîtra sans doute étrange à beaucoup de monde et digne d'examen. Les Égyptiens ont pour quelques animaux une vénération extraordinaire, non seulement pendant que ces animaux sont en vie, mais encore lorsqu'ils sont morts. De ce nombre sont les chats.

[...]

D'abord, on consacre aux animaux qui reçoivent un culte divin une étendue de terre dont le produit est suffisant pour leur nourriture et leur entretien. Pendant les maladies de leurs enfants, les Égyptiens font des vœux à quelque divinité pour obtenir la guérison. Ces vœux consistent à se raser la tête, à peser les cheveux contre un poids égal d'argent ou d'or et à donner la valeur en monnaie à ceux qui ont soin des animaux sacrés.

[...]

Pour les chats et les ichneumons, ils leur donnent du pain trempé dans du lait, en les appelant par un claquement de langue; ils les nourrissent aussi avec des tranches de poissons du Nil. C'est ainsi qu'ils présentent à chaque espèce d'animaux les aliments qui leur conviennent. Loin de se refuser à ce culte ou d'en paraître honteux en public, ils en tirent au contraire autant de vanité que s'ils accomplissaient les cérémonies les plus solennelles; ils se montrent avec leurs insignes dans les villes et dans les campagnes, de sorte qu'étant reconnus de loin pour les gardiens des animaux sacrés ils sont salués avec grand respect par les passants. Lorsqu'un de ces animaux vient à mourir, ils l'enveloppent dans un linceul et, se frappant la poitrine et poussant des gémissements, ils le portent chez les embaumeurs. Ayant été ensuite traité par l'huile de cèdre et d'autres substances odoriférantes propres à conserver longtemps le corps, ils le déposent dans des caisses sacrées. Quiconque tue volontairement un de ces animaux sacrés est puni de mort; si c'est un chat ou un ibis, le meurtrier, qu'il ait agi volontairement ou involontairement, est condamné à mourir; le peuple se précipite sur lui et lui fait subir les plus mauvais traitements, sans jugement préalable. Tout cela inspire tant de crainte que celui qui rencontre un de ces animaux morts se tient à distance en poussant de grandes lamentations et en protestant de son innocence. Le respect et le culte pour ces animaux étaient tellement enracinés qu'à l'époque où le roi Ptolémée n'était pas encore l'allié des Romains, et que les habitants recevaient avec le plus grand empressement les voyageurs d'Italie, de crainte de s'attirer la guerre, un Romain qui avait tué an chat fut assailli dans sa maison par la populace bravant la vengeance de Rome, et ne put être soustrait à la punition, bien que son action eût été involontaire, et que le roi eût envoyé des magistrats pour le sauver. Ce fait, nous ne le connaissons pas seulement par ouï-dire, mais nous en avons été nous-mêmes témoins oculaires pendant notre voyage en Égypte.

Extrait de La Bibliothèque historique
(traduction de Jean-Chrétien-Ferdinand Hoefer)

Polyen

Un bouclier parfait

Cambyse assiégeait Péluse. Les Égyptiens lui résistaient vigoureusement, lui fermaient les entrées de l'Égypte, et lui opposaient des catapultes et d'autres machines, au moyen desquelles ils lançaient sur ses troupes des traits, des pierres et du feu. Cambyse prit de tous les animaux que les Égyptiens adoraient, comme chiens, brebis, chats, ibis, et les plaça au-devant de ses troupes. Les Égyptiens cessèrent de tirer, de peur de blesser quelqu'un de ces animaux sacrés, et Cambyse ayant pris Péluse, pénétra de cette sorte dans le centre de l'Égypte.

Extrait des Ruses de guerre
(traduction de Don Gui-Alexis Lobineau)

François-Augustin de Moncrif

Le chat en Orient

L'Orient n'est semé que de la renommée des Chats ; ils sont traités à Constantinople avec les mêmes égards que les enfants d'une maison. On ne voit que des fondations faites par les gens de la plus haute considération, pour l'entretien des Chats qui veulent vivre dans l'indépendance. Il est des maisons ouvertes où ils sont reçus avec politesse, on leur y fait une chère délicate, ils peuvent y passer les nuits ; et si ces habitations se trouvent situées à quelque aspect qui ne convienne pas à la santé de quelques-uns d'eux, ils peuvent choisir un autre asile, y ayant un grand nombre de ces établissements dans presque toutes les villes. Le plus ancien titre qu'aient les Chats chez les Turcs, est une tradition qui est liée à l'histoire de Mahomet ; c'est assurément le plus bel endroit de sa vie :

« Il chérissait si fort son Chat, qu'étant un jour consulté sur quelque point de religion, il aima mieux couper le parement de sa manche sur lequel cet animal reposait, que de l'éveiller en se levant pour aller parler à la personne qui l'attendait[1]. »

---

1. Joseph Pitton de Tournefort, *Relation d'un voyage du levant fait par ordre du roi*, 1717.

[...]

Revenons à cette grande passion que les Asiatiques ont pour les Chats. On nous objectera peut-être qu'elle n'est que l'effet de la superstition. L'exemple de Mahomet, dira-t-on, en est le seul mobile ; mais pour prouver l'illusion de ce raisonnement, nous n'aurions recours qu'à l'histoire.

Mahomet, parmi tous ses sectateurs, s'étant pris de la confiance la plus intime pour Abdorraham, voulut l'illustrer, en lui donnant un surnom éclatant. L'usage était chez les Arabes d'être appelé le père de quelque chose qui eût relation à vos mœurs ou à vos talents ; c'est de là que Chalid hôte de Mahomet, pendant son voyage de Médine, s'était acquis par son extrême patience le nom d'*Abujob*, c'est-à-dire, *Pere de Job*. Mahomet, entre les qualités les plus estimées dans Abdorraham, jugea ne pouvoir puiser un surnom plus honorable que dans l'attachement qu'il avait pour un Chat qu'il portait toujours entre ses bras : il le surnomma donc par excellence *Abuhareira*, c'est-à-dire, *le Père du Chat* [1].

Mahomet alors, dans les premiers progrès de sa séduction, pesait toutes ses démarches ; il était trop politique pour appeler un de ses disciples auquel il voulait donner de l'autorité, *le Père du Chat*, si les Chats n'avaient point été en grande considération chez les Arabes. L'effet que les noms propres produisent dans notre imagination, ne nous donne-t-il pas lieu de croire que dans toutes les Nations il y a toujours eu une idée d'élévation ou d'avilissement attachée à ces mêmes noms propres ? Ç'aurait été

---

1. Humphrey Prideaux, *Vie de Mahomet* (*Life of Mahomet*), 1697.

sans doute un grand travers à la Mecque et à Médine de
s'appeler *le Père des Cochons*.

Extrait des Chats

Alexis Akyne

Un Chat sous la pluie

Le quai semblait s'éteindre sous la pluie. Dans la ville, personne n'était sorti. Seuls les réverbères, qui projetaient sur le sol des cercles jaunes, rendaient les bords du fleuve un peu moins sinistres. Entre deux faisceaux de lumière, on avait l'impression que le monde disparaissait. Le bruit de la pluie, régulier comme une machine à écrire, ne laissait passer que quelques notes des voitures au loin. Il se fit entendre un bruit de pas précipités, de quelqu'un qui descend en courant la pente vers le fleuve.

La personne marchait maladroitement, l'ampleur de ses gestes demandait un tel temps d'exécution qu'une partie de son corps semblait prise dans un rythme effréné tandis qu'une autre, disloquée, restait d'une lenteur intolérable. Entre deux réverbères on aurait pu distinguer ses cheveux noirs orageux, trempés par la pluie. Mais est-il bien la peine de le décrire ? Cet homme-là n'avait plus aucune raison de vivre.

« Que sommes-nous ? se demandait-il. Des fourmis sur un ballon. Des points dans un Univers qui gonfle. »

Il s'arrêta entre deux réverbères, leva les yeux vers le ciel et ne vit qu'une masse informe qui déversait sur ses lunettes des litres de pluie.

« Cette Terre et ces étoiles qui persistent dans leur existence poussiéreuse, bien au-delà de ces nuages et même cette galaxie et cet univers, et même cette voiture, toutes ces choses sont issues d'un même point cosmique. L'univers était un point, une boule d'énergie infinie plus petite qu'un dé à coudre. Tout ce qui est, était concentré en ce point : moi, mon voisin, Proxima du Centaure, le président de la République. »

La pluie tombait de plus en plus dru. Pris dans ses pensées, le jeune homme s'arrêta devant un pont métallique suspendu et monta les marches.

« L'eau va à l'eau, les corps lourds tombent, les âmes s'envolent. » Il sentit que son destin, au milieu de cet Univers indifférent à tout, était de tomber, lui aussi. Tout allait disparaître comme tout avait commencé, par la même petite porte. « Autant prendre de l'avance » se dit Erwin, tel était son nom. Il s'arrêta au milieu du pont de métal et se tint debout au bord du fleuve en colère.

Alors que tout semblait fini pour lui et que toute lumière avait été recouverte par la brume et que ses yeux vitrifiés ne voyaient au loin qu'un amas gris, deux étincelles jaunes s'allumèrent. Aucunement dérangé par la pluie, le chat attendait, assis sur le pont.

« Tu dois être bien content, lui dit Erwin en lui caressant la tête. Tu trouves ton bonheur dans la nourriture et le sommeil et peu t'importe que ta vie ne signifie rien. »

Le chat suivait le mouvement de la main comme pour mieux sentir les doigts passer. Erwin le prit et le serra contre lui. De ses bras ne sortirent que la tête hirsute et les yeux jaunes. Le chat resta sans bouger, ses petites oreilles étaient collées à la poitrine ; on aurait dit qu'il y comptait les battements. D'un mouvement large, Erwin ouvrit les bras comme pour voir si le chat allait répondre à son geste. Ses mains relâchèrent l'étreinte. Au-dessus de l'eau, au-dessous du pont, dans un mouvement d'une infinie lenteur, le chat disparut dans la brume.

Ce qui se passa ensuite fut très vague. Il eut l'impression de rentrer chez lui mais ce n'était que son corps qui marchait dans la rue. Lui était au-dessus et il flottait. Il venait de jeter le chat dans l'eau, il l'avait probablement tué. Il n'avait pas éprouvé de plaisir. C'était seulement un geste

Lorsqu'il se réveilla, l'image du chat reposait dans un souvenir brumeux et il sortit de chez lui, soulagé à l'idée que ça n'avait été qu'un rêve, le soleil dehors l'aidant à y voir plus clair. Le temps, le bonheur simple de se lever en n'ayant rien de précis à faire, effaça petit à petit les visions sinistres de la veille. Ce n'était rien, seulement une collection d'images inventées par son esprit fatigué.

« L'Univers peut être infini, se disait-il en marchant dans la ville ensoleillée, et nous n'avons probablement aucune raison d'être là plutôt qu'ailleurs, mais il y a sur cette terre assez de joie pour faire une vie. »

Passant devant un jardin public, il se délectait des couleurs et des cris des enfants. Entre les arbres, ils avaient construit des cages mais Erwin ne pouvait voir la balle avec laquelle ils jouaient. Il se retrouva au centre de leur manège. Tous tournaient autour de lui. Son corps n'avait jamais autant ressemblé à un arbre, fin et majestueux au milieu d'une mer d'enfants. Ils tournaient autour d'Erwin et lui essayait de suivre des yeux le sens du jeu. Le jeu semblait dépourvu de règles et il eut l'impression que les enfants jouaient à jouer, qu'ils ne jouaient pas vraiment, qu'ils étaient des corps actionnés par une force étrangère. Le jeu dans le jeu consistait à le faire tourner tant et si bien qu'il eut le vertige et tomba sur le sol. Le cercle des enfants se referma sur lui et il resta accroupi, incapable de bouger. Une petite fille sortit du rang, tenant

à la main un objet brillant. Les arbres du jardin dispa-
rurent, ce fut la nuit et à nouveau la danse des enfants qui
venaient puis reculaient autour de lui.

« Tu penses que nous sommes cruels, lui dit la petite
fille, rien n'est plus cruel que ton acte, tu as versé le sang
innocent.

— Je ne voulais pas ! cria Erwin. Je ne voulais pas !

— Alors pourquoi l'as-tu fait ?

— Je l'ai fait pour voir ! Pour voir ce que ça faisait ! Si
on ne le fait pas on ne sait pas ce que ça fait !

— Alors tu verras. La justice que je représente n'interdit pas le désir. Elle le réalise. »

La fille regarda Erwin et il crut que ses yeux s'étaient
emplis de pitié. Pitié d'un ange pour les hommes qui
recommencent encore et toujours. Ange fatigué d'exé-
cuter une justice trop rude et qui aurait voulu être
tendre.

Erwin avait vu la lame s'abattre sur sa tête, ce n'était
pas vraiment qu'il l'avait sentie mais il l'avait plutôt
imaginée, froide, impassible, pénétrant dans son cerveau
et, peu à peu, s'y faisant moins étrangère.

Lorsqu'il se réveilla, il était allongé sur la pelouse, et
autour de lui il n'y avait plus que les arbres, immobiles et
sereins. Il s'était probablement évanoui. « C'est peut-être
ça la mort. Quelque chose a changé mais nous sommes
incapables de le comprendre et c'est comme ça pour
l'éternité. » Il essaya de se relever, mais la bipédie lui
était aussi étrangère que le chinois. Ce n'est qu'en voyant
ce qu'étaient devenus ses bras et ses jambes, ou plutôt ses
pattes, qu'il comprit : il était enfermé dans un corps de
chat. Des poils recouvraient son visage, à la place de ses
membres il y avait quelque chose de nouveau, d'impen-
sable. Sa punition n'était pas de mourir mais de voir ce
qu'il avait ôté.

La situation était comique mais il n'avait aucun moyen de rire ni de pleurer. Que faire ? Erwin ne savait pas ce qui était convenable en son état. Il avait appris les manières des hommes mais l'attitude d'un chat, il ne pouvait se la figurer. Rentrer chez lui ne semblait pas possible, la porte était fermée. Que font les chats la nuit ? Ils rôdent dans la ville en allant de poubelle en poubelle. Ils ne font rien que ce dont ils ont envie.

N'ayant plus à craindre le regard des hommes, il se sentit libre de vivre de la manière la plus animale possible. Il se frotta contre des objets sales, ramassa des restes de nourriture. Son existence avait considérablement perdu en standing mais gagné en liberté. Il s'allongea sur les toits, regarda la ville dormir et repartit. Son corps se glissa dans des endroits impensables, il put passer sous les voitures, il entendait au cœur le rythme des choses. Sa taille et ses habitudes d'homme l'avaient empêché de voir ce qui se passait en secret. Les flaques sur le sol, les sirènes de la police, le bruit du vent, les gouttes qui tombent, les odeurs de la rue, la vie qui commence pendant la nuit. Il vivait dans la rue. Les dealers, les prostituées, les crimes, il passa dans les recoins les plus sombres et salua silencieusement tout ce monde. Il se battit contre les autres chats mais moins par haine ou besoin, c'était davantage par camaraderie, comme une manière de témoigner une condition commune. Au début, le sexe opposé ne l'attirait pas mais il s'y était habitué et pouvait se montrer sensible à la manière dont une chatte faisait sa toilette ou grimpait sur un arbre. Il s'amusait à les poursuivre. Il poursuivit une chatte pour sa tache rouge qu'elle avait juste au-dessus des yeux. Après trois jours de course qui les avait entraînés sur les toits, dans les rues, dans les jardins où plus d'une fois ils faillirent se faire renverser, ils passèrent une nuit délicieuse. Et ils étaient repartis chacun de leur côté. Personne n'était triste, la seule chose qui comptait était le présent.

Un soir de pluie intense, ses aventures l'avaient amené près du fleuve. Il marchait sur le bord en regardant le tumulte de l'eau. Devant lui se dressait le pont de métal vert dont il avait déjà monté les marches. Au milieu il vit un homme assis, les jambes se balançant dans le vide. Erwin vit son propre corps, avec son visage, assis sur le bord du pont. Pendant un temps, tout fut silencieux et immobile. L'homme sauta dans le vide. Le chat voulut crier. Il ne put que miauler en regardant son corps flotter à la surface de l'eau, son corps d'homme qu'il avait voulu sauver mais dont il n'avait pu éviter la chute.

Inédit

Champfleury

Comment encourager les bonnes mœurs en tuant les chats

Le chat fut regardé longtemps comme un être diabolique. Il avait le caractère réfléchi. On en fit le compagnon des sorcières. Avec les hiboux et les cornues à formes bizarres, il fait habituellement partie du matériel des alchimistes. Le Moyen Âge, qui brûlait les sorcières et quelquefois les savants, devait brûler les chats. Grande colère des brutes contre les songeurs. M. Édelestand du Méril, dans une brochure sur les usages populaires qui se rattachent au mariage, voit dans l'intervention des chats qu'on attachait sous les fenêtres des veuves remariées la confirmation d'un proverbe relatif à la lubricité de la race féline. Le chat a-t-il dans la vie un caractère si particulier de lubricité ? À coup sûr il est moins impudique que le chien. On entend le chat parler d'amour ; mais dans les villes, les gouttières seules assistent à ses transports. Il choisit pour boudoir les endroits les moins fréquentés des maisons, la cave ou le grenier. Le chien s'empare de la rue. Le chat enveloppe ses passions dans le manteau de la nuit. Le chien se plaît à étaler sa flamme au grand jour.

« On croyait encourager aux bonnes mœurs, dit M. du Méril, en jetant quelques chats dans le feu de la Saint-Jean. » En effet, l'abbé Lebeuf cite une quittance de cent sols parisis, signée par un certain Lucas Pommereux, en 1573, « pour avoir fourni durant trois années tous les chats qu'il fallait au feu de la Saint-Jean, comme de coutume ». L'auteur du *Miroir du contentement*, parle « d'un chat qui, d'une course brève, monta au feu Saint-Jean en Grève ». Et on lit dans le journal du médecin Héroard que Louis XIII, dauphin, demanda grâce à Henri IV pour des chats qu'à propos de la même fête on allait brûler. J'estime que ces cruautés des siècles passés doivent plutôt être imputées à la terreur des sorcières et des chats leurs prétendus acolytes, qu'au désir de réformer les mœurs.

Du Moyen Âge au dix-septième siècle mille légendes se mêlent aux souvenirs de l'Antiquité si confusément, qu'aujourd'hui encore l'érudition n'a pas débrouillé ces éléments divers. Les chats, dans les mythologies du Nord traînaient le char de Freya, que, depuis leur conversion au christianisme, ses anciens sectateurs regardent comme la déesse des mœurs impudiques.

Les Métamorphoses d'Ovide nous apprennent que Diane se cacha sous la forme d'un chat ; on en a conclu que Diane était la déesse des sorcières. La sorcellerie développant tous les vices, le chat, regardé par plusieurs peuples comme prêtant son appui au génie du mal, devait représenter les lubricités de l'amour dans ce concert de passions. L'étude approfondie des monuments et des traditions a besoin d'être poursuivie avec plus d'ardeur que jamais, pour apporter quelque clarté dans ces détails. Il paraissait certain que le diable empruntait la robe noire du chat pour tourmenter les gens. Les légendes sont nombreuses à cet égard. Le peuple le croyait, les intelligences supérieures l'entretenant dans ces idées. Vincent de Beauvais rapporte que saint Dominique, quand il parlait à ses auditeurs du démon, le représentait sous la forme d'un chat. Les grands yeux verts et fixes de l'animal durent contribuer à cette détestable réputation. Le hibou et tous les animaux de la même famille qui ont de semblables regards, faisaient partie de l'intérieur des sorcières. Le chat fut donc une des caryatides principales de l'antre habité par les démons ; cependant la légende quelquefois les mit face à face en état d'hostilité. Plus d'un peuple regarde, comme nationale, la tradition de l'architecte qui, ne sachant comment terminer la dernière arche d'un pont, appela le diable à son secours. « Je m'engage à mener ton ouvrage à bonne fin, dit le diable, si tu m'accordes la première âme qui passera sur le pont. » L'architecte, plein de ruse, fit passer un chat qui sauta à la gorge du diable et le grilla de telle sorte que Satan fut obligé de lâcher cette âme armée de si terribles moyens de défense.

Il existe même un endroit en Sologne qu'on appelle, en mémoire de cet événement, le *Chaffin* (chat fin). D'autres bizarres croyances étaient attachées à la présence de ces animaux. Les paysans de l'ancienne France croyaient que si un chat se trouve dans une charrette et que le vent, passant sur ses poils, souffle en même temps sur les chevaux, il en résulte pour ceux-ci une énorme fatigue. Le cheval également, suivant les gens de campagne, supporte une double charge si le cavalier porte à ses vêtements de la fourrure de chat. Il est vrai que les sorciers ne se faisaient pas faute d'entretenir les paysans dans ces idées, en guérissant l'épilepsie, à l'aide de trois gouttes de sang tirées de la veine située sous la queue du chat ; pour l'aveuglement, il fallait souffler trois fois par jour dans l'œil du malade de la poussière faite avec les cendres d'une tête de chat noir brûlé.

Un jeune et ingénieux écrivain du *Journal des Débats* me signale, à propos de ces sorcelleries, une question que se posait au dix-septième siècle Balthazar Bekker. Pourquoi, se demandait l'érudit, se trouve-t-il toujours un chat dans le bagage des sorcières, quand les Livres saints, l'Apocalypse entre autres, font accompagner les sorciers de chiens et non de félins ? « Si au Moyen Âge, répond très justement M. Assézat, le chat remplace le chien dans les annales de la rêverie humaine, c'est qu'alors la sorcière remplaçait le sorcier. » La femme, en effet, offre un caractère qui se prête naturellement aux pratiques de l'ensorcellement. Mieux que l'homme, elle lit dans les secrets du cœur. Une vieille qui tire les cartes est autrement imposante qu'un vieillard, et ce n'est pas sans raison que Shakespeare confie au sexe féminin les incantations dans la forêt où pénètre Macbeth. Les poètes, possesseurs des secrets de l'élément fantastique, y joignent d'habiles réalités. Si la sorcière traverse des espaces nuageux, c'est à l'aide d'un manche a balai qu'elle enfourche. Le chat du foyer, l'instrument pour nettoyer le ménage sont choses familières aux vieilles, et c'est pourquoi, en compagnie du balai, le chat fut regardé comme le complice de toutes les sorcelleries.

Aussi est-il peu de pays où ne se racontent à la veillée des histoires semblables à celle de la femme de Billancourt qui faisait cuire une omelette. Un chat noir, qui se trouvait dans le coin de la cheminée, dit tout a coup : « Elle est cuite, il faut la retourner. » La femme effrayée lui jeta l'omelette brûlante sur la tête. Le lendemain elle rencontra dans le village un de ses voisins qui passait pour sorcier et qui avait la figure brûlée. Elle reconnut en lui le *co* de la veille[1].

---

1. Depuis on a appelé les gens du pays les *cos de Billancourt*. Chat se dit *co* en picard.

Aux siècles passés ces traditions et bien d'autres se répandaient dans les hautes classes, et c'est sans doute en raison de ses croyances aux maléfices que Henri III ne pouvait apercevoir un chat sans se trouver mal.

Lui-même, le sceptique Fontenelle, contait à Moncrif qu'il avait été élevé à croire que la veille de la Saint-Jean il ne restait pas un seul chat en ville, parce qu'ils se rendaient ce jour-là au sabbat. On s'explique alors comment, le jour de cette fête, le peuple, croyant débarrasser le pays d'un sorcier, jetait dans un feu de joie les chats assez innocents pour se laisser attraper. Les paysans, en qui les vieilles coutumes sont profondément enracinées, obéirent longtemps aux divertissements de la Saint-Jean, tels qu'ils étaient pratiqués dans les villes. En Picardie, dans le canton d'Hirson, où se célèbre, la nuit du premier dimanche de carême, le *Bihourdi*, dès que le signal est donné, falots et lanternes parcourent le village : au milieu de la place est dressé un bûcher auquel chaque habitant apporte sa part de fagots. La ronde commence autour du feu ; les garçons tirent des coups de fusil, les ménétriers sont requis avec leurs violons ; alors se font entendre les miaulements d'un chat qui, attaché à la perche du *bihourdi*, tombe tout à coup dans le feu. Ce spectacle excite les enfants qui se mêlent au charivari, criant : hiou ! hiou !

Les Flamands sont plus humains que nous si on s'en rapporte à un arrêté de 1818, qui défend à l'avenir de jeter un chat du haut de la tour d'Ypres. Cette fête avait lieu habituellement le mercredi de la seconde semaine de carême. Depuis quelques années cependant, les chats échappent en France à ce martyre. Un chat de moins, ce n'est rien. Un chat de plus, c'est beaucoup. L'animal sauvé du feu est la marque du pas qu'a fait la civilisation dans les campagnes. Quelques gens du canton ont appris à lire, appris à réfléchir, par conséquent. Un instituteur se sera trouvé qui, ayant quelque influence sur les enfants du village, aura démontré l'inhumanité de brûler un chat. Et le feu de joie n'en est pas moins joyeux !

Extrait des Chats, histoires, mœurs, observations, anecdotes

L'Animal des rois

Champfleury

Louis XIII, ami des chats

On trouve dans le *Journal du médecin Héroard*, qui contient de si intéressants détails sur Henri IV et Louis XIII, la note suivante :

« Le 16, *mercredi*, à Paris. – [Le Dauphin] Mené a cinq heures au Pré-aux-Clercs pour y courir un chat à force de cheval. »

Le manque de détails à ce propos fait conjecturer que d'un certain endroit on lâchait un chat, qui, entendant le galop d'un cheval, fuyait dans une course désespérée. Ainsi, sans doute, exerçait-on le Dauphin à la chasse. Le journal du médecin mentionne encore, touchant les chats, un fait plus intéressant. Héroard écrit à la date du 24 juin 1604 :

« Le 24 *jeudi*, à Saint-Germain. – [Le Dauphin] Mené au Roi, qui le mène à la Reine ; il obtient grâce pour des chats que l'on voulait mettre au bûcher de la Saint Jean. »

Elle est touchante la sollicitude d'un si jeune enfant (le Dauphin n'avait que trois ans) pour des animaux que le peuple brûlait. On pourrait même la révoquer en doute et la mettre sur le compte des mots que les courtisans prêtent habituellement aux princes ; mais ces bons sentiments, inculqués dès la plus tendre jeunesse à Louis XIII, se retrouvent à diverses reprises dans le *Journal de Héroard*, qui, heureux de les constater, écrit en marge de son journal : « humain ».

Extrait des Chats, histoires, mœurs, observations, anecdotes

Tallemant des Réaux

Richelieu et les chats

Richelieu : Il faut faire quelque chose pour mademoiselle de Gournay ; je lui donne cents écus de pension
annuelle.

Boisrobert : Mais elle a des domestiques !

— Et quels ?

— Mademoiselle Jamyn.

— Je donne encore cinquante livres.

— Il y a encore la chatte, mamie Paillon.

— Je donne vingt livres à la chatte.

— Mais, Monseigneur, elle a chatonné.

— C'est bon. J'ajoute une pistole par chaton.

Extrait des Historiettes

Princesse Palatine

« *Les plus jolies bêtes qu'il y ait au monde* »

Versailles, 3 mai 1715

Après dîner, mon petit-fils le duc de Chartres est venu me voir, et je lui ai donné un spectacle approprié à son âge ; c'était un char de triomphe que traînait un gros chat, et où était placée une petite chienne nommée Andrienne ; un pigeon sert de cocher, deux autres font les pages, et un chien sert de laquais et est assis derrière.

Saint-Cloud, 24 juin 1718

Il n'est pas ici sans exemple que, comme à Hambourg, une chatte ait mis bas un chien et des petits chats ; une chienne a aussi fait une souris. Comment est-il possible que vous haïssiez les chats ? L'Électeur notre père les aimait tant ; notre mère avait une frayeur extrême des rats. Les chats sont, à mon avis, les plus jolies bêtes qu'il y ait au monde.

Extrait des Lettres de la princesse Palatine

Jean-Nicolas de Cheverny

Louis XV et son chat angora

Nous attendions tous le coucher du roi, occasion pour ceux qui le pouvaient de se montrer assidûment. Le roi[1] avait un chat matou angora blanc, d'une grosseur prodigieuse, très doux et très familier : il couchait dans le cabinet du Conseil, sur un coussin de damas cramoisi, au milieu de la cheminée. Le roi rentrait toujours à minuit et demi des petits appartements. Il n'était pas minuit et Champcenetz nous dit : « Vous ne savez pas que je puis faire danser un chat pendant quelques minutes ? » Nous rions, nous parions. Champcenetz tire alors un flacon de sa poche, caresse le chat et fait couler abondamment dans ses quatre pattes de l'eau de mille-fleurs. Le chat se rendort et nous comptions avoir gagné. Tout à coup, des jetés battus. Nous tous de rire aux éclats, lorsque le roi arrive comme une bombe ; chacun reprend sa place, le ton de décence et le maintien grave. Le roi demande ce qui nous tenait en gaîté : « Rien, Sire, c'est un fait que nous racontions », dit Champcenetz. À l'instant, le maudit chat reprend sa danse et court comme un enragé. Le roi regarde : « Messieurs, dit-il, qu'est-ce qui se passe

---

1. Louis XV.

ici ? Champcenetz, qu'a-t-on fait à mon chat ? Je veux le savoir. » L'interpellation était directe. Champcenetz hésite et conte succinctement le fait, tandis que le chat battait des entrechats. On sourit du récit pour voir dans les yeux du roi comment il prendrait la chose ; mais son visage se renfrogna : « Messieurs, reprit-il, je vous laisse ici, mais si vous voulez vous amuser, j'entends que cela ne soit pas aux dépens de mon chat. » Cela fut dit si sèchement que personne, depuis, n'a fait danser le chat.

Extrait des Mémoires du comte Dufort de Cheverny

Mme Campan

Marie Leczinska, reine de France
et protectrice des chats

La princesse polonaise[1] à la vérité ne pardonnait pas le moindre écart sur le profond respect dû à sa personne et à tout ce qui dépendait d'elle.

[...]

La duchesse de *** posa son manteau sur un des pliants rangés devant la balustrade du lit ; l'huissier de la Chambre, chargé de surveiller tout ce qui se passait dans cette pièce pendant la durée du jeu, vit ce manteau, le prit et le porta dans l'antichambre des valets de pied. La reine avait un gros chat favori qui ne cessait de parcourir les appartements. Ce manteau de satin doublé de fourrure se trouve à sa convenance, il s'y établit. Malheureusement, les traces de son séjour se firent remarquer de la manière la plus désagréable sur le satin blanc de la pelisse, quelque soin qu'on eût pris pour les faire disparaître avant de la lui donner. La duchesse s'en aperçut, prit le manteau à sa main et rentra furieuse dans la chambre de la reine qui était encore environnée de presque toute

---

1. Celle qu'on désigne comme la princesse polonaise et comme la reine est Marie Leczinska, femme de Louis XV.

sa cour : « Voyez Madame, lui dit-elle, l'impertinence de vos gens qui ont jeté ma pelisse sur une banquette de l'antichambre où le chat de Votre Majesté vient de l'arranger comme la voilà. » La reine, mécontente de ses plaintes et d'une semblable familiarité, lui dit de l'air le plus froid : « Sachez, Madame, que vous avez des gens, et que je n'en ai pas ; j'ai des officiers de ma chambre, qui ont acheté l'honneur de me servir : ce sont des hommes bien élevés et instruits ; ils savent quelle est la dignité qui doit accompagner une de mes dames du palais ; ils n'ignorent pas que, choisie parmi les plus grandes dames du royaume, vous devriez être accompagnée d'un écuyer, ou au moins d'un valet de chambre qui le remplacerait et recevrait de vous votre pelisse, et, qu'en observant ces formes convenables à votre rang, vous ne seriez pas exposée à voir vos effets jetés sur des banquettes d'antichambre. »

Extrait des Mémoires *de Madame Campan*

Comte Félix d'Hézecques

Louis XVI avait peur des chats

Le roi s'assit un jour sur son trône, non pas sur ce trône du haut duquel il recevait une solennelle ambassade ou tançait un Parlement rebelle, mais sur ce trône dont le porte-chaise avait la direction [c'est-à-dire la chaise percée]. Dans sa précipitation, il ne s'était pas aperçu qu'un énorme angora s'était enroulé dans la conque de faïence pour y goûter en paix l'isolement et la fraîcheur. Pendant un certain temps, tout alla bien du côté de l'animal; la privation d'air n'avait pas interrompu ses ron-ron. Mais à un moment donné, qu'il n'est point facile de désigner et que l'on devine, le matou se fâcha bel et bien, et témoigna son mécontentement par des efforts extraordinaires pour sortir de sa malencontreuse position. Le roi, aussi effrayé que surpris de cette véritable attaque à main armée, prit aussitôt la fuite, le haut-de-chausses à la main, et en piteux accoutrement, brisait porcelaines et vases, cherchant partout une issue qu'on se hâta de lui offrir. Cette anecdote, que je garantis, ne pouvait amuser Louis XVI, qui n'aimait pas les chats. En cela, comme en bien d'autres choses, il différait de Louis XV, qui en avait toujours un sur sa cheminée, où, pour le garantir

d'une trop grande fraîcheur, on garnissait le marbre
d'un coussin de velours.

Extrait des Souvenirs d'un page de la cour de Louis XVI

Le Chat des écrivains

Edmond de Goncourt

Théophile Gautier à table avec sa chatte

Parfois mon frère et moi, nous nous trouvions assis avec Théophile Gautier, autour de sa propre table, entre ses deux sœurs et ses deux filles, à côté d'Eponine, la chatte noire aux yeux verts, qui avait sa chaise pour dîner ainsi qu'une personne naturelle.

Extrait de la préface à Théophile Gautier, entretiens, souvenirs et correspondance d'Emile Bergerat

Edmond Rostand

Le petit chat

C'est un petit chat noir effronté comme un page,
Je le laisse jouer sur ma table souvent.
Quelquefois il s'assied sans faire de tapage,
On dirait un joli presse-papier vivant.

Rien en lui, pas un poil de son velours ne bouge ;
Longtemps, il reste là, noir sur un feuillet blanc,
A ces minets tirant leur langue de drap rouge,
Qu'on fait pour essuyer les plumes, ressemblant.

Quand il s'amuse, il est extrêmement comique,
Pataud et gracieux, tel un ourson drôlet.
Souvent je m'accroupis pour suivre sa mimique
Quand on met devant lui la soucoupe de lait.

Tout d'abord de son nez délicat il le flaire,
La frôle, puis, à coups de langue très petits,
Il le happe ; et dès lors il est à son affaire
Et l'on entend, pendant qu'il boit, un clapotis.

Il boit, bougeant la queue et sans faire une pause,
Et ne relève enfin son joli museau plat

Que lorsqu'il a passé sa langue rêche et rose
Partout, bien proprement débarbouillé le plat.

Alors il se pourlèche un moment les moustaches,
Avec l'air étonné d'avoir déjà fini.
Et comme il s'aperçoit qu'il s'est fait quelques taches,
Il se lisse à nouveau, lustre son poil terni.

Ses yeux jaunes et bleus sont comme deux agates ;
Il les ferme à demi, parfois, en reniflant,
Se renverse, ayant pris son museau dans ses pattes,
Avec des airs de tigre étendu sur le flanc.

Extrait des Musardises

Pierre Loti

Vie de deux chattes

Par ordre d'ancienneté, c'est Moumoutte Blanche que je dois présenter d'abord ; sur ses cartes de visite, elle avait du reste fait mentionner son titre de première chatte de ma maison :

MADAME MOUMOUTTE BLANCHE
Première chatte
Chez M. Pierre Loti.

Il remonte à peu près à une dizaine d'années, l'inoubliable joyeux soir où je la vis pour la première fois. C'était un soir d'hiver, à un de mes retours au foyer, après je ne sais quelle campagne en Orient ; j'étais arrivé à la maison depuis quelques minutes à peine et dans le grand salon, je me chauffais devant une flambée de branches, entre maman et tante Claire assises aux deux coins du feu. Tout à coup quelque chose fit irruption en bondissant comme une paume, puis se roula follement par terre tout blanc, tout neigeux sur le rouge sombre des tapis. — Ah ! dit tante Claire, tu ne savais pas ?... Je te la présente, c'est notre nouvelle « Moumoutte ». Que veux-tu, nous nous sommes décidées à en avoir une autre : jusque dans notre petit salon là-bas, une souris était venue nous trouver ! Il y avait eu chez nous un assez long interrègne sans Moumouttes. Et cela, pour le deuil d'une certaine chatte du Sénégal, ramenée avec moi de là-bas à ma première campagne, et adorée pendant deux ans, qui un beau matin de juin avait, après une courte maladie, exhalé sa petite âme étrangère, en me regardant avec une expression de prière suprême, et puis, que j'avais moi-même enterrée au pied d'un arbre dans notre cour. Je ramassai, pour la voir de près, la belle pelote de fourrure qui s'étalait si blanche sur ces tapis rouges. Je la pris à deux mains, bien entendu, – avec ces égards particuliers auxquels je ne manque jamais vis-à-vis des chats et qui leur font tout de suite se dire : voici un homme qui nous comprend, qui sait nous toucher, qui est de nos amis et aux caresses duquel on peut condescendre avec bienveillance. Il était très avenant, le minois de la nouvelle Moumoutte : des yeux tout flambants jeunes, presque enfantins, le bout d'un petit nez rose, puis plus rien, tout le reste perdu dans les touffes d'une fourrure d'angora, soyeuse, propre, chaude, sentant bon, exquise à frôler et à embrasser. D'ailleurs, coiffée et tachée absolument comme l'autre, comme la défunte Moumoutte du Sénégal, – ce qui peut-être avait décidé le choix de maman et de tante Claire, afin qu'une sorte d'illusion de personnes se fît à la longue dans mon cœur un peu volage... Sur les oreilles, un bonnet bien noir posé droit et formant bandeau au-dessus des yeux vifs ; une courte pèlerine noire jetée sur les épaules, et enfin une queue noire, en panache superbe, agitée d'un perpétuel mouvement de chasse-mouches. La poitrine, le ventre, les pattes étaient blancs comme le duvet d'un cygne, et l'ensemble donnait l'impression d'une grosse houppe de poils, légère, légère presque sans poids, mue

par un capricieux petit mécanisme de nerfs toujours
tendus.

Moumoutte, après cet examen, m'échappa pour recommencer ses jeux. Et, dans ces premières minutes d'arrivée, – forcément mélancoliques parce qu'elles marquent
une étape de plus dans la vie – la nouvelle chatte blanche
tachée de noir m'obligea de m'occuper d'elle, me sautant
aux jambes pour me souhaiter la bienvenue, ou s'étalant
par terre, avec une lassitude tout à fait feinte, pour me
faire mieux admirer les blancheurs de son ventre et de
son cou soyeux. Tout le temps gambada cette Moumoutte,
tandis que mes yeux se reposaient avec recueillement sur
les deux chers visages qui me souriaient là, un peu vieil-
lis et encadrés de boucles plus grises; sur les portraits
de famille qui conservaient leur même expression et
leur même âge, dans les cadres du mur; sur les objets
toujours connus aux mêmes places; sur les mille choses
de ce logis héréditaire, restées immuables cette fois
encore, pendant que j'avais promené par le monde changeant mon âme changeante...

Et c'est l'image persistante, définitive, qui devait me
rester d'elle, même après sa mort : une folle petite bête
blanche, inattendue, s'ébattant sur fond rouge, entre les
robes de deuil de maman et de tante Claire, le soir d'un
de mes grands retours...

Pauvre Moumoutte! Pendant les premiers hivers de sa
vie, elle fut plus d'une fois le petit démon familier, le
petit lutin de cheminée qui égaya dans leur solitude ces
deux gardiennes bénies de mon foyer, maman et tante
Claire. Quand j'étais errant sur les mers lointaines, quand
la maison était redevenue grande et vide, aux tristes

crépuscules de décembre, aux veillées sans fin, elle leur tenait fidèle compagnie, les tourmentant à l'occasion et laissant sur leurs irréprochables robes noires, pareilles, des paquets de son duvet blanc. Très indiscrète, elle s'installait de force sur leurs genoux, sur leur table à ouvrage, dans leur corbeille même, par fantaisie, embrouillant leurs pelotons de laine ou leurs écheveaux de soie. Et alors elles disaient, avec des airs terribles et, au fond, avec des envies de rire :

« Oh ! mais, cette chatte, il n'y a plus moyen d'en avoir raison !... Allez-vous-en, mademoiselle, allez !... A-t-on jamais vu des façons comme ça !... Ah ! par exemple !... »

Il y avait même, à son usage, un martinet qu'on lui faisait voir.

Elle les aimait à sa manière de chatte, avec indocilité, mais avec une constance touchante, et, rien qu'à cause de cela, sa petite âme incomplète et fantasque mérite que je lui garde un souvenir...

Les printemps, quand le soleil de mars commençait à chauffer notre cour, elle avait des surprises toujours nouvelles à voir s'éveiller et sortir de la terre sa commensale et amie, Suleïma la tortue.

Durant les beaux mois de mai, elle se sentait généralement l'âme envahie par un besoin irrésistible d'expansion et de liberté ; alors il lui arrivait de faire, dans les jardins et sur les toits d'alentour, des absences nocturnes – qui, je dois le dire, n'étaient peut-être pas toujours assez comprises dans le milieu austère où le sort l'avait placée.

Les étés, elle avait des langueurs de créole. Pendant des journées entières, elle se pâmait d'aise et de chaleur, couchée sur les vieux murs parmi les chèvrefeuilles et les rosiers, ou bien étalée par terre, présentant à l'ardent soleil son ventre blanc, sur les pierres blanches, entre les pots de cactus fleuris.

Extrêmement soignée de sa personne, et, en temps ordinaire, posée, correcte, aristocrate même jusqu'au bout des ongles, elle était intraitable avec les autres chats et devenait brusquement très mal élevée quand un visiteur se présentait pour elle. Dans cette cour, qu'elle considérait comme son domaine, elle n'admettait point qu'un étranger eût le droit de paraître. Si, par-dessus le mur du jardin voisin, deux oreilles, un museau de chat, pointaient avec timidité, ou si seulement quelque chose avait remué dans les branches et le lierre, elle se précipitait comme une jeune furie, hérissée jusqu'au bout de la queue, impossible à retenir, plus comme il faut du tout ; des cris du plus mauvais goût s'ensuivaient, des dégringolades et des coups de griffes...

En somme, d'une indépendance farouche, et le plus souvent désobéissante ; mais si affectueuse à ses heures, si caressante et câline, et jetant un si joli petit cri de joie chaque fois qu'elle revenait parmi nous après quelqu'une de ses excursions vagabondes dans les jardins du voisinage.

Elle avait déjà cinq ans, elle était dans l'épanouissement de sa beauté d'angora, avec des attitudes d'une dignité superbe, des airs de reine, et j'avais eu le temps de m'attacher à elle par une série d'absences et de retours, la considérant comme une des choses du foyer, comme un des êtres de la maison – quand naquit à trois mille lieues de chez nous, dans le golfe de Pékin, et d'une famille plus que modeste, celle qui devait devenir son inséparable amie, la plus bizarre petite personne que j'aie jamais connue : la Moumoutte Chinoise.

*

Madame Moumoutte Blanche
Deuxième chatte
Chez M. Pierre Loti.

Très singulière, la destinée qui unit à moi cette Moumoutte de race jaune, issue de parents indigents et dépourvue de toute beauté.

Ce fut à la fin de la guerre là-bas, un de ces soirs de bagarre qui étaient fréquents alors. Je ne sais comment cette petite bête affolée, sortie de quelque jonque en désarroi, sautée à bord de notre bateau par terreur, vint chercher asile dans ma chambre, sous ma couchette. Elle était jeune, pas encore de taille adulte, minable, efflanquée, plaintive, ayant sans doute, comme ses parents et ses maîtres, vécu chichement de quelques têtes de poisson avec un peu de riz cuit à l'eau. Et j'en eus tant de pitié que je commandai à mon ordonnance de lui préparer une pâtée et de lui offrir à boire.

D'un air humble et reconnaissant, elle accepta ma prévenance, – et je la vois encore s'approchant avec lenteur de ce repas inespéré, avançant une patte, puis l'autre, ses yeux clairs tout le temps fixés sur les miens pour s'assurer si elle ne se trompait pas, si bien réellement c'était pour elle…

Le lendemain matin, par exemple, je voulus la mettre
à la porte. Après lui avoir fait servir un déjeuner d'adieu,
je frappai dans mes mains très fort, en trépignant des
deux pieds à la fois, comme il est d'usage en pareil
cas, et en disant d'un ton rude : « Allez-vous-en, petite
Moumoutte ! »

Mais non, elle ne s'en allait pas, la Chinoise. Évidemment, elle n'avait aucune frayeur de moi, comprenant par
intuition que c'était très exagéré, tout ce bruit. Avec un air
de me dire : « Je sais bien, va, que tu ne me feras pas de
mal », elle restait tapie dans son coin, écrasée sur le plancher, dans la pose d'une suppliante, fixant sur moi deux
yeux dilatés, un regard humain que je n'ai jamais vu qu'à
elle seule.

Comment faire ? Je ne pouvais pourtant pas établir une
chatte à demeure dans ma chambre de bord. Et surtout
une bête si vilaine et si maladive, quel encombrement
pour l'avenir !... Alors je la pris à mon cou, avec mille
égards toutefois et en lui disant même : « Je suis bien
fâché, ma petite Moumoutte », – mais je l'emportai réso-
lument dehors, à l'autre bout de la batterie, au milieu des
matelots qui, en général, sont hospitaliers et accueillant
pour les chats quels qu'ils soient. Tout aplatie contre
les planches du pont, et la tête retournée vers moi pour
m'implorer toujours avec son regard de prière, elle se
mit à filer, d'une petite allure humble et drôle, dans la
direction de ma chambre, où elle fut rentrée la première
de nous deux ; quand j'y revins après elle, je la trouvai
tapie obstinément dans son même petit coin, et ses yeux
étaient si expressifs que le courage me manqua pour la
chasser de nouveau. – Voilà comment cette chinoise me
prit pour maître.

Mon ordonnance, qui était visiblement gagné à sa cause depuis le commencement du débat, compléta sur-le-champ son installation en plaçant par terre, sous mon lit, une corbeille rembourrée pour son couchage, – et un de mes grands plats de Chine, très pratiquement rempli de sable... (détail qui me glaça d'effroi).

[...]

*

Une existence de chat, cela peut durer douze ou quinze ans, si aucun accident ne survient.

Les deux moumouttes virent encore, ensemble, luire un second délicieux été ; elles retrouvèrent leurs heures de nonchalante rêverie, en compagnie de Suleïma (la tortue éternelle que les années ne vieillissent pas), entre les cactus fleuris, sur les pierres de la cour chauffées à l'ardent soleil, – ou bien seules, au faîte des vieux murs, dans le fouillis annuel des chèvrefeuilles et des roses blanches. Elles eurent plusieurs petits, élevés avec tendresse et placés avantageusement dans le voisinage ; même ceux de la Chinoise étaient d'une défaite facile et très demandés, à cause de l'originalité de leurs minois.

Elles virent encore un autre hiver et purent recommencer leurs longs sommeils aux coins des cheminées, leurs méditations profondes devant l'aspect changeant des braises ou des flammes.

Mais ce fut leur dernière saison de bonheur, et aussitôt après leur triste déclin commença. Dès le printemps suivant, d'indéfinissables maladies entreprirent de désorganiser leurs petites personnes bizarres, qui étaient d'âge cependant à durer quelques années de plus.

Moumoutte Chinoise, atteinte la première, donna d'abord des indices de trouble mental, de mélancolie noire, regrets peut-être de sa lointaine patrie mongole. Sans boire ni manger, elle faisait des retraites prolongées sur le haut des murs, immobile pendant des journées entières à la même place, ne répondant à tous nos appels que par des regards attendris et de plaintifs petits « miaou ».

Moumoutte Blanche aussi, dès les premiers beaux jours, avait commencé de languir, et, en avril, toutes deux étaient vraiment malades.

Des vétérinaires, appelés en consultation, ordonnèrent sans rire d'inexécutables choses. Pour l'une, des pilules matin et soir et des cataplasmes sur le ventre !... Pour l'autre, de l'hydrothérapie ; la tondre ras et la doucher deux fois par jour à grande eau !... Sylvestre lui-même, qui les adorait et s'en faisait obéir comme personne, déclara le tout impossible. On essaya alors des remèdes de bonnes femmes ; des mères Michel furent convoquées et on suivit leurs prescriptions, mais rien n'y fit.

Elles s'en allaient toutes deux, nos moumouttes, nous causant une grande pitié, – et ni le beau printemps, ni le beau soleil revenu ne les tiraient de leur torpeur de mort.

Un matin, comme je rentrais d'un voyage à Paris, Sylvestre, en recevant une valise, me dit tristement : « Monsieur, la Chinoise est morte. »

Depuis trois jours, elle avait disparu, elle si rangée, qui jamais ne quittait la maison. Nul doute que, sentant sa fin proche, elle ne fût définitivement partie, obéissant à ce sentiment d'exquise et suprême pudeur qui pousse certaines bêtes à se cacher pour mourir. « Elle était restée toute la semaine, monsieur, perchée, là-haut sur le jasmin rouge, ne voulant plus descendre pour manger elle répondait pourtant toujours quand nous lui parlions, mais d'une petite voix si faible ! » Où donc était-elle allée passer l'heure terrible, la pauvre Moumoutte Chinoise ? Peut-être, par ignorance de tout, chez des étrangers qui ne l'auront seulement pas laissée finir en paix, qui l'auront pourchassée, tourmentée, – et mise ensuite au fumier. Vraiment, j'aurais préféré apprendre qu'elle était morte chez nous ; mon cœur se serrait un peu, au souvenir de son étrange regard humain, si suppliant, chargé toujours de ce même besoin d'affection qu'elle était incapable d'exprimer, et tout le temps cherchant mes yeux à moi avec cette même interrogation anxieuse qui n'avait jamais pu être formulée... Qui sait quelles mystérieuses angoisses traversent les petites âmes confuses des bêtes, aux heures d'agonie ?...

[...]

*

Comme si un méchant sort eût été jeté sur nos chattes, Moumoutte Blanche, aussi, semblait à la fin.

Par fantaisie de mourante, elle avait élu son dernier domicile dans mon cabinet de toilette – sur certain lit de repos dont la couleur rose l'avait sans doute charmée. On lui portait là un peu de nourriture, un peu de lait, auquel elle ne touchait même plus ; seulement, elle vous regardait quand on entrait, avec de bons yeux contents de vous voir, et faisait encore un pauvre ronron affaibli, quand on la touchait doucement pour une caresse.

Puis, un beau matin, elle disparut aussi, clandestinement, comme avait fait la Chinoise, et nous pensâmes qu'elle ne reviendrait plus.

[...]

*

Elle devait reparaître cependant, et je ne me rappelle rien de si triste que ce retour.

Ce fut environ trois jours après, par un de ces temps de commencement de juin, qui rayonnent, qui resplendissent, dans un calme absolu de l'air, trompeurs avec des apparences d'éternelle durée, mélancoliques sur les êtres destinés à mourir. Notre cour étalait toutes ses feuilles, toutes ses fleurs, toutes ses roses sur ses murs, comme à tant de mois de juin passés ; les martinets, les hirondelles, affolés de lumière et de vie, tournoyaient avec des cris de joie dans le ciel tout bleu ; il y avait partout grande fête des choses sans âme et des bêtes légères que la mort n'inquiète pas. Tante Claire, qui se promenait par là, surveillant la pousse des fleurs, m'appela tout à coup, et sa voix indiquait quelque chose d'extraordinaire :

— Oh !... viens voir ! Notre pauvre Moumoutte qui est revenue !...

Elle était bien là, en effet, réapparue comme un triste petit fantôme, maigre, la fourrure déjà souillée de terre, et moitié morte. Qui sait quel sentiment l'avait ramenée : une réflexion, un manque de courage à la dernière heure, un besoin de nous revoir avant de mourir !

À grand'peine, elle avait franchi encore une fois ce petit mur bas, si familier, que jadis elle sautait en deux bonds, lorsqu'elle revenait de faire sa police extérieure, de gifler quelque voisin, de corriger quelque voisine. Haletante de son grand effort pour revenir, elle restait à demi couchée sur la mousse et l'herbe nouvelle, au bord du bassin, cherchant à se baisser pour y boire une gorgée d'eau fraîche. Et son regard nous implorait, nous appelait au secours :

« Vous ne voyez donc pas que je vais mourir ? Pour me prolonger un peu, vous ne pouvez donc rien faire ? »

Présages de mort partout, ce beau matin de juin, sous ce calme et resplendissant soleil tante Claire, penchée vers sa moumoutte finissante, me paraissait tout à coup si âgée, affaissée comme jamais, prête à s'en aller aussi…

Nous décidâmes de reporter Moumoutte dans mon cabinet de toilette, sur ce morne lit rose dont elle avait fait choix la semaine précédente et qui avait semblé lui plaire.

Et je me promis de veiller à ce qu'elle ne partît plus, afin qu'au moins ses os pussent rester dans la terre de notre cour, qu'elle ne fût pas jetée sur quelque fumier, comme sans doute l'autre, ma pauvre petite compagne de Chine, dont le regard anxieux me poursuivait toujours.

Je la pris à mon cou, avec des précautions extrêmes et, contrairement à son habitude, elle se laissa emporter cette fois, en toute confiance, la tête abandonnée, appuyée sur mon bras. Sur ce lit rosé, salissant tout, elle résista encore quelques jours, tant les chats ont la vie dure. Juin continuait de rayonner dans la maison et dans les jardins autour de nous. Nous allions souvent la voir, et toujours elle essayait de se lever pour nous faire fête, l'air reconnaissant et attendri, ses yeux indiquant autant que des yeux humains la présence intérieure et la détresse de ce qu'un appelle âme.

Un matin, je la trouvai raidie, les prunelles vitreuses, devenue une bête crevée, une chose à jeter dehors. Alors je commandai à Sylvestre de faire un trou dans une banquette de la cour, au pied d'un arbuste. Où était passé ce que j'avais vu luire à travers ses yeux de mourante ; la petite flamme inquiète du dedans, où était-elle allée ? ...

Extrait du Livre de la pitié et de la mort

Remy de Gourmont

Trois anecdotes sur mes chats

Philosophie

Tous les jours, après déjeuner, mon chat commence, comme un héros de Stendhal, sa chasse au bonheur. On a jeté du grain ou émietté du pain sur une corniche, vers laquelle trois fenêtres convergent et le voilà occupé à aller de l'une à l'autre au guet des moineaux. Il n'en a jamais pris un seul, jamais, parce que, de ces trois fenêtres, l'une est grillée et les autres toujours fermées. Cela ne le décourage pas et son émotion est toujours pareille, lorsqu'il aperçoit, à travers la vitre, ou à travers le lacis de fil de fer, l'oiseau de ses rêves. Il se tapit, puis il se dresse, les pattes crispées, un petit cri de concupiscence sort de sa gorge, toute sa fourrure frissonne. Quand les oiseaux s'envolent, il les suit des yeux, il court à la seconde fenêtre, à la troisième : il n'a pas un moment de répit. Enfin, lassé, non d'avoir en vain poursuivi son désir, mais d'avoir tant couru, il se pose sur un fauteuil, les pattes sous le ventre, la tête dans le cou et il s'endort. Moi aussi, jadis, quand je n'avais pas de chat et quand je n'avais pas d'expérience, je partais après déjeuner à la chasse au bonheur. [...]

*

Le chat blessé

Le soir, dans un jardin sur lequel ouvrent des fenêtres, d'où tombent toutes sortes de bruits humains à travers la beauté vaincue des grands arbres douloureux. Mais nous entendons aussi des grondements qui sont des miaulements. Des chats se battent ou font l'amour. On ne sait jamais, sans doute les deux, car l'amour pour cette gent ne va pas sans colère, sans bataille, sans gémissements. Les plaintes furieuses s'exaspèrent, s'apaisent, repartent, gerbes exaspérées. Un dernier cri, car cette fois c'est bien un cri, et une des bêtes blessées s'échappe, bondit, nous frôle, puis disparaît dans un arbre. Il semble qu'on entende avec le bruit des feuilles froissées celui des ongles qui entrent dans l'écorce. Puis c'est le silence revenu, et nous comparons le bruit humain au bruit félin : nous serions humiliés si nous nous sentions pareils à tous ces hommes et à toutes ces femmes. Peut-être bien, après tout, mais nous ne voulons pas. Nous nous faisons chats, nous nous faisons animaux sauvages par la pensée que les animaux n'ont pas, afin d'égaler leur beauté et de vivre en harmonie avec l'inconsciente nature. Le chat n'a pas reparu, n'a même pas remué. Là-haut, dans les feuilles, il lèche sa blessure, il endort sa douleur, passe sa patte mouillée sur ses oreilles sanglantes. Il ne regrette rien, car il a vaincu la femelle effarée et, si c'est une femelle, elle a la satisfaction de son ventre apaisé. La conscience des hommes ne leur fait pas tenir une conduite différente, mais ils y mêlent tant de laideur, tant de petites craintes qu'ils sont pitoyables. Le chat n'a pas besoin de pitié.

Extrait des Petits Crayons

Le chat endormi

L'autre jour, en sortant de chez moi, je me suis arrêté, aussi longtemps que la décence le permettait, devant une femme et devant un chat endormi. C'est un tableau que je connais bien, mais jamais il ne m'avait requis comme ce soir-là. Le chat est gros, d'ample fourrure et appartient à quelqu'une de nos variétés indigènes, il n'a rien de singulier. Il n'est ni japonais ni siamois. Sa beauté n'en est donc que plus simple et plus frappante, pour celui qui sait distinguer la beauté de la singularité. La femme est une de ces patientes ouvrières qui témoignent à la vitrine des petits tailleurs de l'habileté de la maison aux reprises invisibles. Le chat était presque couché sur son ouvrage, ses oreilles touchaient sa main, effleurées toutes les secondes par le passage de l'aiguille, et on sentait en ces deux êtres une si profonde confiance et un tel bonheur d'être, l'une à coudre près de son ami, l'autre à dormir près de son amie, que c'en était presque émouvant. Comme tout spectacle d'amour, car c'était de l'amour, évidemment, de cet amour qui prend tant de formes et qui ne se manifeste peut-être jamais plus purement qu'entre un être humain et un animal. La place n'est pas très favorable pour le chat. Elle est étroite et la table est dure. Elle est éclairée intensément et le chat n'aime pas la lumière vive. N'importe, il faut qu'il soit là, il n'est bien qu'à cet endroit inconfortable, il ne se plaît pas ailleurs. Dans ce coin, il sent la chaleur de son amie et perçoit sa respiration. Parfois il ouvre les yeux et sans faire un autre mouvement la regarde. Elle est là. Rassuré, il reprend son somme. C'est, parmi les mystères de la sympathie, un des plus curieux, que cette élection d'un être humain par un animal, qui en prend possession, qui le veut pour soi, qui le surveille, qui aime sa présence et rien que sa présence. Le chien en donne des exemples indiscrets, maladifs. Le chat porte son amour avec sérénité.

Extrait de La Petite Ville

Champfleury

Le chat de Victor Hugo

[…] Dans ma jeunesse, j'eus l'honneur d'être reçu chez Victor Hugo, dans un salon décoré de tapisseries et de monuments gothiques. Au milieu s'élevait un grand dais rouge, sur lequel trônait un chat, qui semblait attendre les hommages des visiteurs. Un vaste collier de poils blancs se détachait comme une pélerine de chancelier sur sa robe noire : la moustache était celle d'un magyar hongrois, et quand solennellement l'animal s'avança vers moi, me regardant de ses yeux flamboyants, je compris que le chat s'était modelé sur le poète et reflétait les grandes pensées qui emplissaient le logis. « C'est lui, m'écrit Victor Hugo, c'est mon chat qui a fait dire à Méry, dans les jambes duquel il faisait le gros dos, ce mot illustre : "Dieu a fait le chat pour donner à l'homme le plaisir de caresser le tigre." » […]

Extrait des Chats, histoires, mœurs, observations, anecdotes

Alexandre Dumas

Mysouff, le chat de la rue de Vaugirard

Ma mère vivait et j'avais, chez M. le duc d'Orléans, une place de quinze cents francs. Cette place m'occupait de dix heures du matin à cinq heures de l'après-midi. Nous demeurions rue de l'Ouest, et nous avions un chat qui s'appelait Mysouff. Ce chat avait manqué sa vocation : il aurait dû naître chien. Tous les matins, je partais à neuf heures et demie, – il me fallait une demi-heure pour aller de la rue de l'Ouest, à mon bureau, situé rue Saint-Honoré, n° 216, – tous les matins, je partais à neuf heures et demie, et, tous les soirs, je revenais à cinq heures et demie. Tous les matins, Mysouff me conduisait jusqu'à la rue de Vaugirard. Tous les soirs, Mysouff m'attendait rue de Vaugirard. C'étaient là ses limites, son cercle de Popilius. Je ne me rappelle pas le lui avoir jamais vu franchir. Et ce qu'il y avait de curieux, c'est que, les jours où, par hasard, une circonstance quelconque m'avait distrait de mon devoir de fils, et où je ne devais pas rentrer pour dîner, on avait beau ouvrir la porte à Mysouff : Mysouff, dans l'attitude du serpent qui se mord la queue, ne bougeait pas de son coussin. Tandis qu'au contraire, les jours où je devais venir, si on oubliait d'ouvrir la porte à Mysouff, Mysouff grattait la porte de ses griffes jusqu'à ce qu'on la lui ouvrît. Aussi, ma mère adorait-elle Mysouff : elle l'appelait son baromètre. – Mysouff marque mes beaux et mes mauvais jours, me disait-elle, l'adorable femme : les jours où tu viens, c'est mon beau fixe ; les jours où tu ne viens pas, c'est mon temps de pluie. Pauvre mère ! Et quand on pense que ce n'est que le jour où l'on a perdu ces trésors d'amour qu'on s'aperçoit combien on les appréciait mal quand on les possédait ; que c'est quand on ne peut plus voir les êtres bien-aimés que l'on se souvient que l'on aurait pu les voir davantage, et qu'on se repent de ne pas les avoir vus assez ! Je retrouvais donc Mysouff au milieu de la rue de l'Ouest, à l'endroit où elle confine à la rue de Vaugirard, assis sur son derrière, les yeux fixés au plus profond de la rue d'Assas. Du plus loin qu'il m'apercevait, il frottait le pavé de sa queue ; puis, à mesure que j'approchais, il se levait, se promenait transversalement sur toute la ligne de la rue de l'Ouest, la queue en l'air et faisant le gros dos. Au moment où je mettais le pied dans la rue de l'Ouest, il me sautait aux genoux comme eût fait un chien ; puis, en gambadant et en se retournant de dix en dix pas, il reprenait le chemin de la maison. À vingt pas de la maison, il se retournait une dernière fois et rentrait au galop. Deux secondes après, je voyais apparaître ma mère à la porte. Bienheureuse apparition, qui a disparu pour toujours, et qui, je l'espère cependant, m'attend à une autre porte. Voilà à quoi je pensais, chers lecteurs, voilà tous les souvenirs que ce nom de Mysouff faisait rentrer dans ma mémoire. Vous voyez bien qu'il m'était permis de ne pas répondre à la mère Lamarque.

*Extrait d'*Histoire de mes bêtes

Jules Laforgue

À la mémoire d'une chatte naine que j'avais...

Ô mon beau chat frileux, quand l'automne morose
Faisait glapir plus fort les mômes dans les cours,
Combien passâmes-nous de ces spleeniques jours
À rêver face à face en ma chambre bien close.

Lissant ton poil soyeux de ta langue âpre et rose
Trop grave pour les jeux d'autrefois et les tours,
Lentement tu venais de ton pas de velours
Devant moi t'allonger en quelque noble pose.

Et je songeais, perdu dans tes prunelles d'or
— Il ne soupçonne rien, non, du globe stupide
Qui l'emporte avec moi tout au travers du Vide,

Rien des Astres lointains, des Dieux ni de la Mort ?
Pourtant !... quels yeux profonds !... parfois... il m'intimide
Saurait-il donc le mot ? – Non, c'est le Sphinx encor.

Extrait des Complaintes

Paul Morand

Voué aux chats

J'ai eu au moins cent chats, ou plutôt – comme disait Michelet – cent chats m'ont eu. J'aime les chats parce qu'ils sont silencieux et, à ce titre, incompris ; je n'entends pas dire qu'ils ne miaulent jamais, mais ils ne miaulent qu'à bon escient, pour demander des choses précises ; bien différents en cela des chiens ou des oiseaux, dont le bavardage et les grimaces attendrissent les esprits superficiels. Les chats sont incompris, parce qu'ils dédaignent de s'expliquer ; énigmatiques, ils ne le sont que pour qui ignore la puissance expressive du mutisme. Il n'est pas d'être vivant dont le visage soit plus éloquent que celui d'un chat : la curiosité, l'étonnement, l'appréhension, la terreur, la gaieté, la férocité, la gourmandise, la volupté, la déception, la colère et même l'amour (quand, assis sur leur derrière, ils vous regardent, la tête renversée, une paupière mi-close, en ronronnant) passent en longs éclairs dans leurs yeux. Je ne connais qu'un regard humain plus riche de nuances : c'est celui de Greta Garbo ; et si elle était tentée de s'offenser de ce rapprochement, le trouvant sacrilège, qu'elle se souvienne que, cinq mille ans avant elle, la chatte était déesse.

Les Égyptiens tenaient en grande vénération un dieu de la musique et une déesse des amours qui étaient figurés par un corps humain surmonté d'une tête de chat (je suis d'ailleurs sûr que les chats aiment la musique et les mathématiques). A Memphis une femme avait d'autant plus de titres à la beauté qu'elle ressemblait davantage à une chatte (que n'ai-je vécu alors!... Les femmes au nez court et aux yeux félins m'« ont » toujours)! Le docteur Jumaud, ce protecteur en France de la gent fourrée et gantée, nous conte que les temples égyptiens abritaient des familles de chats d'une espèce particulière à chaque temple, où ils étaient traités en divinités. On frappait même des médailles à l'effigie de ces idoles pour les passer au cou des enfants « voués au chat ». Selon Hérodote, quand un chat venait à mourir dans une maison égyptienne, tous les habitants se rasaient les sourcils en signe de deuil; le cadavre, embaumé avec des aromates, était déposé dans un petit cercueil reproduisant l'image de l'animal, en bronze ou en bois peint incrusté d'yeux d'émail et parfois d'une plaque d'or. Puis, suivi des premiers magistrats, le corps était conduit et enterré dans un cimetière spécial, où j'ai vu leurs dépouilles, sèches comme de vieux cigares, toutes semblables à celles des chats sacrés des civilisations préincaïques. C'est ainsi qu'en 1890, on put trouver près de Beni Hassan, dans un hypogée appelé la Grotte de Diane, 180 000 momies de chats dont plusieurs furent ramenées à Londres. Si quelqu'un venait à tuer un chat, même accidentellement, le peuple égyptien se jetait sur le meurtrier et le faisait mourir dans les supplices. Les Égyptiens craignaient tellement de leur faire du mal que lorsque le roi de Perse Gambyse voulut s'emparer de la ville de Péluse, il fit marcher devant ses troupes un peloton de chats et en fit porter un, en guise de bouclier, à chacun de ses officiers et soldats ; de peur d'atteindre leurs animaux favoris, les Égyptiens se rendirent sans combattre.

On accordait au chat le don de chasser les serpents. On le parfumait, on le couchait sur des lits de parade et, dans les festins, il occupait les places d'honneur. Chez les Grecs, Homère n'en parle qu'avec les plus grands égards et Corinthe possédait une statue de chat accroupi, en bronze, de la taille de notre Lion de Belfort. Les Barbares germains avaient adopté ces félins comme symbole de l'adultère et aussi de la liberté. Pour le Moyen Âge le chat fut la forme visible du démon et le chat noir, la monture favorite des sorcières ; enfin les Scandinaves en faisaient l'emblème de l'amour. Tout cela, liberté, adultère, péché, amour, magie, se tient ; ce sont les faces d'un même mystère.

Les Anglais, si amis de toutes les bêtes, ont pour le chat une admiration sincère qui s'est affirmée par la création (sous l'égide de l'ancêtre, le *National Cat Club*, fondé en 1887) de quatorze clubs de chats, que j'énumère, non pour faire de l'érudition, mais pour leurs noms charmants : The Silver and Smoke Persian Cat Society, Black and White Club, The Blue Persian Cat Society, The Orange, Cream, Fawn and Tortoise-Shell Society, The Chinchilla Cat Club, The Short Haired Cat Club, etc. Nous voilà bien près des temples égyptiens dédiés à chaque race de chats. À Londres, le restaurant pour animaux, situé dans le quartier de Westminster, réserve des tables aux chats pensionnaires, reconnaissables à la médaille qu'ils portent au cou. En Amérique, un écrivain célèbre et d'une science encyclopédique, mon cher Carl Van Vechten, a consacré au chat deux de ses plus beaux livres : *Lord of the house-tops* et *The Tiger in the House* (avec la plus complète bibliographie sur le sujet et près d'un millier de références). En Allemagne, la

société protectrice des chats s'affuble d'un nom riche
en consonnes : *der Deutschangorakatzenschutzverein.*
Mais les vrais sanctuaires de chats, c'est à Paris qu'on
les trouve : ce sont les loges des concierges ; dans leur
demi-jour, trône un chat coupé, généralement énorme et
toujours immobile. En français le mot « chat » est frappé
à l'image même de la bête : mou, feutré, ramassé. Paris
honore les chats ; cette race féline, la plus nerveuse du
globe, si puissamment vitale, électrique, capricieuse et
inspirée, organisée pour jouir et souffrir au paroxysme,
féminine avant tout, avec la grâce des femmes, leur
ressort formidable et leur inouïe résistance à la mort,
méritait, bien mieux que la galère insubmersible, d'incar-
ner dans sa totale et plus secrète essence, Paris.

Et moi qui suis né à Paris, je rends un culte au chat ;
j'ajoute sans modestie mon nom à la liste des illustres
fervents de ce culte. Quel palmarès ! Le Tasse, Pétrarque,
Montaigne, Colbert, Bernardin de Saint-Pierre, Locke,
Swinburne, Savage Landor, Jean-Jacques Rousseau,
Samuel Butler, George Moore, Chateaubriand, Victor
Hugo, Hoffmann, Mérimée, Théophile Gautier,
Maupassant, Flaubert, Taine, Loti, Alexandre Dumas,
rien que des gens bien ; et Richelieu avec sa « chatterie »,
installée près de sa chambre à coucher, et Baudelaire qui
les a chantés en vers immortels, et la grande Colette, et
Clemenceau qui avait pour mascotte une petite chatte
persane nommée Prudence (la seule Prudence qu'il ait
jamais eue dans sa vie), et Lénine qui régnait au Kremlin,
un chat sur les genoux.

Un chat n'est jamais ridicule, quels que soient les noms
dont on l'accable ; ceux de Catulle Mendès portaient sans
faiblir des noms wagnériens. « Les chats peuvent être
laids, ils ne sont jamais vulgaires », disait mon père, qui

aimait tant son siamois que lorsque ce chat s'étendait sur
son papier, il écrivait tout autour de la bête pour ne pas
la déranger. Du plus loin qu'il m'en souvienne, je trouve
des chats mêlés à tous les événements de ma vie. J'ai eu
des chats républicains et des chats royaux, des fils du
siamois du président Poincaré ou des angoras de la reine
Carmen Sylva, mais c'est une petite chatte de gouttière
qui me fit verser mes premières vraies larmes, à qui je
dois mon premier contact avec la souffrance, la pitié et la
mort; écrasée à moitié par une voiture, un long martyre
la mena au trépas. Je fus ensuite l'esclave d'une dynastie
d'angoras blancs à yeux bleus (et qu'on ne vienne pas me
dire que cette race est sourde, car ce n'est pas vrai) dont
l'un surtout se distingua : navigateur (il avait fait tout le
périple d'Ulysse en Méditerranée), explorateur, grand
coureur, chasseur intrépide, il mettait en fuite chiens,
moutons et cochons; mais un jour sa jactance s'effon-
dra devant un rat des champs à la vérité gigantesque qui
lui sauta au nez, et nous ne vîmes plus que de dos, dans
un tourbillon, les pantalons bouffants de *Petit Patou*, et
sa fraise blanche qui le faisaient ressembler à un Franz
Hals. Pour le fixer au logis, je lui achetai une épouse;
elle était chinchilla et s'appelait aussi *Chinchilla*; on
me l'avait donnée pour une jeune chatte, mais elle était
déjà sur le retour et, d'une rébarbative vertu, repoussait
avec des cris inharmonieux les attentions de son mari;
cachée toute la journée dans les ressorts de mon lit, elle
n'en sortait qu'à cinq heures, pour faire, à petits pas secs
et compassés, sa promenade dans le corridor... C'est à
elle que succéda une personnalité tout à fait extraordinaire du nom d'*Amélie*. Cette persane bleue de la plus
merveilleuse beauté, aujourd'hui âgée de douze ans, a
connu et dépassé toutes les vicissitudes du cœur; elle a
eu la douleur de me voir adopter une jeune siamoise; de

ce jour date la métamorphose de son caractère ; jamais visage n'exprima plus clairement la stupeur, le désespoir et, enfin, la plus morne résignation. Son âme ne survécut pas à ma trahison. Désormais insensible et glacée, *Amélie* versa dans la mondanité et se mit à sortir tous les soirs. Par un singulier retour, c'était la petite siamoise *Wampoum*, qui s'occupait des chatons délaissés et faisait leur éducation, non sans avoir mis beaucoup de temps et de tact à se faire agréer comme nurse par *Amélie*. Cette dernière n'a plus de goût que pour les distractions et n'apparaît au salon que les jours de réception ; un soir, installée dans l'auto, elle m'obligea même à l'emmener au bal. Elle mène une vie tout à fait à part de la mienne et ne se manifeste à moi que par d'étranges lubies où je devine l'effort d'un être désaxé qui veut combler le vide de son cœur. « Mais les chats n'ont pas de cœur », direz-vous ? C'est que vous ne connaissez pas l'histoire de l'étalon arabe *Godolphin*, ce célèbre ancêtre et créateur du pur-sang anglais ; *Godolphin* s'était lié d'amitié avec un chat noir ; quand il mourut, en 1753, le chat veilla le cadavre de son ami jusqu'à l'arrivée de l'équarrisseur, puis il s'en alla mourir dans une grange voisine. *Kroumir*, le chat de Rochefort, se laissa périr de faim après le décès de son maître. Le chat de Modigliani se suicida aussitôt après la mort de ce peintre. La chatte de Mme Michelet sentant venir sa fin, disparut trois nuits de suite, emportant chaque fois un de ses chatons ; la troisième fois elle revint agonisante ; on découvrit qu'elle avait été confier ses petits à une chatte voisine pour les lui faire allaiter. Les chats ont la sensibilité la plus délicate, la plus nuancée, la plus impétueuse. Ils ont, disait Mme Michelet, le cerveau dans la patte (neuf personnes sur dix sont incapables de tenir un chat sans le faire frémir et se débattre) ; leurs nerfs exigeants et vite ennuyés se dépensent en simulacres de combats, rappels des grandes chasses ancestrales. Ils ont le naturel le plus varié et il est de notoriété publique que les chats blancs sont paresseux, les noirs voyageurs, les gris bons chasseurs, les fauves très coureurs, que les chattes tricolores sont recherchées pour leur fécondité, que les tigrées sont gamines, mais qu'il faut se défier des chattes rousses et de leur hypocrisie. « Les chats ne sont attachés qu'en apparence », dit Buffon qui a pourtant accoutumé de mieux connaître les animaux; c'est le contraire qu'il faudrait dire; sous une apparence d'indifférence, seul le chat est capable de profonde affection; mais c'est un Oriental et, comme tel, soucieux de ne pas perdre la face; fera-t-il les premiers pas? Non, il nous laisse venir. « Il ne nous caresse pas, il se caresse à nous », disait injustement Rivarol; mais les misogynes en disent autant et aussi injustement des femmes. Comme la femme, le chat nous attire sans en avoir l'air et nous attend; mais c'est toujours lui qui nous choisit.

Extrait de Rond-Point des Champs-Élysées

François René de Chateaubriand

Le Chat de Léon XII

J'ai pour compagnon un gros chat gris-roux à bandes noires transversales, né au Vatican dans la loge de Raphaël : Léon XII l'avait élevé dans un pan de sa robe où je l'avais vu avec envie lorsque le pontife me donnait mes audiences d'ambassadeur. Le Succeseur de saint Pierre étant mort, j'héritai du chat sans maître, comme je l'ai dit en racontant mon ambassade de Rome. On l'appelait *Micetto*, surnommé le *chat du pape*. Il jouit en cette qualité d'une extrême considération auprès des âmes pieuses. Je cherche à lui faire oublier l'exil, la chapelle Sixtine et le soleil de cette coupole de Michel-Ange sur laquelle il se promenait loin de la terre.

Extrait des Mémoires d'outre-tombe

Georges Docquois

Entretiens avec des écrivains
à propos de leurs chats

Devant la porte d'Émile Zola

Dès que j'eus l'idée de ce travail, – modeste, à coup sûr, mais auquel, d'autre part, le concert éminemment autorisé des personnalités qui daignèrent y collaborer n'a pu manquer de donner un appréciable poids d'intérêt, – je ne m'écriai point, accommodant aux besoins du moment un vers suffisamment connu : Je sens revivre en moi l'âme d'un Toussenel ! Non, sous cette rubrique : *Bêtes et Gens de Lettres,* j'ai simplement eu dessein de faire une étude superficielle (car le sujet est vaste et pourrait fournir matière à plusieurs tomes) mais pittoresque – du rôle joué par les animaux au foyer des artistes et dans leurs œuvres. C'est, en quelque sorte, une Histoire des Animaux de Lettres que j'ai entreprise, – histoire anecdotique à la fois et philosophique.

[...]

En me dirigeant vers la demeure de M. Émile Zola, j'étais bien sûr de ne point commettre d'impair. Je savais à l'avance que je n'allais pas me trouver en présence d'un ennemi des bêtes.

[...]

« Un ami des bêtes ? C'est moi, certes ! » s'écrie M. Émile Zola, que je trouve, à l'issue de son déjeuner, en son cabinet de travail.

— Asseyez-vous donc… Oui, j'adore les bêtes, j'en ai eu beaucoup chez moi (j'en ai encore), et il y en a aussi beaucoup dans mes livres. Dans mes livres, rien d'étonnant à cela, d'ailleurs, puisque, toujours, j'eus l'idée d'y mettre la vie totale : les bêtes et les gens…

Comme je souriais, M. Zola me dit :

— J'ai nommé les bêtes avant les gens, c'est cela qui vous fait sourire ? Eh bien ! Je ne me rétracte pas. Oui, je le répète, je voulais mettre les bêtes et les gens dans mon œuvre ; toutes les bêtes, toutes les gens… Ç'a été la maison des bêtes, chez nous. Il fut un temps où l'on me trouvait enfermé dans des chambres, à Paris, avec cinq ou six chats. Les chats, je les aime fort. J'ai commencé par en mettre deux dans les *Nouveaux Contes à Ninon* : une chatte blanche et une chatte noire. Dans le foyer du théâtre de Bordenave, dans *Nana*, il y a un gros chat rouge qui n'aime pas l'odeur du vernis dont le vieux comique Bosc s'est enduit les joues pour y faire adhérer une barbe postiche. Dans *La Faute de L'abbé Mouret* il y a un trio de chats. Un d'eux, tout noir, s'appelle Moumou. Ces trois-là sont des chats rustiques, comme j'en ai à Médan. Il y a aussi François, le chat au regard dur, ironique et cruel, d'une fixité diabolique ; François, le matou énigmatique de *Thérèse Raquin*. Et puis, oh! et puis, ma préférée! la Minouche de *La Joie de vivre*; la Minouche, une petite chatte blanche, l'air délicat, dont la queue, à l'aspect de la boue, a un léger tremblement de dégoût, ce qui n'empêche pas cette bête de se vautrer quatre fois l'an dans l'ordure de tous les ruisseaux. Les chats furent mes favoris. Je vous l'ai dit, j'en ai tout un groupe à Médan.

[…]

*

Edmond de Goncourt

Bien qu'il fût au travail et que ce ne fût point jour de réception, M. Edmond de Goncourt voulut bien consentir à me recevoir, et il me fut ainsi accordé d'entrer dans cette demeure où l'art – dans ce qu'il a de plus exquis, de plus rare comme de plus pur – a élu son domicile, et à propos de laquelle, le 1er avril 1879, le maître traçait ces quelques lignes : « Il me prend des mélancolies, en pensant que tout ce que je fais pour faire de cette maison d'Auteuil un domicile de poète et de peintre, tout cela est fait pour un bourgeois quelconque, très prochain… »

[…]

Je m'étais levé, et, tout en remerciant le maître de son affabilité, j'avais entrebâillé la porte du cabinet de travail, quand je sentis soudain quelque chose de souple glisser prestement entre mes jambes.

— Tiens! s'écria M. de Goncourt, c'est toi, Mi?

— Pardon, fis-je alors, un peu inquiet, mais ne m'aviez-vous pas dit, cher maître, qu'à part les poissons... ?

— Ah ! je vous jure que j'avais bien oublié ce pauvre chat. Eh bien ! figurez-vous qu'il y a huit mois, pendant une de mes flâneries dans mon jardin, ce chat, qui était alors tout petit, vint se jeter sur mes jambes et sembla véritablement me supplier de lui donner l'hospitalité. Je n'ai jamais aimé les chats, et, cependant, je me trouvai faible devant celui-là... Aujourd'hui, cette pauvre bête est enrhumée ; elle tousse et râle comme une personne, et, cela va probablement vous faire rire, j'en suis tout préoccupé...

[...]

*

Jules Barbey d'Aurevilly

Mademoiselle Louise Read a été l'amie dévouée de Barbey d'Aurevilly. Je n'ai point à dire ici mon admiration pour celui que quelqu'un a appelé le Connétable des Lettres françaises. Ce qu'il y a de certain, c'est que, dans la « galerie posthume » de cette présente enquête sur l'amour des bêtes chez les intellectuels, – galerie nécessairement restreinte et composée uniquement de ceux vers qui allèrent, vont et toujours iront mes préférences littéraires, – j'ai tenu spécialement à faire figurer un des premiers l'auteur des *Diaboliques*.

Voilà pourquoi je suis allé chez mademoiselle Read. J'ai trouvé mademoiselle Read avec sa mère dans leur salon du quatrième étage du n° 2 du boulevard Saint-Germain. Dès en entrant, une forte odeur de chat me saisit aux narines, et je remarquai tout de suite les coupons de coutil pliés en double jetés sur tous les fauteuils et sur toutes les chaises de l'appartement. Ah ! c'est que Démonette, la chatte de Barbey d'Aurevilly, recueillie pieusement par mademoiselle Read, règne ici sans partage avec toute sa descendance respectée, et que, si ces dames n'y prenaient un peu garde, le mobilier serait vite en lambeaux. Je fus reçu avec une grâce impossible à dire par la mère et la fille, qui sont bien les femmes les plus distinguées et les plus aimablement spirituelles qu'on puisse rêver.

— Mademoiselle, je suis venu pour que vous me parliez de Démonette, s'il vous plaît.

« Rien ne saurait me plaire davantage », me répondit mademoiselle Read ; et, après m'avoir offert un siège auprès d'elle, elle commença.

— Démonette, ou plutôt Desdémone – Démonette dans l'intimité, disait son maître – fut nommée ainsi dès son arrivée rue Rousselet, un soir de septembre, en 1884, – très timide arrivée de la pauvre toute petite, qui se cacha et fut invisible jusqu'au lendemain. Elle fut donnée à M. Barbey d'Aurevilly par madame Constantin Paul, la femme du médecin. Cette dame, qui avait chez elle une chatte superbe, dînant chez Coppée avec M. d'Aurevilly, lui posa à brûle-pourpoint cette question : « Si j'ai un chat noir de ma belle chatte, un chat comme elle, le voulez-vous ? » Et quelques jours après, au commencement d'août, un petit frère et une petite sœur noirs virent le jour. Démonette n'avait donc guère plus d'un mois quand on l'apporta rue Rousselet. Dès lors, elle ne

quitta plus guère le bureau de son maître, s'installant
sur le papier blanc, et, mieux encore, quand ces grandes
feuilles de papier écolier – sur lesquelles il écrivait ses
articles ou ses romans – se remplissaient de lignes toute
fraîches d'encre ; et, alors, que de mouvements de queue
les agrémentant de hachures ! Le bonheur de son maître
était aussi de partager son repas avec elle ; et comme
elle en savait l'heure ! Installée sur une chaise près de
lui (ainsi que dans le dessin d'Ostrowski dans la Revue
illustrée du 1er janvier 1887), et mettant parfois les pattes
sur la table, il faut bien l'avouer, M. d'Aurevilly lui choisissait les meilleurs morceaux. Et comme il riait, lorsque
Démonette, se trompant, ayant saisi un petit croûton
de pain, l'envoyait de sa patte, avec mépris, rouler au
fond de la chambre ! ... Cette même petite patte – car
Démonette n'était pas endurante – lançait parfois des
tapes légères à son maître : « Une tape à la Prémare ! »
s'écriait-il gaiement, se rappelant une vieille dame
(madame de Prémare) dans son enfance, qui leur admi-
nistrait ainsi, à ses frères et à lui, de fréquents, familiers
et tendres reproches.

[...]

« Des yeux d'or dans un morceau de velours noir »,
ainsi la décrivait Barbey d'Aurevilly.

[...]

— À Yalognes, Barbey d'Aurevilly avait eu une
chatte aussi, qu'il appelait Griffette. Et un des grands
attraits des soirées qu'il passait là, chez son ami le grand
artiste Armand Roger, c'était de cet ami le beau chien

et sa famille de chats vivant en bonne harmonie et l'accueillant, lui, d'Aurevilly, avec transports. Vous vous rappelez que le maître a, dans la *Vieille Maîtresse*, décrit deux chiens danois, Titan et Titania, desquels il a dit qu'ils étaient « d'une vigueur de lignes et d'un éclat de robe qui les faisaient ressembler à deux fabuleux tigres blancs apprivoisés »... Je me souviens que M. d'Aurevilly parle, dans sa correspondance, du chien et des chats d'Armand Roger. Voulez-vous que nous recherchions cela, monsieur ?

Mademoiselle Read, qui avait disparu dans une chambre voisine, revint s'asseoir près de moi, et, après avoir feuilleté la correspondance du maître, elle se reprit à parler.

[...]

— Et, tenez, de Valognes encore : « Comme Démonette serait jolie ici avec sa fourrure noire, cette princesse de Mauritanie, dans ce grand appartement où tout est jaune (le fard des brunes !), meubles et tentures !... Hélas ! je n'ai pas mes chats, mes compagnons nocturnes, à caresser ! » Vous voyez, monsieur, combien il aimait ses chats et à quel point Démonette lui manquait !

*

Catulle Mendès

[...]

— Ah ! vous aimiez les chats ?

— Pour leur beauté, uniquement. En dehors de l'admiration qu'ils provoquaient en moi, je ne leur vouais aucune affection. J'ai toujours tenu le chat pour une bête mauvaise. Mais, je le répète, esthétiquement, je les aimais et leur accordais toutes sortes de prérogatives. Ainsi, Faffner et Fasolt dînaient à ma table, la serviette au cou, très dignes. Ils étaient colossaux, et se bornaient, d'ailleurs, à être beaux. Mais ils étaient aussi criminels, car, un jour, ils dévorèrent mon cher ami le rossignol. Ce meurtre ne leur porta pas chance : un matin qu'ils se promenaient effrontément dans un jardin voisin du mien, des gredins les criblèrent de coups de pistolet de salon. Un quart d'heure après, ils rendaient le dernier soupir en ma cave, derrière une barrique. Je vous avoue que j'eus grande envie d'aller tuer à leur tour ces cochons. »

Rue Mansard, j'eus un autre chat, à qui l'on donna le nom d'un personnage de La Walkyrie. Mime était beau comme un amour. C'était un matou d'un noir superbe ; mais il répandait une odeur formidable et ne se faisait pas faute de lacérer mes rideaux. On fut bien obligé de le confier à un homme de l'art, qui nous le ramena dans un état absolu de neutralité. À dater de ce jour, Mime s'enfonça dans une tristesse plus noire que lui-même. Nous habitions au cinquième étage. Mime avait coutume, à certain moment de la journée, de faire un petit tour sur la corniche de zinc qui régnait au long de la façade intérieure, sous nos fenêtres. Un matin, je le vis – ou je crus le voir – s'élancer volontairement de cette corniche dans la rue. En tombant, il rencontra un réverbère contre lequel il se cassa les reins. Je vous affirme que je garde l'impression que Mime s'est suicidé...

*

Alphonse Daudet

— La crainte que j'éprouve pour le chat remonte aussi fort avant dans le temps. Nous étions, un soir, tous autour de la lampe, à la maison. Le père seul était absent, et ne devait point rentrer. On n'attendait donc personne, et l'on ne s'attendait à rien. La paix était complète, charmante, au foyer. Soudain, dans la pièce voisine, le piano se mit à parler tout seul ; comme sous des doigts gantés de moufles épaisses, des notes criaient faiblement, par intervalles... J'étais terrifié. Tous, nous étions terrifiés... Puis, après une reprise anxieuse du silence, le piano nous suggéra l'effroi davantage en gémissements lugubrement chromatiques... Des âmes avaient l'air de pleurer dans le salon. Oh ! quelle sensation, monsieur ! ... Puis, le piano ne parla plus, cessa de gémir ; mais ce fut alors comme une chute sur le tapis de quelque chose qui aurait été léger à la fois et lourd, et de quelque lourdeur emmitouflée d'on n'aurait su dire quoi... Puis, après encore un silence qui déversa l'angoisse à pleins flots, une plainte – comme d'enfant – s'éleva, tout près, derrière la porte, qui parut s'émouvoir d'un frôlement... J'étais presque fou.

— Et c'était tout simplement un chat ?

— Ah ! vous ne diriez pas ainsi : tout simplement, si, au lieu de compter parmi les miens, ce souvenir était aussi bien des vôtres ! ... Eh bien ! oui, c'était le chat de la maison...

*

Stéphane Mallarmé

Rue de Rome, 89, au quatrième, en un chétif appartement, M. Stéphane Mallarmé coule de calmes jours entre sa femme, sa fille – et son chat. Madame Mallarmé est aimable ; mademoiselle Mallarmé est spirituelle ; le chat est noir. Ce chat, d'ailleurs, est une chatte, et répond au nom – très préhistorique – de Lilith. Quant à M. Stéphane Mallarmé, que M. Paul Verlaine a mis dans le rang des « poètes maudits », je lui trouve l'air aussi peu maudit que possible. En caressant la bête, j'ai conversé avec les gens. À peine me suis-je assis que Lilith saute sur mes genoux et se met à ronronner, ce qui cause dans la famille une stupéfaction visible. On m'explique, du reste, que Lilith, sauvage à l'ordinaire, fait preuve à mon égard d'une confiance sans précédents en son histoire. Je me déclare tout honoré de cette démarche flatteuse de Lilith, qu'en retour, je me mets à frictionner copieusement. Durant que je me livre à cet exercice toujours pour moi plein de charme, M. Stéphane Mallarmé, la pipe à la bouche, me parle, d'une voix légère, un peu câline, et qui, de temps en temps, se bémolise d'ironie – mais vaguement, oh ! combien !

— Les chats ? commence-t-il. En un poème en prose, je les appelai : seigneurs des toits. C'est peu, et tout mon sentiment sur eux, certes, ne tient pas dans cette épithète. Je les ai toujours contemplés avec curiosité. Ils ont eu beaucoup de mon attention. Je dois dire que je les ai vus, selon les époques, très différemment. Le chat fut d'abord, pour moi, l'idole secrète de l'appartement. Un chat, trônant sur un meuble, avec la double émeraude de ses yeux, je considérai cela comme le dernier bibelot, le couronnement suprême. Je fus fervent. Puis, mon enthousiasme tomba peu à peu. À force de contempler le chat, je le trouvai moins raréfié. Je lui vis le ventre du lapin… Grâce à Lilith, cependant, cette dépréciation de l'espèce n'a pas persisté en moi. Je me rends bien compte – eh! oui – que Lilith n'est pas une panthère noire et qu'on en peut faire une gibelotte; mais j'estime, d'autre part, que, mise à sa place, à l'heure convenable, cette bête n'est pas sans mérite.

En attendant, sans se préoccuper ni de la place ni de l'heure propices, Lilith continue à me prodiguer ses faveurs et ses grâces. De mon côté, je persévère dans mon massage dont l'énergie la fait – telle une vague – ondulante et presque déferlante sous mes doigts électrisés.

— N'est-ce pas, poursuit M. Mallarmé paternement, n'est-ce pas que le chat est la place même, le motif de la caresse? Et, fait-il, amincissant sa voix câline en même temps que de sa pipe tenue en ostensoir sortent des spirales légères de fumée bleue, et il n'est pas jusqu'à l'arrière vibration de la caresse – qui est la queue – à laquelle il ne s'offre...

[...]

M. Mallarmé a un rire des yeux. Il me désigne Lilith, qui, s'étant dressée, me tourne en ce moment le dos et me caresse le bout du nez avec la mèche du cierge noir de sa queue. Il me dit :

— C'est cette tonsure qu'elle vous montre impudiquement, ce coin nu de sa bestialité... J'ai souvent songé à dorer cela...

[...]

— En résumé, que pensez-vous du chat ? Est-ce un animal estimable ?

— Je ne m'embarrasse guère d'examiner s'il est hypocrite et fourbe, comme on le prétend. Je ne le crois pas très criminel. Il aime surtout la maison, c'est vrai, mais il ne doit point être tout à fait incapable d'affection pour ceux qui habitent cette maison. En somme, je pense que le chat est nécessaire à un intérieur. Il le complète. C'est lui qui polit les meubles, en arrondit les angles, lui qui donne à l'appartement du mystérieux. Il est bien le dernier bibelot, le couronnement suprême.

Extrait des Bêtes et Gens de Lettres

Les Malheurs des chats

Théophile Gautier

La mort de Belzébuth

Le repas allait son train, et les flacons, activement remplacés par Blazius, se succédaient sans interruption, lorsque Sigognac sentit une tête s'appuyer sur un de ses genoux, et sur l'autre des griffes acérées jouer un air de guitare bien connu. C'étaient Miraut et Belzébuth qui, profitant d'une porte entr'ouverte, s'étaient glissés dans la salle, et, malgré la peur que leur inspirait cette splendide et nombreuse compagnie, venaient réclamer de leur maître leur part du festin. Sigognac opulent n'avait garde de repousser ces humbles amis de sa misère ; il flatta Miraut de la main, gratta le crâne essorillé de Belzébuth, et leur fit à tous deux une abondante distribution de bons morceaux. Les miettes consistaient cette fois en lardons de pâté, en reliefs de perdrix, en filets de poisson et autres mets succulents. Belzébuth ne se sentait pas d'aise et, de sa patte griffue, il réclamait toujours quelque nouveau rogaton, sans lasser l'inaltérable patience de Sigognac, que cette voracité amusait. Enfin, gonflé comme une outre, marchant à pas écarquillés, pouvant à peine filer son rouet, le vieux chat noir se retira dans la chambre tapissée en verdure de Flandre, et se roula en boule à sa place accoutumée, pour digérer cette copieuse réfection.

Vallombreuse tenait tête au marquis de Bruyères, et les hobereaux ne se lassaient pas de porter la santé des époux avec des rouges bords, à quoi Sigognac, sobre de nature et d'habitude, répondait en trempant le bout de ses lèvres dans son verre toujours plein, car il ne le vidait jamais. Enfin les hobereaux, la tête pleine de fumées, se levèrent de table chancelants, et gagnèrent, un peu aidés des laquais, les appartements qu'on avait préparés pour eux. Isabelle, sous prétexte de fatigue, s'était retirée au dessert. Chiquita, promue à la dignité de femme de chambre, l'avait défaite et accommodée de nuit, avec cette activité silencieuse qui caractérisait son service. C'était maintenant une belle fille que Chiquita. Son teint, que ne tannaient plus les intempéries des saisons, s'était éclairci, tout en gardant cette pâleur vivace et passionnée que les peintres admirent fort. Ses cheveux, qui avaient fait connaissance avec le peigne, étaient proprement retenus par un ruban rouge dont les bouts flottaient sur sa nuque brune ; à son col, on voyait toujours le fil de perles donné par Isabelle, et qui, pour la bizarre jeune fille, était le signe visible de son servage volontaire, une sorte d'emprise que la mort seule pouvait rompre. Sa robe était noire et portait le deuil d'un amour unique. Sa maîtresse ne l'avait pas contrariée en cette fantaisie. Chiquita, n'ayant plus rien à faire dans la chambre, se retira après avoir baisé la main d'Isabelle, comme elle n'y manquait jamais chaque soir. Lorsque Sigognac rentra dans cette chambre où il avait passé tant de nuits solitaires et tristes, écoutant les minutes longues comme des heures, tomber goutte à goutte, et le vent gémir lamentablement derrière la vieille tapisserie, il aperçut, à la lueur d'une lanterne de Chine suspendue au plafond, entre les rideaux de brocatelle verte et blanche, la jolie tête d'Isabelle qui se penchait vers lui avec un chaste et délicieux sourire. C'était la réalisation complète de son rêve, alors que, n'ayant plus d'espoir et se croyant à jamais séparé d'Isabelle, il regardait le lit vide avec une mélancolie profonde. Décidément, le destin faisait bien les choses !

Vers le matin, Belzébuth, en proie à une agitation étrange, quitta le fauteuil où il avait passé la nuit, et grimpa péniblement sur le lit. Arrivé là, il heurta de son nez la main de son maître endormi encore, et il essaya un ronron qui ressemblait à un râle. Sigognac s'éveilla et vit Belzébuth le regardant comme s'il implorait un secours humain, et dilatant outre mesure ses grands yeux verts vitrés déjà et à demi éteints. Son poil avait perdu son brillant lustré et se collait comme mouillé par les sueurs de l'agonie ; il tremblait et faisait pour se tenir sur ses pattes des efforts extrêmes. Toute son attitude annonçait la vision d'une chose terrible. Enfin il tomba sur le flanc, fut agité de quelques mouvements convulsifs, poussa un sanglot semblable au cri d'un enfant égorgé, et se roidit comme si des mains invisibles lui distendaient les membres. Il était mort. Ce hurlement funèbre interrompit le sommeil de la jeune femme. « Pauvre Belzébuth, dit-elle en voyant le cadavre du chat, il a supporté la misère de Sigognac, il n'en connaîtra pas la prospérité ! » Belzébuth, il faut l'avouer, mourait victime de son intempérance. Une indigestion l'avait étouffé. Son estomac famélique n'était pas habitué à de telles frairies. Cette mort toucha Sigognac plus qu'on ne saurait dire. Il ne pensait point que les animaux fussent de pures machines, et il accordait aux bêtes une âme de nature inférieure à l'âme des hommes, mais capable cependant d'intelligence et de sentiment. Cette opinion, d'ailleurs, est celle de tous ceux qui, ayant vécu longtemps dans la solitude en compagnie de quelque chien, chat, ou tout autre animal, ont eu le loisir de l'observer et d'établir avec lui des rapports suivis. Aussi, l'œil humide et le cœur pénétré de tristesse, enveloppa-t-il soigneusement le pauvre Belzébuth dans un lambeau d'étoffe, pour l'enterrer le soir, action qui eût peut-être paru ridicule et sacrilège au vulgaire. Quand la nuit fut tombée, Sigognac prit une bêche, une lanterne, et le corps de Belzébuth, roide dans son linceul de soie. Il descendit au jardin, et commença à creuser la terre au pied de l'églantier, à la lueur de la lanterne dont les rayons éveillaient les insectes, et attiraient les phalènes qui venaient en battre la corne de leurs ailes poussiéreuses. Le temps était noir. À peine un coin de la lune se devinait-il à travers les crevasses d'un nuage couleur d'encre, et la scène avait plus de solennité que n'en méritaient les funérailles d'un chat. Sigognac bêchait toujours, car il voulait enfouir Belzébuth assez profondément pour que les bêtes de proie ne vinssent pas le déterrer. Tout à coup le fer de sa bêche fit feu comme s'il eût rencontré un silex. Le Baron pensa que c'était une pierre, et redoubla ses coups ; mais les coups sonnaient bizarrement et n'avançaient pas le travail. Alors Sigognac approcha la lanterne pour reconnaître l'obstacle, et vit, non sans surprise, le couvercle d'une espèce de coffre en chêne, tout bardé d'épaisses lames de fer rouillé, mais très solides encore ; il dégagea la boîte en creusant la terre alentour, et, se servant de sa bêche comme d'un levier, il parvint à hisser, malgré son poids considérable, le coffret mystérieux jusqu'au bord du trou, et le fit glisser sur la terre ferme. Puis il mit Belzébuth dans le vide laissé par la boîte, et combla la fosse. Cette besogne terminée, il essaya d'emporter sa trouvaille au château, mais la charge était trop forte pour un seul homme, même vigoureux, et Sigognac alla chercher le fidèle Pierre, pour qu'il lui vînt en aide. Le valet et le maître prirent chacun une poignée du coffre et l'emportèrent au château, pliant sous le faix. Avec une hache, Pierre rompit la serrure, et le couvercle en sautant découvrit une masse considérable de pièces d'or : onces, quadruples, sequins, génovines, portugaises, ducats, cruzades, angelots et autres monnaies de différents titres et pays, mais dont aucune n'était moderne. D'anciens bijoux enrichis de pierres précieuses étaient mêlés à ces pièces d'or. Au fond du coffre vidé, Sigognac trouva un parchemin scellé aux armes de Sigognac, mais l'humidité en avait effacé l'écriture. Le seing était seul encore un peu visible, et, lettre à lettre, le Baron déchiffra ces mots : « Raymond de Sigognac. » Ce nom était celui d'un de ses ancêtres, parti pour une guerre d'où il n'était jamais revenu, laissant le mystère de sa mort ou de sa disparition inexpliqué. Il n'avait qu'un fils en bas âge et, au moment de s'embarquer dans une expédition dangereuse, il avait enfoui son trésor, n'en confiant le secret qu'à un homme sûr, surpris sans doute par la mort avant de pouvoir révéler la cachette à l'héritier légitime. À dater de ce Raymond commençait la décadence de la maison de Sigognac, autrefois riche et puissante. Tel fut, du moins, le roman très probable qu'imagina le Baron d'après ces faibles indices ; mais ce qui n'était pas douteux, c'est que ce trésor lui appartînt. Il fit venir Isabelle et lui montra tout cet or étalé.

« Décidément, dit le Baron, Belzébuth était le bon génie des Sigognac. En mourant, il me fait riche, et s'en va quand arrive l'ange. Il n'avait plus rien à faire, puisque vous m'apportez le bonheur. »

Extrait du Capitaine Fracasse

Juge de paix Richard

*Premier arrêt de justice rendu en France
qui interdit de tuer les chats
Rendu en 1895 à Fontainebleau*

Que la loi ne permet pas que l'on se fasse justice soi-même ; que l'article 1179 du code pénal et l'article 1385 du Code Napoléon reconnaissent plusieurs espèces de chats, notamment le chat sauvage, animal nuisible pour la destruction duquel seulement une prime est accordée, mais que le chat domestique n'a rien à voir à ce titre aux yeux du législateur ; que le chat domestique n'étant point *res nullius*, mais propriété d'un maître, doit être protégé par la loi ; que le chat étant d'utilité incontestable vis-à-vis des animaux rongeurs, l'équité commande d'avoir de l'indulgence pour un animal toléré par la loi ; que le chat même domestique est en quelque sorte d'une nature mixte, c'est-à-dire un animal toujours un peu sauvage et devant demeurer tel à raison de sa destination, si on veut qu'il puisse rendre les services qu'on en attend ; que si la loi de 4790, titre XI, 5.1. 42 *in fine*, permet de tuer les volailles, l'assimilation des chats avec ces animaux n'est rien moins qu'exacte, puisque les volailles sont destinées à être tuées tôt ou tard et qu'elles peuvent être tenues en quelque sorte sous la main, *sub custodia*, dans un endroit complètement fermé, tandis que l'on ne saurait en dire autant du chat ni le mettre ainsi sous les verrous, si on veut qu'il obéisse à la loi de sa nature ; que le prétendu droit de tuer, dans certains cas, le chien, animal dangereux et prompt à l'attaque sans être enragé, ne saurait donner par voie de conséquence le droit de tuer un chat, animal prompt à fuir et qui n'est point assurément de nature à beaucoup effrayer ; que rien dans la loi n'autorise les citoyens à tendre des pièges, de manière à allécher par un appât aussi bien les chats innocents de tout un quartier que les chats coupables ; que nul ne doit faire à la chose d'autrui ce qu'il ne voudrait pas que l'on fît à sa propre chose ; que tous les biens, d'après l'article 516 du Code Napoléon, étant en meubles et immeubles, il en résulte que le chat, contrairement à l'article 128 du même Code, est sans contredit un meuble protégé par la loi, et qu'en conséquence les propriétaires d'animaux détruits sont en droit de réclamer l'application de l'article 479, paragraphe 1 du code pénal, qui punit ceux qui ont volontairement causé du dommage à la propriété mobilière d'autrui.

Anonyme

Le feu de la Saint-Jean

La joyeuse Saint-Jean, que fêtaient l'Italie, l'Espagne, la France, etc., se célébrait à Paris avec le plus grand appareil ; l'usage voulait que les rois eux-mêmes y intervinssent, lorsqu'ils se trouvaient dans la capitale, pour y remplir les premiers rôles, pour y faire, en quelque sorte, l'office de grands prêtres du feu. Des témoignages authentiques constatent que, de Louis XI à Louis XIV, tous les princes qui occupèrent le trône s'acquittèrent de cette charge et mirent le feu au bûcher de la Saint-Jean, qu'on élevait sur la place de Grève ou de l'Hôtel-de-Ville. Il existe encore un curieux procès-verbal des formalités avec lesquelles il fut procédé à la célébration de la Saint-Jean à Paris, sous le règne du roi Charles IX, en l'année qui suivit la Saint-Barthélemy, en 1573.

On avait dressé sur la place de Grève un mât d'une soixantaine de pieds de hauteur, tout le long duquel étaient fixées plusieurs pièces de bois transversales. Ce mât s'élevait du centre de dix voies de bois disposées en bûcher et d'un vaste amas de paille, et les morceaux de bois mis en travers supportaient cinq cents bourrées et deux cents cotrets. Une quantité considérable de pièces d'artifice, telles que fusées, pétards, lances à feu et bombes, avait été, en outre, distribuée au milieu de tous ces combustibles, que décoraient des bouquets, des guirlandes et des couronnes. Mais le morceau capital de cet édifice destiné aux flammes, la pièce sur laquelle se portait de prédilection l'intérêt public, c'était un grand sac de toile attaché au sommet du mât, et dans lequel étaient renfermés vingt-quatre chats, condamnés à être brûlés vifs, pour la plus grande joie des spectateurs. Le privilège de fournir ces chats, dévoués annuellement au feu de la Saint-Jean, était, à cette époque, exercé par Lucas Pommereux, l'un des commissaires des quais de la ville, et lui rapportait, par an, trente et quelques sous parisis. Lucas Pommereux s'avisa, pour donner, est-il dit au rapport, plus grand plaisir à Sa Majesté, de joindre un renard vivant aux vingt-quatre victimes, et les Parisiens s'étaient fort réjouis de cette heureuse innovation. Aussi la foule était-elle si abondante et si tumultueuse que trois cents archers, arbalétriers et arquebusiers avaient fort à faire pour la contenir. Les magistrats de la ville, en costume d'apparat et portant chacun à la main une grosse torche de cire jaune, entouraient le bûcher, pendant que des orchestres, placés sur des estrades, mêlaient des fanfares aux clameurs de la multitude et aux miaulements des chats, qui criaient du fond de leur sac, comme s'ils eussent deviné leur sort. Enfin Charles IX arriva, environné de toute sa cour, et le prévôt des marchands s'avançant à sa rencontre, lui plaça entre les mains une torche faite de cire blanche et ornée d'une poignée de velours rouge. Le roi ayant mis le feu au bûcher, en un instant la flamme atteignit le sommet du mât, se répandit sur tous ses rameaux, et bientôt tout l'échafaudage s'écroula, en faisant jaillir dans les airs des milliers d'étincelles : chats et renard avaient vécu, non sans signaler leurs derniers moments par d'horribles hurlements. Charles IX et les seigneurs et dames de la cour entrèrent alors dans l'hôtel-de-ville, où les attendait une collation, dont le narrateur a consigné minutieusement le menu. Il y avait, entre autres friandises, des dragées musquées, des confitures, des cornichons, quatre grandes tartes, des massepains, sur lesquels étaient figurées les armoiries royales, en sucre brûlé; des crèmes, des fruits et deux livres et demie de sucre en poudre. Pendant le festin royal, la foule parisienne, à laquelle la bride était alors lâchée, se précipita sur le bûcher encore fumant, pour en enlever les débris qui, portés en sachets ou suspendus au foyer domestique, devaient, d'après la croyance populaire, éloigner la foudre, prévenir les maladies contagieuses, combattre les sortilèges, et procurer aussi, dans l'année, de bons mariages aux jeunes filles.

Telle ou peu s'en faut se célébrait la Saint-Jean sous les prédécesseurs de Charles IX, et jusque sous Louis XI, qu'une ancienne gravure, dont la nôtre est imitée, représente en grand appareil à la cérémonie du feu, sur la place de Grève.

Cette bizarre cérémonie, sur laquelle le supplice des chats jette une teinte de barbarie, se soutint longtemps sans déchoir. Henri IV, Louis XIII, se soumirent encore à l'usage; Louis XIV lui-même alluma une fois le feu de la Saint-Jean, en 1648; mais il n'avait alors que dix ans, et l'on peut croire qu'il y eut de sa part plus de désir de s'amuser que de condescendance pour la coutume; dans la suite du moins il s'abstint de faire brûler des chats: la fête, dépouillée de la présence royale, perdit toute sa splendeur, dit un historien, et devint très simple: les prévôts des marchands, les échevins et leur suite allaient, sans savoir pourquoi, mettre le feu à un amas de fagots et se retiraient après cet exploit. Aujourd'hui ceux qui voudraient rechercher encore à Paris des traces du feu de la Saint-Jean n'en pourraient plus retrouver le souvenir que dans quelques feus de paille, allumés par des enfants ; mais dans les provinces, où les usages populaires résistent mieux à l'influence des temps, les feux de la Saint-Jean brillent encore annuellement de leur primitif éclat. Dans la Bretagne surtout, parmi ces populations sauvages à la longue et vivace mémoire, la fête de la Saint-Jean n'a rien perdu de ses joies et de ses solennités, et même dans quelques parties bien retirées du Morbihan et du Finistère, le clergé remplit encore le rôle que les rois remplissaient à Paris, et les paysans recueillent encore les cendres qui sont réputées porter bonheur.

Extrait de la revue La Mosaïque *(1835)*

François Maynard

Plainte sur la mort d'une chatte

C'est grand dommage que ma Chatte
Aille au pays des Trépassés :
Pour se garantir de sa patte,
Jamais Rat ne courut assez.

Elle fut Matrone Romaine,
Et fille de nobles Aïeux.
Mon Laquais la prit sans mitaine
Près du Temple de tous les Dieux.

J'aurai toujours dans la mémoire
Cette peluche blanche et noire
Qui la fit admirer de tous.

Dame Cloton l'a mal-traitée,
Pour plaire aux Souris de chez nous,
Qui l'en avaient sollicitée.

Extrait des Œuvres

Joachim du Bellay

Épitaphe d'un chat

Maintenant le vivre me fâche :
Et afin, Magny, que tu saches
Pourquoi je suis tant éperdu,
Ce n'est pas pour avoir perdu
Mes anneaux, mon argent, ma bourse :
Et pourquoi est-ce donques ? pour ce
Que j'ai perdu depuis trois jours
Mon bien, mon plaisir, mes amours.
Et quoi ? ô souvenance grève !
A peu que le cœur ne me crève,
Quand j'en parle, ou quand j'en écris :
C'est Belaud mon petit chat gris :
Belaud, qui fut par aventure
Le plus bel œuvre de que Nature
Fit onc en matière de Chats :
C'était Belaud la mort aux rats,
Belaud, dont la beauté fut telle,
Qu'elle est digne d'être immortelle.

Donques Belaud premièrement
Ne fut pas gris entièrement,
Ni tel qu'en France on les voit naître,

Mais tel qu'à Rome on les voit être,
Couvert d'un poil gris argentin,
Ras et poli comme satin,
Couché par ondes sur l'échine,
Et blanc dessous comme un hermine.

Petit museau, petites dents,
Yeux qui n'étaient point trop ardents,
Mais desquels la prunelle perse
Imitait la couleur diverse
Qu'on voit en cet arc pluvieux,
Qui se courbe au travers des Cieux.

La tête à la taille pareille,
Le col grasset, courte l'oreille,
Et dessous un nez ébenin
Un petit mufle léonin,
Au tour duquel était plantée
Une barbelette argentée,
Armant d'un petit poil follet
Son musequin damoiselet.
Jambe grêle, petite patte,
Plus qu'une moufle délicate,
Sinon alors qu'il dégainait
Cela, dont il égratignait ;
La gorge douillette et mignonne,
La queue longue à la guenonne,
Mouchetée diversement
D'un naturel bigarement :
Le flanc haussé, le ventre large,
Bien retroussé dessous sa charge,
Et le dos moyennement long,
Vrai souriant, s'il en fut onq'.

Tel fut Belaud, la gente bête,
Qui des pieds jusques à la tête
De telle beauté fut pourvu,
Que son pareil on n'a point vu.
O quel malheur! ô quelle perte,
Qui ne peut être recouverte!
O quel deuil mon âme en reçoit!
Vraiment la mort, bien qu'elle soit
Plus fière qu'un ours, l'inhumaine,
Si de voir, elle eût pris la peine
Un tel chat, son cœur endurci
En eût eu, ce crois-je, merci :
Et maintenant ma triste vie
Ne haïrait de vivre l'envie.

Mais la cruelle n'avait pas
Goûté les folâtres ébats
De mon Belaud, ni la souplesse
De la gaillarde gentillesse :
Soit qu'il sautât, soit qu'il grattât,
Soit qu'il tournât, ou voltigeât
D'un tour de Chat, ou soit encore
Qu'il prit un Rat, et or' et ore
Le relâchant pour quelque temps
S'en donnât mille passe-temps.
Soit que d'une façon gaillarde
Avec sa patte frétillarde
Il se frottât le musequin,
Ou soit que ce petit coquin
Privé sautelât sur ma couche,
Ou soit qu'il ravît de ma bouche
La viande sans m'outrager,
Alors qu'il me voyait manger,
Soit qu'il fît en diverses guises

Mille autres telles mignardises.

Mon Dieu, quel passe-temps c'était
Quand ce Belaud virevoltait,
Folâtre au tout d'une pelote !
Quel plaisir, quand sa tête sotte
Suivant sa queue en mille tours,
D'un rouet imitait le cours !
Ou quand assis sur le derrière
Il s'en faisait une jarretière,
Et montrant l'estomac velu
De panne blanche crêpelu,
Semblait, tant sa trogne était bonne,
Quelque docteur de la Sorbonne ;
Ou quand alors qu'on l'animait,
A coups de patte il escrimait,
Et puis apaisait sa colère
Tout soudain qu'on lui faisait chère.

Voilà, Magny, les passe-temps
Où Belaud employait son temps.
N'est-il pas bien à plaindre donques ?
Au demeurant tu ne vis onques
Chat plus adroit, ni mieux appris
A combattre rats et souris.

Belaud savait mille manières
De les surprendre en leurs tanières,
Et lors leur fallait bien trouver
Plus d'un pertuis, pour se sauver :
Car onques Rat, tant fût-il vite,
Ne se vit sauver à la fuite
Devant Belaud. Au demeurant
Belaud n'était pas ignorant :

Il savait bien, tant fut traitable,
Prendre la chair dessus la table,
J'entends, quand on lui présentait,
Car autrement il vous grattait,
Et avec la patte friande
De loin muguetait la viande.

Belaud n'était point mal plaisant,
Belaud n'était point mal faisant,
Et ne fit oncq plus grand dommage
Que de manger un vieux fromage,
Une linotte et un pinson,
Qui le fâchaient de leur chanson.
Mais quoi, Magny, nous-mêmes, hommes,
Parfaits de tous points nous ne sommes.

Belaud n'était point de ces Chats,
Qui nuit et jour vont au pourchas,
N'ayant souci que de leur panse :
Il ne faisait si grand' dépense,
Mais était sobre à son repas,
Et ne mangeait que par compas.

Aussi n'était-ce sa nature
De faire partout son ordure,
Comme un tas de chats, qui ne font
Que gâter tout par où ils vont :
Car Belaud, la gentille bête,
Si de quelque acte moins qu'honnête,
Contraint possible il eût été,
Avait bien cette honnêteté
De cacher dessous de la cendre
Ce qu'il était contraint de rendre.

Belaud me servait de jouet.
Belaud ne filait au rouet,
Grommelant une litanie
De longue et fâcheuse harmonie,
Mais se plaignait mignardement
D'un enfantin miaulement.

Belaud (que j'aie souvenance)
Ne me fit oncq plus grand' offense
Que de me réveiller la nuit,
Quand il entendait quelque bruit
De rats qui rongeaient ma paillasse :
Car lors il leur donnait la chasse,
Et si dextrement les happait,
Que jamais un n'en échappait,

Mais, las, depuis que cette fièvre
Tua de sa dextre meurtrière
La sûre garde de mon corps,
Plus en sureté je ne dors,
Et or, ô douleurs non pareilles !
Les rats me mangent les oreilles :
Même tous les vers que j'écris,
Sont rongés de rats et souris.

Vraiment les dieux sont pitoyables
Aux pauvres humains misérables,
Toujours leur annonçant leurs maux
Soit par la mort des animaux,
Ou soit par quelque autre présage,
Des Cieux le plus certain message.
Le jour que la sœur de Cloton
Ravit mon petit Peloton,
Je dis, j'en ai bien souvenance,

Que quelque maligne influence
Menaçait mon chef de là-haut,
Et c'était la mort de Belaud :
Car quelle plus grande tempête
Me pouvait foudroyer la tête ?

Belaud était mon cher mignon,
Belaud était mon compagnon,
A la chambre, au lit, à la table,
Belaud était plus accointable
Que n'est un petit chien friand,
Et de nuit n'allait point criant
Comme ces gros marcous terribles,
En longs miaulements horribles :
Aussi le petit mitouard
N'entra jamais en matouard :
Et en Belaud, quelle disgrâce !
De Belaud s'est perdu la race.

Que plût à Dieu, petit Belon,
Que j'eusse l'esprit assez bon,
De pouvoir en quelque beau style
Blasonner ta grâce gentille,
D'un vers aussi mignard que toi :
Belaud, je te promets ma foi,
Que tu vivras, tant que sur terre
Les chats aux rats feront la guerre.

Extrait des Divers jeux rustiques

Jean de La Fontaine

Le chat et les deux moineaux

Un Chat, contemporain d'un fort jeune Moineau,
Fut logé près de lui dès l'âge du berceau ;
La Cage et le Panier avaient mêmes Pénates.
Le Chat était souvent agacé par l'Oiseau :
L'un s'escrimait du bec, l'autre jouait des pattes.
Ce dernier toutefois épargnait son ami.
Ne le corrigeant qu'à demi
Il se fût fait un grand scrupule
D'armer de pointes sa férule.
Le Passereau, moins circonspect,
Lui donnait force coups de bec ;
En sage et discrète personne,
Maître Chat excusait ces jeux :
Entre amis, il ne faut jamais qu'on s'abandonne
Aux traits d'un courroux sérieux.
Comme ils se connaissaient tous deux dès leur bas âge,
Une longue habitude en paix les maintenait ;
Jamais en vrai combat le jeu ne se tournait ;
Quand un Moineau du voisinage
S'en vint les visiter, et se fit compagnon
Du pétulant Pierrot et du sage Raton ;
Entre les deux oiseaux il arriva querelle ;

Et Raton de prendre parti.
Cet inconnu, dit-il, nous la vient donner belle
D'insulter ainsi notre ami !
Le Moineau du voisin viendra manger le nôtre ?
Non, de par tous les Chats !
Entrant lors au combat,
Il croque l'étranger.
Vraiment, dit maître Chat,
Les Moineaux ont un goût exquis et délicat !
Cette réflexion fit aussi croquer l'autre.
Quelle morale puis-je inférer de ce fait ?
Sans cela, toute fable est un œuvre imparfait.
J'en crois voir quelques traits ; mais leur ombre m'abuse,
Prince, vous les aurez incontinent trouvés :
Ce sont des jeux pour vous, et non point pour ma Muse ;
Elle et ses sœurs n'ont pas l'esprit que vous avez.

Extrait du Livre XII des Fables

François Rabelais

Grippeminaud, archiduc des chats fourrés

De là passâmes Condamnation, qui est une autre île toute
déserte : passâmes aussi le Guichet, auquel lieu Pantagruel
ne voulut descendre, et fit très bien, car nous y fûmes faits
prisonniers et arrêtés de fait par le commandant de Grip-
peminaud, archiduc des Chats fourrés, parce que quelqu'un
de notre bande voulut vendre à un serrageant des chapeaux
de Cassade. Les chats fourrés sont bêtes moult horribles et
épouvantables : ils mangent les petits enfants et paissent sur
des pièces de marbre. Avisez, buveurs, s'ils ne devraient bien
être camus ! Ils ont le poil de la peau non hors sortant, mais
au dedans caché, et portent pour leur symbole et devise tous
et chacun d'eux une gibecière ouverte, mais non tous en une
manière, car aucuns la portent attachée au col en écharpe,
autres sur la bedaine, autres sur le côté, et le tout par raison et
mystère. Ont aussi les griffes tant fortes, longues et acérées,
que rien ne leur échappe depuis qu'une fois l'ont mis entre
leurs serres. Et se couvrent les têtes, aucuns de bonnets à
quatre gouttières ou braguettes, autres de bonnets à revers,
autres de mortiers, autres de caparaçons mortifiés.

Extrait de Pantagruel

Ambroise Paré

Le chat : un danger pour la santé

Les chats n'infectent pas seulement par leur cervelle, mais aussi par leurs poils, haleine et regard : car j'açoit que tout poil avalé sans y penser puisse suffoquer la personne, en étoupant les conduits de la respiration, toutefois le poil du chat est poison tabifique. Et dit Matthiole avoir connu aucuns, prenant plaisir aux chats, qu'ils n'eussent jamais dormi sans en avoir quelques-uns couchés auprès d'eux, de l'haleine desquels longuement attirée avec l'air, ils devinrent phtysiques, et enfin misérablement moururent. Les chats aussi offensent de leurs regards, tellement qu'aucuns, voyant ou ayant un chat, tremblent et ont une peur grande, qui se fait par une antipathie venant de l'influence du ciel.

Extrait du Livre des morsures

Hippolyte Taine

Vie et opinions philosophiques d'un chat

Je suis né dans un tonneau au fond d'un grenier à foin ; la lumière tombait sur mes paupières fermées, en sorte que, les huit premiers jours, tout me parut couleur de rose. Le huitième, ce fut encore mieux ; je regardai, et vis une grande chute de clarté sur l'ombre noire ; la poussière et les insectes y dansaient. Le foin était chaud et odorant ; les araignées dormaient pendues aux tuiles ; les moucherons bourdonnaient ; tout le monde avait l'air heureux ; cela m'enhardit ; je voulus aller toucher la plaque blanche où tourbillonnaient ces petits diamants et qui rejoignait le toit par une colonne d'or. Je roulai comme une boule, j'eus les yeux brûlés, les côtes meurtries, j'étranglai, et je toussai jusqu'au soir.

*

Mes pattes étant devenues solides, je sortis et fis bientôt amitié avec une oie, bête estimable, car elle avait le ventre tiède ; je me blottissais dessous, et pendant ce temps ses discours philosophiques me formaient. Elle disait que la basse-cour était une république d'alliés ; que le plus industrieux, l'homme, avait été choisi pour chef, et que les chiens, quoique turbulents, étaient nos gardiens. Je pleurais d'attendrissement sous le ventre de ma bonne amie.

Un matin la cuisinière approcha d'un air bonasse, montrant dans la main une poignée d'orge. L'oie tendit le cou, que la cuisinière empoigna, tirant un grand couteau. Mon oncle, philosophe alerte, accourut et commença à exhorter l'oie, qui poussait des cris inconvenants :

« Chère sœur, disait-il, le fermier, ayant mangé votre chair, aura l'intelligence plus nette et veillera mieux à votre bien-être; et les chiens s'étant nourris de vos os seront plus capables de vous défendre. »

Là-dessus l'oie se tut, car sa tête était coupée, et une sorte de tuyau rouge s'avança hors du cou qui saignait. Mon oncle courut à la tête et l'emporta prestement; pour moi, un peu effarouché, j'approchai de la mare de sang, et sans réfléchir j'y trempai ma langue; ce sang était bien bon, et j'allai à la cuisine pour voir si je n'en aurais pas davantage.

*

Mon oncle, animal fort expérimenté et très vieux, m'a enseigné l'histoire universelle. À l'origine des choses, quand il naquit, le maître étant mort, les enfants à l'enterrement, les valets à la danse, tous les animaux se trouvèrent libres. Ce fut un tintamarre épouvantable; un dindon ayant de trop belles plumes fut mis à nu par ses confrères. Le soir un furet, s'étant insinué, suça à la veine du cou les trois quarts des combattants, lesquels, naturellement, ne crièrent plus. Le spectacle était beau dans la basse-cour; les chiens çà et là avalaient un canard; les chevaux par gaieté cassaient l'échine des chiens; mon oncle lui-même croqua une demi-douzaine de petits poulets. C'était le bon temps, dit-il.

Le soir, les gens étant rentrés, les coups de fouet commencèrent. Mon oncle en reçut un qui lui emporta une bande de poil. Les chiens, bien sanglés et à l'attache, hurlèrent de repentir et léchèrent les mains du nouveau maître. Les chevaux reprirent leur dossée avec un zèle administratif. Les volailles protégées poussèrent des gloussements de bénédiction ; seulement, au bout de six mois, quand passa le coquetier, d'un coup on en saigna cinquante. Les oies, au nombre desquelles était ma bonne amie défunte, battirent des ailes, disant que tout était dans l'ordre, et louant le fermier bienfaiteur du public.

*

Mon oncle, quoique morose, avoue que les choses vont mieux qu'autrefois. Il dit que d'abord notre race fut sauvage, et qu'il y a encore dans les bois des chats pareils à nos premiers ancêtres, lesquels attrapent de loin en loin un mulot ou un loir, plus souvent des coups de fusil. D'autres, secs, le poil ras, trottent sur les gouttières et trouvent que les souris sont bien rares. Pour nous, élevés au comble de la félicité terrestre, nous remuons flatteusement la queue à la cuisine, nous poussons de petits gémissements tendres, nous léchons les plats vides, et c'est tout au plus si par journée nous emboursons une douzaine de claques.

*

La musique est un art céleste, il est certain que notre race en a privilège ; elle sort du plus profond de nos entrailles ; les hommes le savent si bien, qu'ils nous les empruntent, quand avec leurs violons ils veulent nous imiter. Deux choses nous inspirent ces chants célestes :

la vue des étoiles et l'amour. Les hommes, maladroits copistes, s'entassent ridiculement dans une salle basse, et sautillent, croyant nous égaler. C'est sur la cime des toits, dans la splendeur des nuits, quand tout le poil frissonne, que peut s'exhaler la mélodie divine. Par jalousie ils nous maudissent et nous jettent des pierres. Qu'ils crèvent de rage; jamais leur voix fade n'atteindra ces graves grondements, ces perçantes notes, ces folles arabesques, ces fantaisies inspirées et imprévues qui amollissent l'âme de la chatte la plus rebelle, et nous la livrent frémissante, pendant que là-haut les voluptueuses étoiles tremblent et que la lune pâlit d'amour. Que la jeunesse est heureuse, et qu'il est dur de perdre les illusions saintes! Et moi aussi j'ai aimé et j'ai couru sur les toits en modulant des roulements de basse. Une de mes cousines en fut touchée, et deux mois après mit au monde six petits chats blancs et roses. J'accourus, et voulus les manger : c'était bien mon droit, puisque j'étais leur père. Qui le croirait? ma cousine, mon épouse, à qui je voulais faire sa part du festin, me sauta aux yeux. Cette brutalité m'indigna, et je l'étranglai sur la place; après quoi j'engloutis la portée tout entière. Mais les malheureux petits drôles n'étaient bons à rien, pas même à nourrir leur père; leur chair flasque me pesa trois jours sur l'estomac. Dégoûté des grandes passions, je renonçai à la musique, et m'en retournai à la cuisine.

*

J'ai beaucoup pensé au bonheur idéal, et je pense avoir fait là-dessus des découvertes notables. Évidemment il consiste, lorsqu'il fait chaud, à sommeiller près de la mare. Une odeur délicieuse sort du fumier qui fermente; les brins de paille lustrés luisent au soleil. Les dindons tournent l'œil amoureusement, et laissent tomber sur leur bec leur panache de chair rouge. Les poules creusent la paille et enfoncent leur large ventre pour aspirer la chaleur qui monte. La mare scintille, fourmillante d'insectes qui grouillent et font lever des bulles à sa surface. L'âpre blancheur des murs rend plus profonds les enfoncements bleuâtres où les moucherons bruissent. Les yeux demi-fermé, on rêve, et comme on ne pense plus guère, on ne souhaite plus rien.

L'hiver, la félicité est d'être assis au coin du feu à la cuisine. Les petites langues de la flamme lèchent la bûche, et se dardent parmi des pétillements ; les sarments craquent et se tordent, et la fumée enroulée monte dans le conduit noir jusqu'au ciel. Cependant la broche tourne, d'un tic-tac harmonieux et caressant. La volaille embrochée roussit, brunit, devient splendide ; la graisse qui l'humecte adoucit ses teintes ; une odeur réjouissante vient picoter l'odorat ; on passe involontairement sa langue sur ses lèvres ; on respire les divines émanations du lard ; les yeux au ciel, dans une grave extase, on attend que la cuisinière débroche la bête et vous en offre ce qui vous revient. Celui qui mange est heureux ; celui qui digère est plus heureux ; celui qui sommeille en digérant est plus heureux encore. Tout le reste n'est que vanité et impatience d'esprit. Le mortel fortuné est celui qui, chaudement roulé en boule et le ventre plein, sent son estomac qui opère et sa peau qui s'épanouit. Un chatouillement exquis pénètre et remue doucement les fibres. Le dehors et le dedans jouissent par tous leurs nerfs. Certainement si le monde est un grand Dieu bienheureux, comme nos sages le disent, la terre doit être un ventre immense occupé de toute éternité à digérer les os et à chauffer sa peau ronde au soleil.

*

Mon esprit s'est fort agrandi par la réflexion. Par une méthode sûre, des conjectures solides et une attention soutenue, j'ai pénétré plusieurs secrets de la nature. Le chien est un animal si difforme, d'un caractère si désordonné, que de tout temps il a été considéré comme un monstre, né et formé en dépit de toutes les lois. En effet, lorsque le repos est l'état naturel, comment expliquer qu'un animal soit toujours remuant, affairé, et cela sans but ni besoin, lors même qu'il est repu et n'a point peur ? Lorsque la beauté consiste universellement dans la souplesse, la grâce et la prudence, comment admettre qu'un animal soit toujours brutal, hurlant, fou, se jetant au nez des gens, courant après les coups de pied et les rebuffades ? Lorsque le favori et le chef-d'œuvre de la création est le chat, comment comprendre qu'un animal le haïsse, coure sur lui sans en avoir reçu la moindre égratignure, et lui casse les reins sans avoir envie de manger sa chair ?

Ces contrariétés prouvent que les chiens sont des damnés ; très certainement les âmes coupables et punies passent dans leurs corps. Elles y souffrent : c'est pourquoi ils se tracassent et s'agitent sans cesse. Elles ont perdu la raison : c'est pourquoi ils gâtent tout, se font battre, et sont enchaînés les trois quarts du jour. Elles haïssent le beau et le bien : c'est pourquoi ils tâchent de nous étrangler.

*

Peu à peu l'esprit se dégage des préjugés dans lesquels on l'a nourri ; la lumière se fait ; il pense par lui-même :

c'est ainsi que j'ai atteint la véritable explication des choses. Nos premiers ancêtres (et les chats de gouttière ont gardé cette croyance) disaient que le ciel est un grenier extrêmement élevé, bien couvert, où le soleil ne fait jamais mal aux yeux. Dans ce grenier, disait ma grand'tante, il y a des troupeaux de rats si gras qu'ils marchent à peine, et plus on en mange, plus il en revient. Mais il est évident que ceci est une opinion de pauvres hères, lesquels, n'ayant jamais mangé que du rat, n'imaginaient pas une meilleure cuisine. Puis les greniers sont couleur de bois ou gris, et le ciel est bleu, ce qui achève de les confondre. À la vérité ils appuyaient leur opinion d'une remarque assez fine : « Il est visible, disaient-ils, que le ciel est un grenier à paille ou farine, car il en sort très souvent des nuages blonds, comme lorsqu'on vanne le blé, ou blancs, comme lorsqu'on saupoudre le pain dans la huche. »

Mais je leur réponds que les nuages ne sont point formés par des écailles de grain ou par la poussière de farine ; car lorsqu'ils tombent c'est de l'eau qu'on reçoit. D'autres, plus policés, ont prétendu que la rôtissoire était Dieu, disant qu'elle est la source de toutes les bonnes choses, qu'elle tourne toujours, qu'elle va au feu sans se brûler, et qu'il suffit de la regarder pour tomber en extase. À mon avis, ils n'ont erré ainsi que parce qu'ils la voyaient à travers la fenêtre, de loin, dans une fumée poétique, colorée, étincelante, aussi belle que le soleil du soir. Mais moi qui me suis assis près d'elle pendant des heures entières, je sais qu'on l'éponge, qu'on la raccommode, qu'on la torchonne, et j'ai perdu en acquérant la science les naïves illusions de l'estomac et du cœur.

Il faut ouvrir son esprit à des conceptions plus vastes, et raisonner par des voies plus certaines. La nature se ressemble partout à elle-même, et offre dans les petites choses l'image des grandes. De quoi sortent tous les animaux? D'un œuf; la terre est donc un très grand œuf; j'ajoute même que c'est un œuf cassé. On s'en convaincra si on examine la forme et les limites de cette vallée qui est le monde visible. Elle est concave comme un œuf, et les bords aigus par lesquels elle rejoint le ciel sont dentelés, tranchants et blancs comme ceux d'une coquille cassée. Le blanc et le jaune s'étant resserrés en grumeaux ont fait ces blocs de pierre, ces maisons et toute la terre solide. Plusieurs parties sont restées molles, et font la couche que les hommes labourent; le reste coule en eau, et forme les mares, les rivières; chaque printemps il en coule un peu de nouvelle. Quant au soleil, personne ne peut douter de son emploi; c'est un grand brandon rouge qu'on promène au-dessus de l'œuf pour le cuire doucement; on a cassé l'œuf exprès, pour qu'il s'imprègne mieux de la chaleur; la cuisinière fait toujours ainsi. Le monde est un grand œuf brouillé. Arrivé à ce degré de sagesse, je n'ai plus rien à demander à la nature, ni aux hommes, ni à personne, excepté peut-être quelques petits gueuletons à la rôtissoire. Je n'ai plus qu'à m'endormir dans ma sagesse; car ma perfection est sublime, et nul chat pensant n'a pénétré dans le secret des choses aussi avant que moi.

Extrait du Voyage aux Pyrénées

Histoires de chat

Charles Perrault

Le Chat botté

Un Meunier ne laissa pour tous biens à trois enfants qu'il avait, que son moulin, son âne et son chat. Les partages furent bientôt faits, ni le notaire, ni le procureur n'y furent point appelés. Ils auraient eu bientôt mangé tout le pauvre patrimoine. L'aîné eut le moulin, le second eut l'âne, et le plus jeune n'eut que le chat.

Ce dernier ne pouvait se consoler d'avoir un si pauvre lot : « Mes frères, disait-il, pourront gagner leur vie honnêtement en se mettant ensemble ; pour moi, lorsque j'aurai mangé mon chat, et que je me serai fait un manchon de sa peau, il faudra que je meure de faim. »

Le chat qui entendait ce discours, mais qui n'en fit pas semblant, lui dit d'un air posé et sérieux : « Ne vous affligez point, mon maître, vous n'avez qu'à me donner un sac, et me faire faire une paire de bottes pour aller dans les broussailles, et vous verrez que vous n'êtes pas si mal partagé que vous croyez. »

Quoique le maître du chat ne fît pas grand fond là-dessus, il lui avait vu faire tant de tours de souplesse, pour prendre des rats et des souris, comme quand il se pendait par les pieds, ou qu'il se cachait dans la farine pour faire le mort, qu'il ne désespéra pas d'en être secouru dans sa misère.

Lorsque le chat eut ce qu'il avait demandé, il se botta bravement, et mettant son sac à son cou, il en prit les cordons avec ses deux pattes de devant, et s'en alla dans une garenne où il y avait grand nombre de lapins. Il mit du son et des lasserons dans son sac, et s'étendant comme s'il eût été mort, il attendit que quelque jeune lapin, peu instruit encore des ruses de ce monde, vînt se fourrer dans son sac pour manger ce qu'il y avait mis.

À peine fut-il couché, qu'il eut contentement : un jeune étourdi de lapin entra dans son sac, et le maître chat tirant aussitôt les cordons le prit et le tua sans miséricorde.

Tout glorieux de sa proie, il s'en alla chez le roi et demanda à lui parler. On le fit monter à l'Appartement de sa Majesté, où étant entré il fit une grande révérence au roi, et lui dit : « Voilà, Sire, un Lapin de garenne que M. le marquis de Carabas (c'était le nom qu'il lui prit en gré de donner à son Maître) m'a chargé de vous présenter de sa part.

— Dis à ton Maître, répondit le roi, que je le remercie, et qu'il me fait plaisir. »

Une autre fois, il alla se cacher dans un blé, tenant toujours son sac ouvert ; et lorsque deux perdrix y furent entrées, il tira les cordons, et les prit toutes deux. Il alla ensuite les présenter au roi, comme il avait fait avec le lapin de garenne. Le roi reçut encore avec plaisir les deux perdrix, et lui fit donner pour boire.

Le chat continua ainsi pendant deux ou trois mois à porter de temps en temps au roi du gibier de la chasse de son Maître. Un jour qu'il sut que le Roi devait aller à la promenade sur le bord de la rivière avec sa fille, la plus belle Princesse du monde, il dit à son Maître : « Si vous voulez suivre mon conseil, votre fortune est faite : vous n'avez qu'à vous baigner dans la rivière à l'endroit que je vous montrerai, et ensuite me laisser faire. »

Le Marquis de Carabas fit ce que son chat lui conseillait, sans savoir à quoi cela serait bon. Dans le temps qu'il se baignait, le roi vint à passer et le chat se mit à crier de toute sa force : « Au secours, au secours, voilà M. le marquis de Carabas qui se noie ! » À ce cri le roi mit la tête à la portière, et reconnaissant le chat qui lui avait apporté tant de fois du gibier, il ordonna à ses gardes qu'on allât vite au secours de M. le marquis de Carabas.

Pendant qu'on retirait le pauvre marquis de la rivière, le chat s'approcha du carrosse, et dit au roi que dans le temps que son Maître se baignait, il était venu des voleurs qui avaient emporté ses habits, quoiqu'il eût crié *au voleur !* de toute sa force ; le drôle les avait cachés sous une grosse pierre.

Le roi ordonna aussitôt aux officiers de sa garde-robe d'aller quérir un de ses plus beaux habits pour M. le marquis de Carabas. Le roi lui fit mille caresses, et comme les beaux habits qu'on venait de lui donner relevaient sa bonne mine (car il était beau, et bien fait de sa personne), la fille du roi le trouva fort à son gré et le marquis de Carabas ne lui eut pas jeté deux ou trois regards fort respectueux, et un peu tendres, qu'elle en devint amoureuse à la folie.

Le roi voulut qu'il montât dans son carrosse, et qu'il fût de la promenade. Le Chat ravi de voir que son dessein commençait à réussir, prit les devants, et ayant rencontré des paysans qui fauchaient un pré, il leur dit : « Bonnes gens qui fauchez, si vous ne dites au roi que le pré que vous fauchez appartient à M. le Marquis de Carabas, vous serez tous hachés menu comme chair à pâté. »

Le roi ne manqua pas à demander aux faucheux à qui était ce pré qu'ils fauchaient. « C'est à Monsieur le marquis de Carabas », dirent-ils tous ensemble car la menace du chat leur avait fait peur.

« Vous avez là un bel héritage, dit le Roi au Marquis de Carabas.

— Vous voyez, Sire, répondit le marquis, c'est un pré qui ne manque point de rapporter abondamment toutes les années. »

Le maître Chat, qui allait toujours devant, rencontra des moissonneurs et leur dit : « Bonnes gens qui moissonnez, si vous ne dites que tous ces blés appartiennent à M. le marquis de Carabas, vous serez tous hachés menu comme chair à pâté. » Le roi, qui passa un moment après, voulut savoir à qui appartenaient tous les blés qu'il voyait. « C'est à M. le marquis de Carabas », répondirent les moissonneurs, et le roi s'en réjouit encore avec le marquis. Le Chat, qui allait devant le Carrosse, disait toujours la même chose à tous ceux qu'il rencontrait ; et le roi était étonné des grands biens de M. le marquis de Carabas.

Le maître Chat arriva enfin dans un beau château, dont le maître était un ogre, le plus riche qu'on ait jamais vu ; car toutes les terres par où le roi avait passé étaient de la dépendance de ce château. Le Chat, qui eut soin de s'informer qui était cet ogre, et ce qu'il savait faire, demanda à lui parler disant qu'il n'avait pas voulu passer si près de son château, sans avoir l'honneur de lui faire la révérence.

L'ogre le reçut aussi civilement que le peut un ogre, et le fit reposer.

« On m'a assuré, dit le chat, que vous aviez le don de vous changer en toute sorte d'Animaux, que vous pouviez par exemple, vous transformer en lion, en éléphant?

— Cela est vrai, répondit l'ogre brusquement, et pour vous le montrer, vous m'allez voir devenir lion. » Le Chat fut si effrayé de voir un lion devant lui, qu'il gagna aussitôt les gouttières, non sans peine et sans péril, à cause de ses bottes qui ne valaient rien pour marcher sur les tuiles.

Quelque temps après, le Chat, ayant vu que l'ogre avait quitté sa première forme, descendit, et avoua qu'il avait eu bien peur. « On m'a assuré encore, dit le Chat, mais je ne saurais le croire, que vous aviez aussi le pouvoir de prendre la forme des plus petits animaux, par exemple, de vous changer en un rat, en une souris; je vous avoue que je tiens cela tout à fait impossible.

— Impossible? reprit l'ogre. Vous allez voir », et en même temps il se changea en une souris, qui se mit à courir sur le plancher. Le Chat ne l'eut pas plus tôt aperçue qu'il se jeta dessus, et la mangea. Cependant le roi, qui vit en passant le beau château de l'ogre, voulut entrer dedans.

Le Chat, qui entendit le bruit du carrosse qui passait sur le pont-levis, courut au-devant, et dit au roi : « Votre Majesté soit la bienvenue dans ce château de M. le marquis de Carabas!

— Comment, M. le marquis, s'écria le roi, ce château est encore à vous! Il ne se peut rien de plus beau que cette cour et que tous ces Bâtiments qui l'environnent; voyons-les dedans, s'il vous plaît. »

Le Marquis donna la main à la jeune princesse et suivant le roi qui montait le premier, ils entrèrent dans une grande salle où ils trouvèrent une magnifique collation que l'ogre avait fait préparer pour ses amis, qui le devaient venir voir ce même jour-là, mais qui n'avaient pas osé entrer sachant que le roi y était. Le roi charmé des bonnes qualités de M. le marquis de Carabas, de même que sa fille qui en était folle, et voyant les grands biens qu'il possédait, lui dit, après avoir bu cinq ou six coups : « Il ne tiendra qu'à vous, M. le marquis, que vous ne soyez mon gendre. » Le marquis, faisant de grandes révérences, accepta l'honneur que lui faisait le roi ; et dès le même jour épousa la princesse. Le Chat devint grand seigneur et ne courut plus après les souris que pour se divertir.

MORALITÉ

Quelque grand que soit l'avantage
De jouir d'un riche héritage
Venant à nous de père en fils,
Aux jeunes gens, pour l'ordinaire,
L'industrie et le savoir-faire
Valent mieux que des biens acquis.

Extrait des Contes de ma mère l'Oye

Anonyme

Comment Tybert prit les soudées de Renart,
et comme il en cuit de s'attaquer à un vieux chat

Échappé de la rencontre des veneurs et du Frère convers,
Renart avait gagné de larges fossés qu'il connaissait, et
les avait mis entre la meute et lui. Mais il avait grand
besoin de repos : sa faim, plusieurs fois irritée, n'avait
pas été satisfaite ; il se promettait de prendre une autre
fois sa revanche du Corbeau, de la Mésange et surtout de
Chantecler quand, au détour d'un vieux chemin, il aperçoit Tybert le chat, se déduisant avec lui-même et sans
compagnie. Heureux Tybert ! Sa queue lui suffisait pour
exercer son adresse et lui donner carrière : il la guet-
tait de l'œil, la poursuivait, la laissait aller et venir, la
saisissait au moment où elle y pensait le moins, l'arrêtait
entre ses pattes et la couvrait alors de caresses, comme
s'il eût craint de l'avoir un peu trop malmenée. Il venait
de prendre la pose la plus abandonnée, tour à tour allongeant les griffes et les ramenant dans leur fourreau de
velours, fermant les yeux et les entrouvrant d'un air de
béatitude, entonnant ce murmure particulier que notre
langue ne sait nommer qu'en l'imitant assez mal, et qui
semble montrer que le repos parfait du corps, de l'esprit
et du cœur peut conduire à l'état le plus doux et le plus

désirable. Tout à coup, le voilà tiré de son voluptueux recueillement par la visite la moins attendue. Renart est à quelques pas de lui : Tybert l'a reconnu à sa robe rousse, et se levant alors autant pour se mettre en garde que par un juste sentiment de déférence : « Sire, dit-il, soyez le bienvenu ! – Moi, répond brusquement Renart, je ne te salue pas. Je te conseille même de ne pas chercher à me rencontrer, car je ne te vois jamais sans désirer que ce soit pour la dernière fois. »

Tybert ne jugea pas à propos d'essayer une justification ; il se contenta de répondre doucement : « Mon beau seigneur, je suis désolé d'être si mal en grâce auprès de vous. » Renart cependant n'était pas en état de chercher noise ; car il jeûnait depuis longtemps, et il était harassé de fatigue. Quant à Tybert, il était gros et séjourné ; sous de longs grenons argentés et luisants reposaient des dents bien aiguisées ; ses ongles étaient grands, forts et effilés ; d'ailleurs, damp Renart n'aimait pas les combats à force égale. L'air décidé de Tybert lui ayant fait changer de ton : « Écoute-moi, lui dit-il, je veux bien t'annoncer que j'ai entrepris contre mon compère Ysengrin une guerre sérieuse et terrible. J'ai déjà retenu plusieurs vaillants soudoyers ; si tu voulais en augmenter le nombre, tu ne t'en trouverais pas mal, car je prétends lui donner assez de besogne avant d'accepter la moindre trêve. Bien maladroit celui qui ne trouvera pas avec nous l'occasion de gagner un riche butin. »

Tybert fut charmé du tour que la conversation avait pris. « Sire dit-il, vous pouvez compter sur moi, je ne vous ferai pas défaut. J'ai de mon côté un compte à régler avec Ysengrin, et je ne désire rien tant que son dommage. » L'accord fut bientôt conclu, la foi jurée, et Tybert accepta les soudées de Renart pour une guerre dont il ignorait la cause et qui n'était pas déclarée. Les voilà faisant route chacun sur son cheval (car notre poète fait volontiers voyager ses héros comme nobles gens de guerres); en apparence les meilleurs amis du monde, mais au fond disposés à s'aider de la trahison dès que l'occasion s'en présentera.

Tout en chevauchant, Renart avise, au beau milieu de l'ornière qui bordait le bois, un fort collet tendu dans une souche de chêne entr'ouverte. Comme il prenait garde à tout, il l'esquiva; mais l'espoir lui sourit de voir Tybert moins heureux. Il s'approche de son nouvel homme d'armes et lui jetant un ris : « Je voudrais bien, mon cher Tybert, lui dit-il, éprouver la force et l'agilité de votre cheval : sans doute on peut le recevoir dans les montres, mais je voudrais en être sûr. Voyez-vous cette ligne étroite qui longe le bois : élancez-vous bride abattue droit devant vous; l'épreuve sera décisive. – Volontiers », répond Tybert, qui soudain prend son élan et galope. Mais arrivé devant le collet, il le reconnaît à temps recule de deux pas et passe rapidement à côté. Renart le suivait des yeux. « Ah! Tybert, votre cheval bronche, il ne garde pas la voie. Arrêtez-vous, et recommençons! » Tybert, qui ne doutait plus de la trahison, ne fait pas de difficulté. Il reprend du champ, pique des deux, arrive une seconde fois devant le collet, et saute une seconde fois par-dessus avec la même légèreté.

Renart comprend que sa malice est découverte; mais sans se déconcerter : « Vraiment, Tybert, j'avais trop bien jugé de votre cheval : il vaut moins que je ne pensais; il se cabre, il se détourne, il ne sera pas reçu par le maréchal de mon ost, et vous n'en tirerez pas un grand prix. » Tybert s'excuse du mieux qu'il peut; mais pendant qu'il offre de faire un troisième essai, voilà deux mâtins qui accourent à toutes jambes et donnent des voix en apercevant Renart. Celui-ci, dans son trouble, oublie le collet dont il se rapproche pour se perdre dans le bois; mais Tybert, moins effrayé, saisit l'occasion, et simulant une égale terreur, se jette sur Renart qui, pour se retenir, avance le pied gauche justement sur le collet. La clef qui tendait le piège tombe, la large fente se referme, et c'est messire Renart qui se trouve pris. Voilà Tybert au comble de ses vœux; car il croit être bien sûr que son compagnon ne s'en tirera pas : « Demeurez, lui dit-il, demeurez, mon seigneur Renart; ne vous inquiétez pas de moi, je saurai me réfugier en lieu sûr. Mais ne l'oubliez pas une autre fois : à trompeur, trompeur et demi; ce n'est pas à Tybert que Renart doit se prendre. »

Disant ces mots il s'éloigne, car déjà les chiens étaient acharnés sur Renart. Averti par leurs abois, le vilain accourt qui avait disposé le collet. Il lève sa lourde hache : qu'on juge de l'épouvante de Renart! Jamais il n'avait vu la mort de si près. Par bonheur, la hache tombe à faux, rouvre le piège, et Renart, délivré par celui qui devait le tuer, prend le large, disparaît dans la forêt sans que les cris du vilain, le glapissement désespéré des chiens soient capables de lui faire tourner la tête. Vainement est-il poursuivi; il sait leur donner le change et quand il fut délivré de ce danger extrême, il s'étend presque inanimé sur le revers d'un chemin perdu. Peu à peu la douleur des blessures dont il était couvert lui fait reprendre ses esprits : il s'étonne d'avoir pu si longtemps courir, et tout en léchant ses plaies, en étanchant le sang qui en sortait, il se rappelle avec épouvante et dépit la coignée du vilain, le mauvais tour et les railleries de Tybert.

Extrait du Roman de Renart
(traduction de Paulin Paris)

Béatrix Beck

Soizic a dit « Peur »

La mère Herbe m'a apporté un chaton blotti dans son tablier, vrai patchwork qu'elle tenait relevé à deux mains. Elle a dit : « S'appelle Soizic » en clignant de son œil unique. C'est un cyclope, elle a presque au milieu du front un iris bleuâtre sur lequel retombe à demi une lourde paupière et à côté un globe mort semblable à un œuf poché.

J'ai protesté. N'ayant pas de souris, je ne veux pas de chat. La démarche de cette femme me déconcerte d'autant plus que nous ne nous sommes pas dit trois phrases depuis trois ans que j'ai pris ma retraite ici. Me croisant dans un sentier ou l'autre, elle s'est toujours contentée de grommeler : « Sale temps », qu'il plût ou fît soleil, sur un ton si agressif que j'ai chaque fois eu l'impression que c'était moi qu'elle traitait de sale temps. J'essayais de répondre conformément au rituel, « On va avoir de l'orage » ou « Il nous faudrait un peu d'eau ». Mais la mère H, se refusant à poursuivre l'échange de vues, filait le couteau à la main, le cabas au bras, à la recherche de Dieu sait quoi. La commune secourt cette indigente de façon si discrète que l'intéressée ne semble guère s'en apercevoir. À Noël le conseil municipal lui octroie un panier garni pour éviter de l'inviter au « Déjeuner du troisième âge » (elle doit en être au cinquième). Triste façon de fragmenter la vie, un peu comme la pornographie qui parcellise l'être. Ça rappelle la guerre où les E, J1, J2, J3, A et T avaient droit, suivant leur catégorie, à des distributions particulières : lait à la récréation, pois chiches, œufs fêlés, points textile en cas de décès, allumettes pour les femmes de prisonniers, succédané de café. On était tellement habitués aux ersatz qu'à la Libération les étiquettes spécifièrent laine de mouton, miel d'abeilles, sprats de mer. La joie avait goût de pléonasme.

Autrefois le troisième âge était celui des nourrissons à partir de six mois. Curieux renversement indiquant peut-être une retombée en enfance généralisée.

Le panier est apporté à la mère H par deux jeunesses, chacune destinée à surveiller l'autre, qu'elles n'aient pas la tentation d'opérer un prélèvement sur les victuailles : vin de pays, beurre salé, fromage de tête, crottin de Saint-Aubry, bûche, modèle réduit de la grande au repas des vieux ; chicorée et un sachet de friandises, cochons de réglisse, dominos de chocolat, sabots et jésus de pâte d'amandes.

À tout bout de champ les émissaires posent leur charge et pouffent en se regardant dans les yeux. Chacune ressent l'autre comme son faire-valoir, cherche à se différencier de sa compagne sans trop la surpasser. Si Mabel met sa tenue de ski, Arielle arbore sa peau retournée (curieuse expression qui évoque un mort-vivant supplicié). Quand Elodie porte son collier d'ambre, des œils-de-chat s'accrochent aux oreilles d'Angélique. Elles laissent le panier sur le seuil, annoncent : « V'là l'épicier ! », claironnent : « Les étrennes, marraine ! » ou détalent sans un mot et s'arrêtent derrière un bouquet d'arbres, à bout de souffle et hilares.

La vieille pousse contre sa porte un billot qui rappelle les décapitations d'avant Guillotin. (Les murs ont des oreilles, les fissures des yeux. Oreilles et yeux ne tiennent pas leur langue au chaud.) Elle réveillonne avec la provende communale, on l'entend chanter « Minuit, crétins ! » jusque sur la place. Tout le monde croit toujours que cette peut-être nonagénaire ne passera pas l'hiver. Au printemps elle s'esclaffe : « Vous ne serez pas si tôt quittes de bibi lolo. » H mange, cuits sous la cendre et extraits de leur coquille avec une épingle de nourrice ôtée à son châle, les escargots de ses pierrailles, même les jaunes ou les roses qui ne sont pas comestibles. Mange les orties de son potager cueillies les mains nues. Mange les mûres de ses ronces qui retiennent quelques fragments de sa garde-robe. Mange les hérissons écrasés nantis par ses soins d'un sarcophage de glaise aux fins de rôtissage. Arrache pour renflouer son grabat les flocons laissés par les moutons aux barbelés électrifiés, le courant ne lui fait rien.

J'ai essayé de repousser la repoussante : les lobes de ses oreilles frôlent ses épaules, je n'exagère pas, ses narines jouxtent sa bouche, son menton prend appui sur sa poitrine. La mitoyenneté de ses traits est affreuse, les distances ne sont pas respectées. Son animal à peine plus grand qu'une souris gardait les yeux clos, comme collés. La mère H a disparu, me laissant dans la main un petit être blanc comme un linge, d'un noir sinistre et d'un roux violent. J'ai voulu rattraper la donatrice mais au lieu de continuer ma rue de la Libération et de tourner dans le chemin du Guet pour regagner sa bicoque du bout du bois, ne voilà-t-il pas qu'elle traverse la place de la Victoire au pas de charge (elle doit chausser du quarante-deux), s'enfourne dans l'église, on aura tout vu. La maison du Seigneur est presque toujours bouclée, animée seulement de loin en loin par un prêtre évanescent qui passe d'une commune à l'autre comme le furet du jeu. Les jours de fêtes carillonnées, le son des cloches se mêle aux coups de fusil des chasseurs.

Une pie, petite pythie, traverse le chemin : une pie malheur, deux pies bonheur, trois pies mariage, quatre pies baptême, cinq pies enterrement – d'où il s'ensuit que mariage, naissance et mort ne sont ni bonheur ni malheur, ces deux derniers restant mystérieux, indéfinissables.

Ma bestiole couine sans arrêt. Certainement la mauvaise H l'a séparée trop tôt de sa mère. Et pourquoi avoir cligné de l'œil en m'informant que cette créature s'appelait Soizic ? Choix tout à fait déplacé, nous ne sommes pas en Bretagne. Puisque cette chatonne m'était destinée, il m'appartenait de la nommer. Recourir au calendrier pour les animaux risque de choquer leurs homonymes humains, enfin peu importe, au lieu d'épiloguer, sortons la bouteille de lait du réfrigérateur et versons-en un peu dans une soucoupe posée par terre en face de S qui a ouvert les yeux, deux têtes d'épingles azur, mais ne sait pas boire, la soucoupe l'effraie, elle trouve le moyen de faire le gros dos malgré sa taille infime. Hérisson angora. Piaille comme un nid d'oisillons. Il faut improviser un biberon, sacrifier un de mes bons gants de caoutchouc, état neuf, en coupant le petit doigt, perforé ensuite de plusieurs trous d'aiguille. Je verse le lait dans un flacon préalablement vidé dans un verre de son eau dentifrice et rincé. Avec quelques tiraillements l'auriculaire percé s'adapte au goulot. On doit faire les choses convenablement ou pas du tout, c'est ce que je disais aux élèves qui me remettaient un devoir bâclé : plutôt rien que cette ineptie. S, couchée sur le dos dans ma paume gauche, tête de façon inespérée, même assez attendrissante. Elle veut absolument vivre et puis tout d'un coup s'endort. Ouf. Il faut reconnaître qu'elle est mignonne : un chardon soyeux. Je la pose sur mon oreiller où elle forme un rond parfait qui se soulève régulièrement. Elle n'a plus ni queue ni tête. Sa respiration, profonde pour un être si minuscule, est synchrone au tic-tac de la pendule qui, malgré l'âge, lui ressemble par sa forme, son air naïf et ses trois couleurs, encadrement de cuivre rouge, cadran blanc et chiffres noirs.

[...]

S s'installe sur mes genoux comme si c'était pour toute la vie. Me lèche la main puis se met à la mordiller pour corser nos rapports. Dent si dure et fourrure si douce. Griffe délicatement. Prend mon nez entre ses pattes et le frotte ; sans doute faut-il considérer ce geste comme une faveur et une étude. Proteste si je commets l'impair de me lever. Précédée de son regard me guide, surmontée de ses oreilles m'accompagne, flanquée de ses moustaches me devance, suivie de sa queue s'accroche à mon balai, sorcière enfant qui me change en sorcière adjointe. Avec elle les objets perdent leur destination utilitaire, deviennent transcendants. Accomplit chaque acte toutes affaires cessantes. L'absence de suite dans les idées est un des éléments de sa beauté.

Obligée de marcher sur le carrelage mouillé, avec le balai-brosse je traîne derrière moi la serpillière comme un fugitif qui effacerait ses traces dans la neige, mais S s'assied sur l'étoupe humide pour se faire promener. Ne rater aucune occasion de divertissement. Ses devises :

« Rien sans moi. Moi partout. »

Quand j'ouvre une porte – celle de la rue, du jardin, de l'armoire ou du cellier –, considère que je la lui ouvre et se précipite.

Perchée sur le bord de la baignoire, laisse tremper sa queue dans l'eau à la façon d'Ysengrin berné par Goupil ; semble ne pas s'en apercevoir. Tombe. Aussitôt se met à baratter, fait penser au « C'est loin, l'Amérique ? » du petit immigrant à qui son père répond : « Nage. » Je la repêche dare-dare. De la langue elle se buvarde avec amour. À peine sec le nourrisson volant, le poupon cascadeur escalade à nouveau le dangereux atoll.

Grimpe jusqu'en haut de l'escabeau où elle pose comme une chèvre de bohémiens.

Goinfre, gloutonne, goulue, angelot vorace. Flaire les aliments avec méfiance et dédain puis les dévore et en réclame encore. Passionnée par tout ce qui est comestible : parcelles de melon, rondelles de banane, fragments de pomme de terre, tout y passe. À une prédilection pour le camembert qu'elle mâchonne comme du chewing-gum. Si j'ai le malheur de manger quoi que ce soit sans lui en offrir, la bambine ouvre une gueule-de-loup rouge et profonde munie d'étamines acérées. De ce calice de fleur jaillissent des vociférations. La mignonne ferme les yeux pour crier plus fort. Elle hurle aussi de fureur quand on est resté longtemps sans la câliner. Elle est à croquer, formule évoquant notre passé anthropophage.

Rotonde minuscule sur le seuil. Grosse chatte en réduction. S'endort sur l'appui de la fenêtre où elle ressemble à un petit pot de fleurs. Aime s'immobiliser pour toujours à l'extrême bord des choses, rives de l'illimité.

Le trot d'un cheval dans le chemin l'éveille. Non, c'est un enfant aux lourdes bottes. Un escargot, cargo de lenteur au sillage d'écume, l'inquiète, elle m'interroge du regard, de la voix je la rassure. Elle avance une patte vers la coquille grise et son transporteur cornu, mais la retire prudemment sans avoir touché.

On entend le bruit doux et persévérant des vaches qui paissent dans le pré d'à côté ; l'herbe jeune et verte doit être juteuse, délicieuse. Leurs meuglements ressemblent à des proverbes. Broutent comme elles tricoteraient, une maille, une bouchée. Chacune est flanquée de son clone, mère et enfant café-au-lait, enfants et mères bruns, les blancs et les noirs entourant leurs génitrices noires et blanches. S batifole d'un air mélancolique, fait mille siestes, a l'air d'une mappemonde, d'une planète. Cette nuit me suis étonnée de respirer à côté de moi-même. C'était elle, sur l'oreiller.

Chacun de ses éveils est une aurore, une résurrection. Repart à zéro, rejoue, pousse, repousse un bouchon, avance de profil, écrevisse guerrière, judoka, ceinture noire, envoie l'adversaire rouler sous le buffet. Nouveau-né galopant en voyage toutes les cinq minutes. Épuisée par ses aventures, tète le sommeil avec gourmandise. Le teckel Flip Graindoux ose passer par la sente Maudrin. S outrée double de volume, devient hyper-angora et s'avance sus à l'ennemi qui poursuit son petit chien de chemin apparemment sans même voir la furie.

Ma princesse se refusant à prendre ses repas par terre, de ses quenottes aiguës transporte ses aliments sur la table à côté de mon assiette. Il a fallu installer cette bête avec décorum, empiler tous les annuaires sur une chaise à côté de la mienne, sa soucoupe presque contre mon assiette. À ce régime elle grandit à vue d'œil, antiphrase car mes yeux ne peuvent suivre cette croissance éclair qui me rappelle la cueillette des champignons dans les prés quand j'étais enfant, à Mourcreux. En revenant sur nos pas au bout d'une heure, de nouveaux chapeaux couleur de craie tranchaient sur le vert de l'herbe. J'espérais toujours surprendre leur surgissement. On aurait dit des rondelles découpées dans son cahier vierge par un Poucet buissonnier.

S lève les yeux, rejette la tête en arrière pour contempler les glaïeuls, ces baobabs. S'amuse follement avec un pétale tombé. Gifle les boutons d'or. Essaie d'attraper une abeille qui butine les orties en fleur dans le chemin et dont le bourdonnement semble la voix même de l'été. L'air sent la sérénité.

Un lapin – échappé de quel clapier? – surgit dans le jardin, goûte notre gazon, y revient. S médusée le dévore des yeux, mordille l'herbe quand il en mange, comme on trinquerait ou communierait. Le visiteur, très à l'aise, s'approche de son admiratrice et, prodige, touche de son nez le nez de celle-ci, à la façon des peuples dits primitifs. Épouvantée par ce baiser, la petite s'enfuit, se réfugie dans la maison, sous le lit. Moïse disait à Dieu : « Détourne de moi ta gloire, Seigneur, afin que je ne meure pas. »

Le lapin reste en plan. De ses grands et gros yeux, longs, ovoïdes, d'un brun foncé opaque, il regarde la porte par où l'autre a disparu. Un couple d'oiseaux à la gorge rosée, à la longue queue presque graminée, dépiautent les pissenlits avec précipitation, se gobergent, les brins dépassent de leur bec, la moitié tombe. Tout l'être de S converge vers eux, en une tension passionnée. Ne peut se passer d'eux, se priver de leurs corps. Leur chaire entre ses dents !

Ils s'envolent vers la forêt. S aplatie gémit, chevauche un prunier pour se consoler, être plus près du ciel et de ses hôtes. Quand ils chantent, la convoitise fait claquer ses mâchoires. Ne réussit pas à se faire une raison.

Une hirondelle s'est à demie enfoncée dans la gouttière, y aurait-elle son nid ? D'en bas seule apparaît la partie inférieure de son corps, presque sinistre : les deux pointes de ses ailes évoquent les antennes d'un insecte venimeux, mais S ne s'y trompe pas, lançant vers la merveilleuse des cris de désir. Cette squatter risque d'abîmer ma gouttière mais il ne faut pas songer à l'en déloger. *Persona grata*, porte-bonheur, intouchable. L'araignée au message changeant – du matin, chagrin ; du soir, espoir – ne bénéficie pas de la même protection, on l'écrase à toute heure.

S disparaît. Ne réapparaît pas. Introuvable. Du fond du jardin parviennent des appels au secours. Absalonne, ma fille Absalonne est accrochée à l'églantier de la haie, si loin de la terre, de la liberté. Pend dérisoirement, les quatre pattes dans le vide, petit chiffon criard. Se laisse délirer avec confiance. Les épines ont gardé de belles touffes polychromes.

Pour remettre l'imprudente de ses émotions, je l'emmène dans la grange où la bêche rouge, tête en haut, a l'air de quelqu'un. À côté, le râteau a tant la dent (il en compte douze, nombre si sacré – heures, mois, apôtres – qu'il a gagné jusqu'au commerce. On s'étonne de n'avoir habituellement que dix doigts, il est vrai que nos douze paires de côtes et nerfs crâniens sont une compensation). Le prix du manche, comme celui des serpents et des sentiers, fut fonction de sa longueur. Ainsi l'achat de cet instrument nécessita deux multiplications et une addition, sur calculatrice naturellement. Pendue au mur de torchis, « une hache de dame ». Celle de Jeanne Hachette devait peser davantage.

S s'abrite du soleil sous la rhubarbe aux oreilles d'éléphant. Fait de son mieux pour son moi. On est bien, étirons-nous pour l'être encore davantage. Le mieux est l'ennemi du bien, certes, mais il est l'ami du mieux.

[...]

S suit du regard en frémissant un moineau, au bec un brin de paille tellement plus long que lui qu'il le fait ressembler à un cerf-volant.

Elle aime se tenir debout, les pattes de devant appuyées sur le bord du divan, sur une chaise ou contre la porte. Je m'amuse alors (elle m'infantilise) à la faire marcher comme un petit d'homme qui risque ses premiers pas. Elle réclame cet exercice plusieurs fois par jour en se dressant contre ma jambe.

Le soir, je fais danser pour la divertir mon ombre sur le mur comme les romanichels leur ours. D'un regard, la futée a saisi le rapport entre moi et mon double. De ses griffes elle essaie de nous réunir, mon âme emmurée et mon corps veuf.

Cette bête bizarre raffole des vêtements, non seulement pour s'y blottir mais pour s'en enrober. On dirait qu'elle veut s'habiller. Sa prédilection va aux tissus brillants, aux teintes vives, la blouse lamée de ma dernière distribution de prix, mon cachemire, cadeau de Cyrille, un ruban gorge-de-pigeon venu d'on ne sait où. Pourtant les chats ne distinguent pas les couleurs.

Cette nuit, j'ai été éveillée par un violent orage, avec des coups de tonnerre très proches. Sur la table de chevet, contre la lampe, un papillon de nuit qui semble mort. Incrustation ambrée au début du dos, entre les deux ailes d'un beige un peu doré marqué de touches brunes. Corps en forme de cigare. Yeux noirs punctiformes dont on s'étonne qu'ils aient pu voir.

S a côté de moi, le poil hérissé, les babines retroussées, a dit :

« Peur. »

Bien sûr, je n'en ai pas cru mes oreilles, pensant avec bon sens que j'extériorisais mon inquiétude, que je prêtais mon angoisse à cette bête. Je lui ai parlé d'une voix rassurante, l'ai caressée. Elle a fait son habituel cinéma nocturne, est partie en guerre contre des fantômes que ses feulements doivent inquiéter. Met K.O. les forces du mal. D'un bond atteint le haut de l'échelle, se laisse choir sur notre lit, sur mon cœur. Se rendort comblée par sa victoire. Représentation terminée jusqu'au même épisode la nuit prochaine.

Nous nous sommes éveillées au minuscule matin. Le paysage émerge peu à peu dans l'obscurité, photo sortie de son bain. Ici on n'est pas seulement à la campagne, comme les vacanciers, mais dans la campagne.

Comme à l'accoutumée, j'ai versé à S son lait, à moi mon thé. La chatonne, au lieu de laper, m'a regardée et a dit : « Grand-mère. » J'ai eu peur, comme cette nuit pendant l'orage. Absurdement j'ai demandé :

« Pourquoi m'appelles-tu grand-mère, ma chérie ? »

Mes paroles me surprennent presque autant que celles de mon animal : c'est la première fois de ma vie que je dis « ma chérie ». Pour mes élèves du sexe féminin, l'appellation allait de « nigaude » à « ma petite fille » en passant par le semi-sarcastique « chère amie ». Curieusement, et sans l'avoir décidé, je m'adressais autrement aux garçons : je m'entends encore laisser échapper des « idiots », menacer « mon gaillard » et réclamer « la paix, camarade ». Plus d'affection et plus de brutalité que pour les filles, peut-être à cause des notes, qui chez les unes se cantonnaient dans les 11, tandis que les autres naviguaient bravement de 0 à 18. Surtout, notre langue est bizarrement sexuée, voire sexiste. « Ma gaillarde ou « ma garçonne » sont inconcevables.

S n'a pas répondu à ma question mais a réclamé très distinctement :

« Lait dans une tasse. »

D'une démarche un peu vacillante je suis allée jusqu'au buffet, d'une main un peu tremblante j'ai sorti la tasse décorée d'une branche de houx (la mienne s'orne d'un bleuet, je possède les quatre saisons, muguet et feuille morte, disons plutôt rousse), l'ai posée devant S et y ai versé le lait de la soucoupe. Elle a bu avec un plaisir évident, mais a encore exprimé une revendication :

« Serviette autour du cou.

— Je... je n'ai pas de serviette assez petite pour toi Soizic.

— Fais-la. »

Et elle a posé une patte de velours, une plume, sur mon nez – geste d'ange clown auquel il est difficile de résister. Elle ne doit pas avoir plus de six semaines et elle parle ! Mais j'extravague : aurait-elle dix ans que le phénomène serait tout aussi insolite. Je ne sais que penser. L'essentiel est que les gens ne se doutent de rien. Il ne faudrait pas que la mauvaise réputation de la mère H déteigne sur moi, sur nous. Je suis et veux rester la modeste mais respectable Mme Bredaine.

[...]

J'arrache des touffes aux minuscules et innombrables fleurs lilas, aux feuilles découpées, aux racines rouges qui viennent comme d'elles-mêmes. À l'instant où on l'extirpe, cette plante ravissante dégage une odeur fétide.

S joue avec un argus, pousse des cris de paon, l'estourit, le mange, se lèche et pourlèche.

Une fourmi transporte une poutre. S essaie d'attraper ces créatures, les dépasse au lieu de les atteindre, ne parvient pas à se ralentir. Ses idées-galops la propulsent au loin. Je la vois encore à mes côtés que déjà elle s'aventure à perte de vue, il suffit d'un fil de la Vierge pour l'entraîner. On la craint perdue, enlevée, tuée, elle est sur vos talons. Surgit de nulle part alors qu'on la cherche partout, paraît s'engendrer elle-même, semblable à un dessin animé. Elle est à elle seule un corps de ballet. L'absence d'hésitation donne tant de grâce à ses mouvements. Toujours tout entière à ce qu'elle fait. Dort, guette, bondit, s'étire, se cambre au maximum. Se risque à des distances inouïes mais quand même pas au-delà du potager Passerin. Si je dépasse cette limite extrême, s'assied au milieu du chemin et pleure, à la frontière de la terra incognita. En me revoyant saine et sauve après une telle expédition, se roule de joie.

Mme Passerin est venue m'apporter des œufs, comme chaque fois qu'elle en a du reste. Les poules blanches dans son pré ont l'air de pièces de lingerie à sécher. Soudain elles s'animent, se précipitent vers une invisible aubaine. Si une de ses épouses se désintéresse du festin, le coq l'y pousse de force à coups de bec. S faisait rouler une bobine que je lui ai abandonnée. Très aimablement malgré l'épouvantable solécisme, Mme Passerin s'est écriée :

« Qu'est-ce qu'elle est belle, votre petite chatte ! »

S s'est arrêtée pile de jouer avec sa bobine, a demandé : « Belle ? » et est venue se frotter en ronronnant contre la jambe de notre voisine.

Un silence de mort s'ensuivit.

[...]

Extrait de L'Enfant chat

Mikhaïl Boulgakov

Un chat dans un lustre

L'arrivée à Moscou du mystérieux mage noir Woland est suivie d'événements pour le moins singuliers. Des prophéties se réalisent, des gens sont téléportés de Moscou à Yalta, une pluie de billets tombe sur le théâtre des Variétés. Il n'en faut pas plus pour que les forces de l'ordre se lancent à la poursuite du mage et de son équipe composée du traducteur Koroviev, d'Azazello, de la sorcière Hella et de l'immense chat noir Béhémoth...

Par une chaude après-midi, aux environs de quatre heures, une troupe d'hommes habillés en civil sortirent de trois voitures qui s'étaient arrêtées juste avant le numéro 302 de la rue Sadovoï. Devant la maison, le grand groupe se sépara en deux. L'un passa sous l'arche, par la cour de l'immeuble, jusqu'à l'entrée numéro 6, l'autre entra par le portillon habituellement condamné de l'entrée de service, chacun monta deux escaliers différents jusqu'à l'appartement n° 50.

Pendant ce temps, Azazello et Koroviev, habillés en tenue de ville et non en frac, étaient assis dans la salle à manger et finissaient leur petit déjeuner. Woland se trouvait dans sa chambre. Quant au chat, pas moyen de savoir où il pouvait bien être. À en juger par les bruits de casserole provenant de la cuisine, on pouvait aisément conclure que Béhémoth s'y trouvait et faisait l'idiot comme à son habitude.

« C'est quoi ces bruits de pas dans l'escalier ? demanda Koroviev en trempant une cuillère dans son café.

— Ça ? On vient pour nous arrêter, répondit Azazello en avalant son cognac d'un trait.

— Ah oui… Allons donc. »

L'équipe qui montait par l'escalier de secours était arrivée au deuxième étage. Deux plombiers s'affaireraient autour d'un radiateur. Les hommes échangèrent un regard complice.

« Ils sont tous là », chuchota un des plombiers en tapotant sur le conduit avec son marteau.

Le chef d'équipe sortit un long pistolet noir de son manteau ; un autre, à côté, sortit un crochet. Il faut dire que la brigade d'intervention était sacrément équipée. Deux avaient des filets en soie dans les poches, prêts à être lancés, un autre, un lasso, d'autres encore des masques de gaze et des ampoules de chloroforme.

En l'espace d'une seconde, la porte principale de l'appartement fut ouverte et tous se retrouvèrent dans l'entrée. La porte de service claqua, indiquant que l'autre équipe venait d'arriver.

Cette fois, même si le succès ne semblait pas total, l'opération était partiellement réussie. Les hommes se dispersèrent instantanément dans toutes les pièces et n'y trouvèrent personne, mais dans la salle à manger ils tombèrent sur ce qui paraissait être les restes d'un petit déjeuner. Dans le salon, sur la plaque de la cheminée, juste à côté de la carafe en cristal, était assis un gigantesque chat noir. Il tenait un réchaud entre ses pattes.

Dans le silence le plus total, ceux qui étaient entrés le contemplèrent longuement.

« Ah oui, pas mal…, chuchota un des assaillants.

— Je ne lutine pas, je n'embête personne, je répare juste le réchaud, dit le chat d'un air hostile, en fronçant les sourcils. Et me vois dans l'obligation de vous rappeler que le chat est un animal sacré et intouchable.

— C'est quand même du beau boulot » commenta un des hommes.

Un autre parla fort et distinctement.

« Bon, le chat ventriloque intouchable, par ici ! »

Le filet fendit l'air et se déplia en plein vol mais, à la grande surprise de tous, n'attrapa rien sinon le vase en cristal qui se brisa immédiatement et fit un fracas épouvantable.

« *Banco* ! hurla le chat. Hourra ! » Il mit le réchaud de côté et sortit un pistolet de derrière son dos. D'un geste rapide, il mit en joue l'assaillant le plus proche, mais avant même qu'il eût eu le temps de tirer, une salve de coups de feu retentit et le chat tomba, tête contre la cheminée, laissant échapper l'arme et le réchaud.

« Tout est fini, laissa-t-il échapper en s'étalant, transi, dans une mare de sang. Écartez-vous de moi un instant ! Laissez-moi dire adieu à cette terre. O Azazello, mon ami ! gémit le chat en se vidant de son sang. Où es-tu ? Son regard presque éteint se tourna vers la porte. Tu n'es pas venu m'aider au moment du combat inique. Tu as abandonné le pauvre Béhémoth pour un verre, excellent il est vrai, de cognac ! Allons. Ma mort sera ton fardeau et je te laisse mon *browning* en héritage.

— Vite, vite le filet ! chuchotaient les hommes autour du chat. Dieu sait pourquoi, le filet refusait de se défaire.

— La seule issue possible, pour un chat blessé à mort, dit lentement l'animal, c'est une lampée de pétrole.

Et, profitant du tumulte général, il apposa ses lèvres contre le bec du réchaud et avala tout le pétrole possible. Le sang qui coulait sous sa patte gauche s'arrêta net. Le chat se redressa d'un bond, vivant et alerte, emportant le réchaud sous le bras, sauta vivement sur la plaque au-dessus de la cheminée. Déchirant le papier peint, il grimpa sur le mur et, en moins de deux, se retrouva assis sur la tringle métallique bien au-dessus des assaillants.

Tout de suite, des mains arrachèrent les rideaux et la tringle : le soleil inonda la pièce. Ni le chat, miraculeusement guéri, ni le réchaud ne tombèrent. Sans rien lâcher, il put s'échapper à temps en sautant sur le lustre accroché au milieu de la pièce.

« Apportez une échelle ! » crièrent les hommes en bas.

« Je vous provoque en duel ! » hurla le chat en se balançant au-dessus de tout le monde.

Le pistolet noir réapparut entre ses pattes. Il réussit à placer le réchaud entre les bras du lustre et s'y accrochant, tel un pendule au-dessus des visiteurs, il ouvrit le feu. L'appartement s'ébranla. Sur le sol se répandirent des éclats de cristal, le miroir se fissura en un millier d'étoiles, tout s'emplit de poussière de plâtre, les douilles vibrèrent sur le plancher, les fenêtres volèrent en éclats, le réchaud perforé par les balles laissa gicler le pétrole. Il ne pouvait être question de capturer le chat vivant et les assaillants lui tiraient frénétiquement dessus avec leurs *mausers* en visant la tête, le ventre, la poitrine et le dos. Dehors, toute la cour de l'immeuble était en panique.

La fusillade ne dura que peu de temps et s'arrêta d'elle-même. Ni le chat, ni les assaillants ne semblaient avoir été touchés. Non seulement personne ne fut tué, mais il n'y avait aucun blessé à déclarer. Tous, le chat compris, étaient indemnes. Un des hommes, pour s'en persuader, tira cinq fois dans la tête du satané chat qui répondit en vidant son chargeur. Cette dernière salve ne provoqua aucune réaction. Le chat se balançait sur le lustre dont les mouvements oscillants ralentissaient et, on ne sait trop pourquoi, il soufflait dans le canon de son pistolet et se crachait sur la patte. Sur les faces des hommes on pouvait lire un sentiment d'incompréhension. Cela devait être une des seules fois, si ce n'est la seule, où une fusillade se révélait complètement inefficace. On aurait pu supposer que le *browning* du chat était factice mais impossible de l'envisager pour les *mausers* des assaillants. La première blessure du chat relevait à l'évidence du tour de magie et de la simulation la plus complète, tout comme le pétrole avalé.

On fit une nouvelle tentative pour le capturer au lasso. La corde s'accrocha à une bougie, arrachant le lustre du plafond. Le choc sembla faire trembler l'immeuble entier. Les personnes présentes furent couvertes de gravats. Le chat s'échappa par les airs, rasant le plafond, pour se retrouver au-dessus du miroir doré de la cheminée. Loin de vouloir s'enfuir, bien installé, il se remit à palabrer.

« Je ne comprends absolument pas, disait-il d'en haut, les raisons de ce mauvais traitement dont je fais l'objet... »

Le discours fut tout de suite interrompu par une voix lourde dont on ne pouvait distinguer la provenance :

« Qu'est-ce qui se passe dans cette maison ? On m'empêche de travailler. »

Une autre voix, désagréable et nasillarde se fit entendre :

« C'est encore ce fichu Béhémoth. »

Une troisième voix, tremblante :

« Messire ! C'est déjà samedi. Le soleil se couche, il est temps.

— Je vous prie de m'excuser, je ne peux malheureusement pas poursuivre cette conversation, dit le chat à son public. Il est temps. » Il jeta son pistolet par la fenêtre et deux carreaux se brisèrent. Puis il fit jaillir le liquide du réchaud et le pétrole s'enflamma en projetant vers le plafond des vagues de feu.

Tout s'embrasa avec une rapidité et une force étonnante, même en présence de pétrole. Le papier peint se mit à fumer, le rideau tombé sur le sol prit feu et les châssis des fenêtres brisées commencèrent à se consumer. Le chat se ramassa sur lui-même, miaula, sauta sur le bord de la fenêtre et disparu derrière avec le réchaud. Des coups de feu retentirent à l'extérieur. Un homme installé en face sur l'escalier de secours, à hauteur de la bijouterie, tira de manière répétée sur le chat, pendant que celui-ci sautait de fenêtres en fenêtres vers la gouttière d'angle de l'immeuble qui (on l'a déjà dit) était construit en forme de U. De cette gouttière le chat grimpa jusqu'au toit et là encore, les hommes postés au niveau des cheminées se mirent à le mitrailler, sans le moindre résultat. Le chat disparut alors dans le soleil qui se couchait sur la ville.

Extrait du Maître et Marguerite
(traduction inédite d'Alexis Akyne)

Thibault Malfoy

Chat en orbite basse

> *Guillaume a été un vrai chat, qui m'avait adopté,*
> *qui était mon conseiller, mon intime, mon copain,*
> *mon inséparable et la seule personne que j'acceptais*
> *auprès de moi quand je faisais du montage. [...] Et*
> *puis il est parti au paradis des chats.*
>
> Chris Marker, dans un entretien
> accordé à *Libération*, 4 décembre 2004.

Séoul, juillet 2014.

Quand elle apprend la nouvelle, Jill pense d'abord à ce vinyle que Jean lui a offert à Paris – *Surfing The Void*, des Klaxons. Sur la pochette, un chat en combinaison orange d'astronaute pose, casque à la main, près d'un drapeau noir. L'emblème du drapeau – cercle barré en diagonale, deux ailes de chaque côté – se retrouve sur l'écusson de sa combinaison. Derrière chat et bannière, papier gris de studio photo. En haut à droite, macaron jaune au bord denté arborant nom du groupe et titre de l'album. Le chat a le regard sûr et les longues moustaches du conquistador.

Elle repose son téléphone. La pochette est conforme à son souvenir, elle avait seulement oublié les rayures blanches au bout du drapeau. La chanson éponyme n'est pas sa préférée – non, ce qu'elle devrait écouter, c'est la piste d'après, *Valley of the Calm Trees*. Il faut bien l'écrire, cette dépêche. Elle met ses écouteurs.

Second souvenir. Hyde Park au printemps (de quelle année ? 1993, 1994 ? – la fin de sa période post-punk). Elle lit cette bande dessinée de Robert Crumb, *Fritz the Cat, Special Agent for the C.I.A.*, en écoutant Siouxsie and the Banshees (qu'elle remplace son téléphone par un Walkman, ses écouteurs intra-auriculaires par ce casque détestable dont les coussinets en mousse se déchiraient : elle y est). Le chat érotomane, interprétant une caricature de James Bond, part en Chine sauver le monde libre de la menace communiste, avec, pour seul gadget, la suffisance machiste de l'original. Jill imagine l'agent Fritz enquêter en Corée du Nord suite à l'annonce de Pyongyang.

— Un chat communiste en orbite !

— Propagande nord-coréenne.

— Mais que font les ligues de défense des animaux ?

Hypothèse. Kim Jong-un, ce gros bébé qui tète le sang d'une mère famélique, veut déguiser un test de missile balistique en hommage au « Grand Leader » son grand-père.

Annonce. Pour le 20e anniversaire de la disparition du bien-aimé généralissime Kim Il-sung, la République populaire démocratique de Corée procédera au lancement de son premier vol spatial habité.

— Habité par qui ?

— Ha-neul l'astrochat. (Ha-neul est le mot coréen pour « ciel ».)

Contexte. Dix-huit mois plus tôt, pour célébrer le premier anniversaire de la mort du « Cher Dirigeant » Kim

Jong-il, la Corée du Nord réussissait la mise en orbite de son premier satellite d'observation, Gwangmyeongseong (« La Brillante Étoile » en coréen), battant d'un mois le programme spatial sud-coréen.

L'annonce a été accompagnée, dans les heures qui ont suivi, de la mise en ligne de plusieurs vidéos de Ha-neul :

Ha-neul courant sur un tapis d'exercice.

Ha-neul dans une centrifugeuse. (Pour habituer son corps à la très forte accélération du décollage. Une caméra embarquée montre le visage de l'animal onduler d'avant en arrière à mesure que la vitesse augmente. Les joues sont repoussées vers les oreilles, découvrant les dents.)

Ha-neul dans sa cabine, allongé entre deux cloisons rembourrées, le corps recouvert d'électrodes mesurant ses paramètres vitaux.

En quelques heures, ces vidéos ont été vues plusieurs centaines de milliers de fois. Avant la fin de la semaine, des millions de personnes les auront regardées. Les débats sont lancés. Les uns s'enthousiasment pour ce nouveau héros de la conquête spatiale quand d'autres dénoncent un cas d'expérimentation animale et de propagande totalitaire. États-Unis, Corée du Sud, Japon, Russie, et jusqu'à la Chine : tous crient à la provocation. Qu'Ha-neul reste sur Terre.

Jill glisse sur les reflets de la ville dans les vitrines de Myeong-dong. Elle ne parle plus, et Iseul à ses côtés se tait aussi ; depuis quand ? Elle préfère ne pas y penser.

Au *dabang* où elles ont partagé une théière de *matcha* importé, deux étudiants faisaient défiler l'écran de leurs téléphones, tirant à eux les dernières nouvelles du monde. Parleraient-ils du lancement nord-coréen ? La plupart des clients étaient jeunes, bavards, agités. Jill se sentait déplacée – elle avait presque pensé : *vieille*. On commence à vieillir quand on dit « jeune ».

Insa-dong dans leurs dos (elles avaient dépassé Tapgol Park), Jill et Iseul ont flâné à la lumière des lanternes et des néons, le long de la Cheonggyecheon, dont l'eau se plisse autour des rochers qui la traversent en pointillé. Au-dessus, pont et voitures, déjà la nuit, on ne sait plus quoi se dire.

Iseul finit de manger une guimauve devant une boutique de fringues chic – monogramme, coupe cintrée et col relevé – qui seront démodées quand elle pourra enfin se les offrir. Les enseignes lumineuses s'élèvent le long des façades comme des bannières de samouraïs. Jill voudrait rentrer, remonte sur son épaule la lanière de son sac à main. Iseul soupire un juron coréen.

— En français, s'il te plaît.

Elle veut qu'Iseul continue de parler la langue de Jean. Continue de parler à sa mère adoptive. Maintenant qu'elle sait – Jill s'est débarrassée du chat. Il était toujours si détaché de tout. Comment pouvait-il continuer de vivre sans son maître ? Iseul lui demande en anglais si elle compte maintenant se débarrasser d'elle. « Tu n'auras plus à regarder en arrière chaque fois que tu me parles. »

Au-dessus des immeubles penchés en robe du soir sur le fleuve Han, le ciel cache ses étoiles dans un boa d'air pollué. Plus rien ne scintille là-haut, à part peut-être un avion de ligne, qui clignote des ailes. Les hommes ont arraché aux dieux leurs billes de plasma pour les fixer dans le verre-acier-béton de leurs gratte-ciel. Les dieux s'ennuient, et les hommes, pour les divertir, leur envoient des fusées, une station, un chat. En orbite basse autour de la Terre, lové dans l'habitacle d'une capsule spatiale, ce chat rêve qu'on le rêve. Plus de sept milliards d'humains lui tiennent compagnie. Il connaît maintenant la solitude des dieux, aimés ou craints des foules, éloignés d'elles.

Jill attend près de la baie vitrée que vienne la fatigue. Avant d'entrer dans le petit appartement, elle a vérifié que le bas de la porte n'avait pas été griffé. Cela fait maintenant une semaine qu'elle a abandonné le chat. Il avait – a ? – presque le même âge qu'Iseul. Le chaton qu'elle avait offert à Jean pour leur premier anniversaire de mariage, avant qu'elle n'entrât à l'AFP, a fini par lui survivre. Elle entrouvre la porte-fenêtre menant au balcon, passe la tête dehors, regarde à droite, à gauche : elle est seule.

— Rentre à l'intérieur.

Peut-être est-il retourné à l'ancien appartement... La mort de Jean, l'entrée d'Iseul à l'université, n'y avaient laissé que des échos. Il a fallu en changer.

Elle étire contre la nuit son corps maigre – bassin qui pointe sous la peau, double vaguelette de la poitrine, le cubitus fait une bosse au poignet. Jean aimait ce corps difficile à aimer, ces cheveux coupés court, peu coiffés, blond Sagan, ce sourire effronté. Une femme difficile, une femme qui ne se laissait pas faire. Tu parles. Une femme qui n'en peut plus, voilà ce que tu es.

— Tais-toi !

Les formalités pour emmener le chat en Corée avaient été coûteuses, en argent et en temps. Comme Apollinaire, Jean estimait qu'il lui fallait, pour vivre, une femme, un chat, des livres et des amis. Dans cet ordre. Le chat suit de près la femme : si elle faiblit, il prend sa place. Qui tient à la compagnie d'un chat croit le tenir. Il dit : je suis ton maître. C'est à peine si l'autre lève vers lui son regard jaune et murmure : amuse-moi, humain. Caresses, soins, affection, donne-moi ce que tu as, sans demander ma liberté ; je n'ai qu'elle. Mais ne te plains pas, tu as le droit de m'adorer.

La police avait conclu à un accident. Le corps avait été retrouvé à marée basse, sur une plage de Busan, par un groupe de touristes. Il était allongé sur le dos, les yeux ouverts, le visage gonflé mais détendu, une mèche sur le front. Jean était parti là-bas afin de retrouver un ami réalisateur, qui pensait à lui pour le scénario de son prochain film. Le suicide était peu plausible : les suicidaires n'enfilent pas de maillot de bain pour se noyer. Qu'en savaient-ils, ces flics ? Et puis, ses traductions, ses scénarios, ça marchait bien pour lui, non ? Il n'avait pas de quoi s'en faire. Qu'en savaient-ils ? Qu'en savait-elle ? Le connaissait-elle mieux qu'eux ? Elle ne savait plus, vraiment plus. Elle n'avait pas retrouvé le manuscrit du « grand roman » auquel il disait travailler.

Dès que Jean s'installait à son bureau, le chat montait sur ses genoux et tournait plusieurs fois sur lui-même avant de se blottir contre lui. Lui seul avait le droit de l'approcher quand il écrivait. Par moments, ses pattes l'agrippaient dans un spasme, comme s'il voulait lui arracher quelque chose. Il ne partait, satisfait, que lorsque Jean était épuisé. Jill aurait dû s'en débarrasser plus tôt.

Inédit

Jean Cocteau

Le chat de Keats

Ne pas être admiré. Être cru.

L'histoire féline racontée par Keats n'a jamais été transcrite que je sache. Elle voyage de bouche en bouche, et se déforme en route. Il en existe plusieurs versions, mais son atmosphère reste une. Atmosphère si subtile que je me demande si ce n'est pas la raison pour laquelle cette histoire s'accommode mieux de la parole et de ses pauses, que de la plume qui se hâte. Voici les faits. Keats devait se rendre dans le village de F. pour y déjeuner chez un ami, le pasteur. Il fallait traverser une forêt. À cheval, Keats s'égara dans cette forêt. Le soir rendit le labyrinthe inextricable. Keats décida d'attendre l'aube, d'attacher son cheval à une branche, de chercher si quelque bûcheron ne possédait pas une cabane et ne pourrait pas l'abriter jusqu'au jour.

Comme il rôdait, sans trop oser perdre son cheval de vue, prenant soin de marquer l'écorce des arbres pour retrouver sa route, il aperçut de la lumière. Il se dirigea vers cette lumière. Elle provenait d'une sorte de ruine dont aucun guide ne signalait l'existence. Celle d'un cirque antique, d'un Colisée, d'un enchevêtrement d'arches, de gradins, de pierres écroulées, de pans de murs, de brèches, de broussailles.

La lumière, très insolite, bougeait et animait le cirque mort. Keats s'approcha, se glissa derrière une colonne et, par une des brèches, regarda.

Ce qu'il vit le cloua de stupeur et de crainte. Des centaines de chats envahissaient l'hémicycle, prenaient place les uns à côté des autres, comme la foule des arènes d'Espagne. Ils grouillaient et miaulaient. Soudain, de petites trompettes se firent entendre. Les chats s'immobilisèrent, tournèrent leurs prunelles phosphorescentes vers la droite d'où venaient les jeux de lumières et d'ombres. Les lumières étaient produites par des torches que portaient cinquante chats bottés. Ces chats précédaient un cortège de chats en costumes magnifiques, de pages et de hérauts jouant de la trompette, de chats porteurs d'insignes et de chats porteurs d'étendards.

Le cortège traversa la piste et la contourna. Apparurent quatre chats blancs et quatre chats noirs, avec épées et feutres, marchant ainsi que tous les autres membres du cortège sur leurs pattes de derrière, et portant sur leurs épaules un petit cercueil surmonté d'une petite couronne d'or. Suivaient des chats, deux par deux, présentant des coussins sur lesquels étaient épinglés des ordres dont les diamants étincelaient sous la flamme des torches et sous la lune. Le cortège s'achevait par des tambours.

Keats pensa : « Je rêve. Je me suis endormi à cheval, et je rêve. » Mais le rêve est une chose et la réalité une autre. Il ne rêvait pas. Il le savait. Il était perdu dans une forêt nocturne, il assistait à quelque rite que les hommes ne doivent point voir. Il eut peur. Sa présence, une fois découverte, cette foule de chats quitterait le cirque et le déchirerait de ses griffes. Il recula dans l'ombre. Les hérauts sonnaient, les étendards flottaient, le cercueil défilait, et tout cela dans une manière de silence aggravé par les orgueilleuses petites trompettes. Après avoir exécuté un tour de piste, le cortège s'éloigna. Les trompettes se turent. Les lumières s'éteignirent. La foule des chats quitta les gradins du cirque. Plusieurs chats bondirent par la brèche contre laquelle Keats s'efforçait de disparaître. La ruine redevint une ruine, occupée par le clair de lune.

C'est alors que surgit dans Keats une idée plus dangereuse que le spectacle dont il avait été témoin. On ne le croirait pas. Jamais il ne pourrait raconter cette histoire. Elle passerait pour un mensonge de poète. Or, Keats savait que les poètes ne mentent pas. Ils témoignent. Et Keats savait qu'on s'imagine qu'ils mentent. Et Keats devenait fou en songeant qu'un pareil secret resterait sa propriété, qu'il lui serait impossible de s'en déprendre, de le partager avec ses semblables. C'était un catafalque de solitude. Il se secoua, rejoignit son cheval, décida de quitter la forêt, coûte que coûte. Il y parvint et arriva au presbytère où le pasteur ne l'attendait plus.

Ce pasteur était un homme de haute culture, Keats le respectait, le tenait pour apte à comprendre ses poèmes. Il raconta son histoire, sans faire allusion au cirque des chats. Le pasteur s'était couché et relevé. Le servant dormait. Il dressa la table. Keats mangeait en silence. Le pasteur s'étonna de son attitude distraite. Il lui demanda s'il était malade. Keats répondit que non, mais qu'il se trouvait sous l'influence d'un malaise dont il ne pouvait avouer la cause. Le pasteur le secoua tendrement et le mit en demeure de s'expliquer. Keats se détournait, se fermait. À la longue, le pasteur obtint une détente, son hôte ayant déclaré que sa fièvre venait d'une crainte de n'être point cru. Le pasteur lui promit de le croire. Keats exigea davantage. Il suppliait le pasteur de prêter serment sur la Bible. Le pasteur ne le pouvait. Il affirma que sa promesse d'ami valait son serment de prêtre.

« Je vous écoute », dit-il, et se renversa dans son fauteuil en fumant sa pipe.

Keats allait parler, lorsqu'il se ravisa. La crainte le reprenait. Il fallut que le pasteur, intrigué, le laissât libre de se taire pour lui délier la langue.

Keats ferma les yeux et raconta. Le pasteur écoutait dans l'ombre. La fenêtre était ouverte sur les astres. Le feu crépitait. Devant l'âtre le chat semblait dormir. Keats décrivait la ruine, les étranges spectateurs de l'étrange spectacle. De temps en temps, il ouvrait l'œil, jetait un regard sur le prêtre qui, les yeux fermés, tirait sur sa pipe.

La chose se produisit comme tombe la foudre, sans que ni l'un ni l'autre des deux hommes s'y reconnussent, se rendissent un compte exact de ce qui arrivait.

Keats en était au cortège, aux torches, aux trompettes, aux oriflammes, aux tambours. Il détaillait les costumes, les feutres et les bottes. « Quatre chats blancs, dit-il, et quatre chats noirs, portaient un cercueil sur leurs épaules. Le cercueil était surmonté d'une couronne d'or. »

À peine eut-il prononcé cette phrase que le chat, qui dormait devant le feu, se dressa en arc de cercle, se hérissa, s'écria, d'une voix humaine : « Mais alors, je suis roi des chats » et sauta par la fenêtre.

Extrait du Journal d'un inconnu

Madame d'Aulnoy

La Chatte blanche

Il était une fois un roi qui avait trois fils bien faits et courageux ; il eut peur que l'envie de régner ne leur prît avant sa mort : il courait même certains bruits qu'ils cherchaient à s'acquérir des créatures, et que c'était pour lui ôter son royaume. Le roi se sentait vieux ; mais son esprit et sa capacité n'ayant point diminué, il n'avait pas envie de leur céder une place qu'il remplissait dignement. Il pensa donc que le meilleur moyen de vivre en repos, c'était de les amuser par des promesses dont il saurait toujours éluder l'effet. Il les appela dans son cabinet, et, après leur avoir parlé avec beaucoup de bonté, il ajouta : « Vous conviendrez avec moi, mes chers enfants, que mon grand âge ne permet pas que je m'applique aux affaires de mon État avec autant de soin que je le faisais autrefois, je crains que mes sujets n'en souffrent, je veux mettre ma couronne sur la tête d'un de vous autres : mais il est bien juste que pour un tel présent, vous cherchiez les moyens de me plaire, dans le dessein que j'ai de me retirer à la campagne. Il me semble qu'un petit chien adroit, joli et fidèle, me tiendrait bonne compagnie ; de sorte que, sans choisir mon fils aîné plutôt que mon cadet. je vous déclare que celui des trois qui m'apportera le plus beau petit chien sera aussitôt mon héritier. » Ces princes demeurèrent surpris de l'inclination de leur père pour un petit chien : mais les deux cadets y pouvaient trouver leur compte, et ils acceptèrent avec plaisir la commission d'aller en chercher un : l'aîné était trop timide, ou trop respectueux pour représenter ses droits. Ils prirent congé du roi, il leur donna de l'argent et des pierreries, ajoutant que dans un an, sans y manquer, ils revinssent au même jour, et à la même heure, lui apporter leurs petits chiens.

Avant de partir, ils allèrent dans un château qui n'était qu'à une lieue de la ville. Ils y menèrent leurs plus confidents et firent de grands festins, où les trois frères se promirent une amitié éternelle, qu'ils agiraient dans l'affaire en question sans jalousie et sans chagrin, et que le plus heureux ferait toujours part de sa fortune aux autres ; enfin ils partirent, réglant qu'ils se trouveraient à leur retour dans le même château, pour aller ensemble chez le roi ; ils ne voulurent être suivis de personne, et changèrent leurs noms pour n'être pas connus.

Chacun prit une route différente, les deux aînés eurent beaucoup d'aventures, mais je ne m'attache qu'à celle du cadet. Il était gracieux, il avait l'esprit gai et réjouissant, la tête admirable, la taille noble, les traits réguliers, de belles dents, beaucoup d'adresse dans tous les exercices qui conviennent à un prince. Il chantait agréablement, il touchait le luth et le théorbe avec une délicatesse qui charmait. Il savait peindre, en un mot il était très accompli, et pour la valeur cela allait jusqu'à l'intrépidité.

Il n'y avait guère de jours qu'il n'achetât des chiens, de grands, de petits, des lévriers, des dogues, des limiers, chiens de chasse, épagneuls, barbets, bichons ; dès qu'il en avait un beau, et qu'il en trouvait un plus beau, il laissait aller le premier pour garder l'autre, car il aurait été impossible qu'il eût mené tout seul trente ou quarante mille chiens : et il ne voulait ni gentilshommes ni valets de chambre ni pages à sa suite. Il avançait toujours son chemin, n'ayant point déterminé jusqu'où il irait, lorsqu'il fut surpris de la nuit, du tonnerre et de la pluie dans une forêt, dont il ne pouvait plus reconnaître les sentiers.

Il prit le premier chemin, et après avoir marché long-temps, il aperçut un peu de lumière, ce qui le persuada qu'il y avait quelque maison proche où il se mettrait à l'abri jusqu'au lendemain. Ainsi guidé par la lumière qu'il voyait, il arriva à la porte d'un château, le plus superbe qui se soit jamais imaginé. Cette porte était d'or, couverte d'escarboucles dont la lumière vive et pure éclairait tous les environs. C'était elle que le prince avait vue de fort loin ; les murs étaient d'une porcelaine trans-parente, mêlée de plusieurs couleurs, qui représentaient l'histoire de toutes les nées, depuis la création du monde jusqu'alors ; les fameuses aventures de Peau d'Âne, de Finette, de l'Oranger, de Gracieuse, de la Belle au bois dormant, de Serpentin Vert, et de cent autres n'y étaient pas oubliées. Il fut charmé d'y reconnaître le prince s'ar-rêter davantage dans un lieu où il se mouillait jusqu'aux os, à joindre qu'il ne voyait point du tout aux endroits où la lumière des escarboucles ne pouvait s'étendre.

Il revint à la porte d'or, il vit un pied de chevreuil attaché à une chaîne toute de diamants, il admira cette magnificence, et la sécurité avec laquelle on vivait dans le château : « Car enfin, disait-il, qui empêche les voleurs de venir couper cette chaîne, et d'arracher les escar-boucles ? Ils se feraient riches pour toujours. »

Il tira le pied de chevreuil, et aussitôt il entendit sonner une cloche qui lui parut d'or ou d'argent, par le son qu'elle rendait; au bout d'un moment la porte fut ouverte, sans qu'il aperçût autre chose qu'une douzaine de mains en l'air, qui tenaient chacune un flambeau. Il demeura si surpris qu'il hésitait à s'avancer, quand il sentit d'autres mains qui le poussaient par-derrière avec assez de violence. Il marcha donc fort inquiet et à tout hasard, il porta la main sur la garde de son épée; mais en entrant dans un vestibule tout incrusté de porphyre et de lapis, il entendit deux voix ravissantes qui chantèrent ces paroles:

Des mains que vous voyez, ne prenez point d'ombrage,
　　　Et ne craignez, en ce séjour,
　　Que les charmes d'un beau visage,
　　Si votre cœur veut fuir l'amour.

Il ne put croire qu'on l'invitât de si bonne grâce pour lui faire ensuite du mal; de sorte que se sentant poussé vers une grande porte de corail, qui s'ouvrit dès qu'il s'en fut approché, il entra dans un salon de nacre de perles, et ensuite dans plusieurs chambres ornées différemment, et si riches par les peintures et les pierreries qu'il en était comme enchanté. Mille et mille lumières attachées depuis la voûte du salon jusqu'en bas, éclairaient une partie des autres appartements, qui ne laissaient pas d'être remplis de lustres, de girandoles, et de gradins couverts de bougies: enfin la magnificence était telle qu'il n'était pas aisé de croire que ce fût une chose possible.

Après avoir passé dans soixante chambres, les mains qui le conduisaient l'arrêtèrent; il vit un grand fauteuil de commodité, qui s'approcha tout seul de la cheminée. En même temps le feu s'alluma, et les mains qui lui semblaient fort belles, blanches, petites, grassettes, et bien proportionnées, le déshabillèrent; car il était mouillé, comme je l'ai déjà dit, et l'on avait peur qu'il ne s'enrhumât. On lui présenta, sans qu'il vît personne, une chemise aussi belle que pour un jour de noces, avec une robe de chambre d'une étoffe glacée d'or, brodée de petites émeraudes qui formaient des chiffres. Les mains sans corps approchèrent de lui une table, sur laquelle sa toilette fut mise. Rien n'était plus magnifique ; elles le peignèrent avec une légèreté et une adresse dont il fut fort content. Ensuite on le rhabilla ; mais ce ne fut pas avec ses habits, on lui en apporta de beaucoup plus riches : il admirait silencieusement tout ce qui se passait, et quelquefois il lui prenait de petits mouvements de frayeur, dont il n'était pas tout à fait le maître.

Après qu'on l'eût poudré, frisé, parfumé, paré, ajusté, et rendu plus beau qu'Adonis, les mains le conduisirent dans une salle superbe par ses dorures et ses meubles. On voyait autour l'histoire des plus fameux chats, Rodilardus pendu par les pieds au conseil des rats, Chat botté, marquis de Carabas, le Chat qui écrit, la Chatte devenue femme, les sorciers devenus chats, le sabbat et toutes ses cérémonies ; enfin, rien n'était plus singulier que ces tableaux.

Le couvert était mis, il y en avait deux, chacun garni de son cadenas d'or, le buffet surprenait par la quantité de vases de cristal de roche, et de mille pierres rares. Le prince ne savait pour qui ces deux couverts étaient mis, lorsqu'il vit des chats qui se placèrent dans un petit orchestre ménagé exprès, l'un tenait un livre avec des notes les plus extraordinaires du monde, l'autre un rouleau de papier dont il battait la mesure, et les autres avaient de petites guitares ; tout d'un coup chacun d'eux se mit à miauler sur différents tons et à gratter les cordes des guitares avec leurs ongles : c'était la plus étrange musique que l'on ait jamais entendue. Le prince se serait cru en enfer, s'il n'avait pas trouvé ce palais trop merveilleux pour donner dans une pensée si peu vraisemblable : mais il se bouchait les oreilles et riait de toute sa force, de voir les différentes postures et les grimaces de ces nouveaux musiciens.

Il rêvait aux différentes choses qui lui étaient déjà arrivées dans ce château, lorsqu'il vit entrer une petite figure qui n'avait pas une coudée de haut. Cette bamboche se couvrait d'un long voile de crêpe noir. Deux chats la menaient ; ils étaient vêtus de deuil, en manteau et l'épée au côté, un nombreux cortège de chats venait après, les uns portaient des ratières pleines de rats, et les autres des souris dans des cages.

Le prince ne sortait point d'étonnement, il ne savait que penser, la figurine noire s'approcha, et levant son voile, il aperçut la plus belle petite chatte blanche qu'il ait jamais été, et qui sera jamais. Elle avait l'air fort jeune et fort triste, elle se mit à faire un miaulis si doux et si charmant, qu'il allait droit au cœur ; elle dit au prince : « Fils de roi, sois le bienvenu, ma miaularde majesté te voit avec plaisir.

— Madame la Chatte, dit le prince, vous êtes bien généreuse, de me recevoir avec tant d'accueil : mais vous ne me paraissez pas une bestiole ordinaire, le don que vous avez de la parole, et le superbe château que vous possédez, en sont des preuves assez évidentes.

— Fils de roi, reprit Chatte Blanche, je te prie, cesse de me faire des compliments, je suis simple dans mes discours et dans mes manières, mais j'ai un bon cœur. Allons, continua-t-elle, que l'on serve, et que les musiciens se taisent ; car le prince n'entend pas ce qu'ils disent.

— Et disent-ils quelque chose, madame ? reprit-il.

— Sans doute, continua-t-elle, nous avons ici des poètes qui ont infiniment de l'esprit, et si vous restez un peu parmi nous, vous aurez lieu d'en être convaincu.

— Il ne faut que vous entendre pour le croire, dit galamment le prince : mais aussi, madame, je vous regarde comme une Chatte fort rare. »

L'on apporta le souper, les mains dont les corps étaient invisibles servaient, l'on mit d'abord sur la table deux bisques, l'une de pigeonneaux et l'autre de souris fort grasses. La vue de l'une empêcha le prince de manger de l'autre, se figurant que le même cuisinier les avait accommodées : mais la petite Chatte, qui devina par la mine qu'il faisait ce qu'il avait dans l'esprit, l'assura que sa cuisine était à part, et qu'il pouvait manger de ce qu'on lui présenterait, avec certitude qu'il n'y aurait ni rats ni souris.

Le prince ne se le fit pas dire deux fois, croyant bien que la belle petite Chatte ne voudrait pas le tromper. Il remarqua qu'elle avait à sa patte un portrait fait en table ; cela le surprit. Il la pria de le lui montrer, croyant que c'était maître Minagrobis. Il fut bien étonné de voir un jeune homme si beau, et si très beau, qu'il était à peine croyable que la nature en pût former un tel, et qui lui ressemblait si fort, qu'on n'aurait pu le peindre mieux. Elle soupira, et devenant encore plus triste, elle garda un profond silence. Le prince vit bien qu'il y avait quelque chose d'extraordinaire là-dessous ; cependant il n'osa s'en informer, de peur de déplaire à la Chatte, ou de la chagriner. Il l'entretint de toutes les nouvelles qu'il savait, et il la trouva fort instruite des différents intérêts des princes, et des autres choses qui se passaient dans le monde.

Après le souper, Chatte Blanche convia son hôte d'entrer dans un salon où il y avait un théâtre, sur lequel douze chats et douze singes dansèrent un ballet. Les uns étaient vêtus en Maures, et les autres en Chinois. Il est aisé de juger des sauts et des cabrioles qu'ils faisaient, et de temps en temps ils se donnaient des coups de griffes ; c'est ainsi que la soirée finit. Chatte Blanche donna le bonsoir à son hôte ; les mains qui l'avaient conduit jusque-là le reprirent, et l'amenèrent dans un appartement tout opposé à celui qu'il avait vu. Il était moins magnifique que galant : tout était tapissé d'ailes de papillon, dont les diverses couleurs formaient mille fleurs différentes. Il y avait aussi des plumes d'oiseaux très rares, et qui n'ont peut-être jamais été vus que dans ce lieu-là. Les lits étaient de gaze, rattachés par mille nœuds de rubans. C'étaient de grandes glaces depuis le plafond jusqu'au parquet, et les bordures d'or ciselé représentaient mille petits Amours.

Le prince se coucha sans dire mot, car il n'y avait pas moyen de faire conversation avec les mains qui le servaient : il dormit peu, et fut réveillé par un bruit confus. Les mains aussitôt le tirèrent de son lit, et lui mirent un habit de chasse. Il regarda dans la cour du château, il aperçut plus de cinq cents chats, dont les uns menaient des lévriers en laisse, les autres sonnaient du cor, c'était une grande fête, Chatte Blanche allait à la chasse : elle voulait que le prince y vînt. Les officieuses mains lui présentèrent un cheval de bois qui courait à toute bride, et qui allait le pas à merveille : il fit quelque difficulté d'y monter, disant qu'il s'en fallait beaucoup qu'il ne fût chevalier errant comme don Quichotte : mais sa résistance ne servit de rien, on le planta sur le cheval de bois. Il avait une housse et une selle en broderie d'or et de diamants. Chatte Blanche montait un singe, le plus beau et le plus superbe qui se soit encore vu, elle avait quitté son grand voile, et portait un bonnet à la dragonne qui lui donnait un petit air si résolu, que toutes les souris du voisinage en avaient peur. Il ne s'est jamais fait une chasse plus agréable ; les chats couraient plus vite que les lapins et les lièvres ; de sorte que lorsqu'ils en prenaient, Chatte Blanche faisait faire la curée devant elle, et il s'y passait mille tours d'adresse très réjouissants ; les oiseaux n'étaient pas de leur côté trop en sûreté, car les chatons grimpaient aux arbres, et le maître singe portait Chatte Blanche jusque dans le nid des aigles pour disposer à sa volonté des petites altesses aiglonnes.

La chasse étant finie, elle prit un cor qui était long comme le doigt, mais qui rendait un son si clair et si haut, qu'on l'entendait aisément de dix lieues ; dès qu'elle en eut sonné deux ou trois fanfares, elle fut environnée de tous les chats du pays, les uns paraissaient en l'air, montés sur des chariots, les autres dans des barques abordaient par eau ; enfin il ne s'en est jamais tant vu. Ils étaient presque tous habillés de différentes manières ; elle retourna au château avec ce pompeux cortège, et pria le prince d'y revenir. Il le voulut bien, quoiqu'il lui semblât que tant de chatonnerie tenait un peu du sabbat et du sorcier, et que la Chatte parlante l'étonnât plus que tout le reste.

Dès qu'elle fut rentrée chez elle, on lui mit son grand voile noir ; elle soupa avec le prince, il avait faim et mangea de bon appétit : l'on apporta des liqueurs dont il but avec plaisir, et sur-le-champ elles lui ôtèrent le souvenir du petit chien qu'il devait porter au roi ; il ne pensa plus qu'à miauler avec Chatte Blanche c'est-à-dire, à lui tenir bonne et fidèle compagnie. Il passait les jours en fêtes agréables, tantôt à la pêche ou à la chasse, puis l'on faisait des ballets, des carrousels, et mille autres choses où il se divertissait très bien ; souvent même la belle Chatte composait des vers et des chansonnettes d'un style si passionné, qu'il semblait qu'elle avait le cœur tendre, et que l'on ne pouvait parler comme elle faisait sans aimer : mais son secrétaire, qui était un vieux chat, écrivait si mal, qu'encore que ses ouvrages aient été conservés, il est impossible de les lire.

Le prince avait oublié jusqu'à son pays. Les mains dont j'ai parlé continuaient de le servir. Il regrettait quelquefois de n'être pas chat, pour passer sa vie dans cette bonne compagnie. « Hélas ! disait-il à Chatte Blanche, que j'aurai de douleurs de vous quitter, je vous aime si chèrement ! Ou devenez fille ou rendez-moi chat. » Elle trouvait son souhait fort plaisant, et ne lui faisait que des réponses obscures où il ne comprenait presque rien.

Une année s'écoule bien vite, quand on n'a ni souci ni peine, qu'on se réjouit et qu'on se porte bien. Chatte Blanche savait le temps où il devait retourner, et comme il n'y pensait plus, elle l'en fit souvenir. « Sais-tu, lui dit-elle, que tu n'as que trois jours pour chercher le petit chien que le roi ton père souhaite, et que tes frères en ont trouvé de fort beaux ? » Le prince revint à lui, et s'étonnant de sa négligence : « Par quel charme secret, s'écria-t-il, ai-je oublié la chose du monde qui m'est la plus importante ? Il y va de ma gloire et de ma fortune, où prendrai-je un chien tel qu'il le faut pour gagner le royaume, et un cheval assez diligent pour faire tant de chemin ? » Il commença de s'inquiéter, et s'affligea beaucoup.

Chatte Blanche lui dit en s'adoucissant : « Fils de roi, ne te chagrine point, je suis de tes amies ; tu peux rester encore ici un jour, et quoiqu'il y ait cinq cents lieues d'ici à ton pays, le bon cheval de bois t'y portera en moins de douze heures.

— Je vous remercie, belle Chatte, dit le prince, mais il ne me suffit pas de retourner vers mon père, il faut que je lui porte un petit chien.

— Tiens, lui dit Chatte Blanche, voici un gland où il y en a un plus beau que la Canicule.

— Ô, dit le prince, madame la Chatte, Votre Majesté se moque de moi.

— Approche le gland de ton oreille, continua-t-elle, et tu l'entendras japper. » Il obéit, aussitôt le petit chien fit jap, jap, dont le prince demeura transporté de joie ; car tel chien qui tient dans un gland doit être fort petit. Il voulait l'ouvrir, tant il avait envie de le voir : mais Chatte Blanche lui dit qu'il pourrait avoir froid par les chemins, et qu'il valait mieux attendre qu'il fût devant le roi son père. Il la remercia mille fois, et lui dit un adieu très tendre : « Je vous assure, ajouta-t-il, que les jours m'ont paru si courts avec vous, que je regrette en quelque façon de vous laisser ici ; et quoique vous y soyez souveraine, et que tous les chats qui vous font leur cour aient plus d'esprit et de galanterie que les nôtres, je ne laisse pas de vous convier de venir avec moi. » La Chatte ne répondit à cette proposition que par un profond soupir.

Ils se quittèrent, le prince arriva le premier au château où le rendez-vous avait été réglé avec ses frères. Ils s'y rendirent peu après, et demeurèrent surpris de voir dans la cour un cheval de bois, qui sautait mieux que tous ceux que l'on a dans les académies.

Le prince vint au-devant d'eux. Ils s'embrassèrent plusieurs fois, et se rendirent compte de leurs voyages; mais notre prince déguisa à ses frères la vérité de ses aventures, et leur montra un méchant chien qui servait à tourner la broche, disant qu'il l'avait trouvé si joli, que c'était celui qu'il apportait au roi. Quelque amitié qui fût entre eux, les deux aînés sentirent une secrète joie du mauvais choix de leur cadet; ils étaient à table et se marchaient sur le pied, comme pour se dire qu'ils n'avaient rien à craindre de ce côté-là.

Le lendemain ils partirent ensemble dans un même carrosse. Les deux fils aînés du roi avaient des petits chiens dans des paniers, si beaux et si délicats que l'on osait à peine les toucher. Le cadet portait le pauvre tourne-broche, qui était si crotté que personne ne voulait le souffrir. Lorsqu'ils furent dans le palais, chacun les environna pour leur souhaiter la bienvenue; ils entrèrent dans l'appartement du roi. Il ne savait en faveur duquel décider, car les petits chiens qui lui étaient présentés par ses deux aînés étaient presque d'une égale beauté, et ils se disputaient déjà l'avantage de la succession, lorsque le cadet les mit d'accord en tirant de sa poche le gland que Chatte Blanche lui avait donné. Il l'ouvrit promptement, puis chacun vit un petit chien couché sur du coton. Il passait au milieu d'une bague sans y toucher. Le prince le mit par terre: aussitôt il commença de danser la sarabande avec des castagnettes, aussi légèrement que la plus célèbre Espagnole. Il était de mille couleurs différentes, ses soies et ses oreilles traînaient par terre. Le roi demeura fort confus: car il était impossible de trouver rien à redire à la beauté du toutou.

Cependant il n'avait aucune envie de se défaire de sa
couronne. Le plus petit fleuron lui était plus cher que
tous les chiens de l'univers. Il dit donc à ses enfants qu'il
était très satisfait de leurs peines, mais qu'ils avaient si
bien réussi dans la première chose qu'il avait souhaitée d'eux, qu'il voulait encore éprouver leur habileté
avant de tenir parole; qu'ainsi il leur donnait un an à
chercher, par mer et par terre, une pièce de toile si fine,
qu'elle passât par le trou d'une aiguille à faire du point
de Venise. Ils demeurèrent tous trois très affligés d'être
en obligation de retourner à une nouvelle quête. Les
deux princes, dont les chiens étaient moins beaux que
celui de leur cadet, y consentirent. Chacun partit de son
côté, sans se faire autant d'amitié que la première fois;
car le tournebroche les avait un peu refroidis. Notre
prince reprit son cheval de bois, et sans vouloir chercher d'autres secours que ceux qu'il pourrait espérer de
l'amitié de Chatte Blanche, il partit en toute diligence,
et retourna au château où elle l'avait si bien reçu. Il en
trouva toutes les portes ouvertes, les fenêtres, les toits,
les tours et les murs étaient bien éclairés de cent mille
lampes, qui faisaient un effet merveilleux. Les mains
qui l'avaient si bien servi s'avancèrent au-devant de lui,
prirent la bride de l'excellent cheval de bois, qu'elles
menèrent à l'écurie, pendant que le prince entra dans la
chambre de Chatte Blanche.

Elle était couchée dans une petite corbeille, sur
un matelas de satin blanc très propre. Elle avait des
cornettes négligées, et paraissait abattue; mais quand
elle aperçut le prince, elle fit mille sauts et autant de
gambades, pour lui témoigner la joie qu'elle avait de le
revoir : « Quelque sujet que j'eusse, lui dit-elle, d'espérer ton retour, je t'avoue, fils de roi, que je n'osais m'en

flatter, et je suis ordinairement si malheureuse dans les choses que je souhaite, que celle-ci me surprend. » Le prince reconnaissant lui fit mille caresses ; il lui conta le succès de son voyage, qu'elle savait peut-être mieux que lui, et que le roi voulait une pièce de toile qui pût passer par le trou d'une aiguille, qu'à la vérité il croyait la chose impossible ; mais qu'il n'avait pas laissé de la tenter, se promettant tout de son amitié et de son secours. Chatte Blanche, prenant un air plus sérieux, lui dit que c'était une affaire à laquelle il fallait penser, que par bonheur elle avait dans son château des chattes qui filaient fort bien, qu'elle-même y mettrait la griffe et qu'elle avancerait cette besogne, qu'ainsi il pouvait demeurer tranquille, sans aller bien loin chercher ce qu'il trouverait plus aisément chez elle, qu'en aucun lieu du monde.

Les mains parurent, elles portaient des flambeaux, et le prince les suivant avec Chatte Blanche entra dans une magnifique galerie qui régnait le long d'une grande rivière, sur laquelle on tira un feu d'artifice surprenant. L'on y devait brûler quatre chats, dont le procès était fait dans toutes les formes. Ils étaient accusés d'avoir mangé le rôti du souper de Chatte Blanche, son fromage et son lait, d'avoir même conspiré contre sa personne, avec Martafax et L'hermite, fameux rats de la contrée, et tenus pour tels par La Fontaine, auteur très véritable ; mais avec tout cela l'on savait qu'il y avait beaucoup de cabale dans cette affaire, et que la plupart des témoins étaient subornés. Quoi qu'il en soit, le prince obtint leur grâce. Le feu d'artifice ne fit mal à personne, et l'on n'a encore jamais vu de si belles fusées.

L'on servit ensuite un médianoche très propre, qui causa plus de plaisir au prince que le feu ; car il avait grand-faim, et son cheval de bois l'avait amené si vite qu'il n'a jamais été de diligence pareille. Les jours suivants se passèrent comme ceux qui les avaient précédés, avec mille fêtes différentes, dont l'ingénieuse Chatte Blanche régalait son hôte. C'est peut-être le premier mortel qui se soit si bien diverti avec des chats sans avoir d'autre compagnie.

Il est vrai que Chatte Blanche avait l'esprit agréable, liant, et presque universel. Elle était plus savante qu'il n'est permis à une chatte de l'être. Le prince s'en étonnait quelquefois : « Non, lui disait-il, ce n'est point une chose naturelle que tout ce que je remarque de merveilleux en vous ; si vous m'aimez, charmante Minette, apprenez-moi par quel prodige vous pensez et vous parlez si juste, qu'on pourrait vous recevoir dans les académies fameuses des plus beaux esprits.

— Cesse tes questions, fils de roi, lui disait-elle, il ne m'est pas permis d'y répondre, et tu peux pousser tes conjectures aussi loin que tu voudras, sans que je m'y oppose ; qu'il te suffise que j'ai toujours pour toi patte de velours, et que je m'intéresse tendrement dans tout ce qui te regarde. »

Insensiblement cette seconde année s'écoula comme la première, le prince ne souhaitait guère de chose que les mains diligentes ne lui apportassent sur-le-champ, soit des livres, des pierreries, des tableaux, des médailles antiques ; enfin il n'avait qu'à dire : « Je veux un tel bijou, qui est dans le cabinet du Mogol ou du roi de Perse, telle statue de Corinthe, ou de Grèce », il voyait aussitôt devant lui ce qu'il désirait, sans savoir ni qui l'avait apporté, ni d'où il venait. Cela ne laisse pas d'avoir ses agréments, et pour se délasser, l'on est quelquefois bien aise de se voir maître des plus beaux trésors de la terre.

Chatte Blanche, qui veillait toujours aux intérêts du prince, l'avertit que le temps de son départ approchait, qu'il pouvait se tranquilliser sur la pièce de toile qu'il désirait, et qu'elle lui en avait fait une merveilleuse ; elle ajouta qu'elle voulait cette fois-ci lui donner un équipage digne de sa naissance, et sans attendre sa réponse, elle l'obligea de regarder dans la grande cour du château : il y avait une calèche découverte d'or émaillé, de couleur de feu, avec mille devises galantes qui satisfaisaient autant l'esprit que les yeux. Douze chevaux blancs comme la neige, attachés quatre à quatre de front, la traînaient, chargés de harnais de velours, couleur de feu en broderie de diamants, et garnis de plaques d'or. La doublure de la calèche était pareille, et cent carrosses à huit chevaux, tous remplis de seigneurs de grande apparence très superbement vêtus, suivaient cette calèche. Elle était encore accompagnée par mille gardes du corps, dont les habits étaient si couverts de broderie, que l'on n'apercevait point l'étoffe ; ce qui est de singulier, c'est qu'on voyait partout le portrait de Chatte Blanche, soit dans les devises de la calèche, ou sur les habits des gardes du corps, ou rattachés avec un ruban blanc au justaucorps de ceux qui faisaient cortège comme un Ordre nouveau, dont elle les avait honorés.

« Va, dit-elle au prince, va paraître à la cour du roi ton père, d'une manière si somptueuse que tes airs magnifiques servent à lui imposer, afin qu'il ne te refuse plus la couronne que tu mérites. Voilà une noix, garde-toi de la casser qu'en sa présence, tu y trouveras la pièce de toile que tu m'as demandée.

— Aimable Manchette, lui dit-il, je vous avoue que je suis si pénétré de vos bontés, que si vous y vouliez consentir, je préférerais passer ma vie avec vous, à toutes les grandeurs que j'ai lieu de me promettre ailleurs.

— Fils de roi, répliqua-t-elle, je suis persuadée de la bonté de ton cœur, c'est une marchandise rare parmi les princes, ils veulent être aimés de tout le monde, en ne voulant rien aimer : mais tu montres assez que la règle générale a son exception. Je te tiens compte de l'attachement que tu témoignes pour une petite chatte blanche, qui dans le fond n'est propre à rien qu'à prendre des souris. » Le prince lui baisa la patte, et partit.

L'on aurait de la peine à croire la diligence qu'il fit, si l'on ne savait déjà de quelle manière le cheval de bois l'avait porté en moins de deux jours à plus de cinq cents lieues du château ; de sorte que le même pouvoir qui anima celui-là, pressa si fort les autres qu'ils ne restèrent que vingt-quatre heures sur le chemin ; ils ne s'arrêtèrent en aucun endroit jusqu'à ce qu'ils fussent arrivés chez le roi, où les deux frères aînés du prince s'étaient déjà rendus ; de sorte que ne voyant point paraître leur cadet, ils s'applaudissaient de sa négligence, et se disaient tout bas l'un à l'autre : « Voilà qui est bien heureux, il est mort ou malade, il ne sera point notre rival dans l'affaire importante qui va se traiter. » Aussitôt ils déployèrent leurs toiles, qui à la vérité étaient si fines, qu'elles passaient dans le trou d'une grosse aiguille ; mais pour passer dans une petite cela ne se pouvait, et le roi très aise de ce prétexte de dispute, leur montrait l'aiguille qu'il avait proposée, et que les magistrats, par son ordre, apportèrent du trésor de la ville où elle avait été soigneusement enfermée.

Il y avait beaucoup de murmures sur cette dispute. Les amis des princes, et particulièrement ceux de l'aîné, car c'était sa toile qui était la plus belle, disaient que c'était là une franche chicane, où il entrait beaucoup d'adresse et de normanisme. Les créatures du roi soutenaient qu'il n'était point obligé de tenir des conditions qu'il n'avait pas proposées ; enfin pour les mettre tous d'accord, l'on entendit un bruit charmant de trompettes, de timbales et de hautbois, c'était notre prince qui arrivait en pompeux appareil. Le roi et ses deux fils demeurèrent aussi étonnés les uns que les autres d'une si grande magnificence.

Après qu'il eut salué respectueusement son père, et embrassé ses frères, il tira d'une boîte couverte de rubis la noix qu'il cassa ; il croyait y trouver la pièce de toile tant vantée : mais il y avait au lieu une noisette. Il la cassa encore, et demeura surpris de voir un noyau de cerise. Chacun se regardait, le roi riait tout doucement, et se moquait que son fils eût été assez crédule pour croire apporter dans une noix une pièce de toile : mais pourquoi ne l'aurait-il pas cru, puisqu'il avait déjà donné un petit chien qui tenait dans un gland ? Il cassa donc le noyau de cerise qui était rempli de son amande ; alors il s'éleva un grand bruit dans la chambre, l'on n'entendait autre chose, sinon : « Le prince cadet est la dupe de l'aventure. » Il ne répondit rien aux mauvaises plaisanteries des courtisans, il ouvre l'amande, et trouve un grain de blé, puis dans le grain de blé, un grain de millet. Oh ! c'est la vérité qu'il

commença de se défier, et marmotta entre ses dents :
« Chatte Blanche : Chatte Blanche, tu t'es moquée de
moi. » Il sentit dans ce moment la griffe d'un chat sur
sa main, dont il fut si bien égratigné qu'il en saignait.
Il ne savait si cette griffade était faite pour lui donner
du cœur, ou pour lui faire perdre courage ; cependant
il ouvrit le grain de millet, et l'étonnement de tout le
monde ne fut pas petit, quand il en tira une pièce de
toile de quatre cents aunes si merveilleuse, que tous
les oiseaux, les animaux et les poissons y étaient peints
avec les arbres, les fruits et les plantes de la terre, les
rochers, les raretés et les coquillages de la mer, le soleil,
la lune, les étoiles, les astres et les planètes des cieux :
il y avait encore le portrait des rois et des autres souverains qui régnaient pour lors dans le monde : celui de
leurs femmes, de leurs maîtresses, de leurs enfants, et
de tous leurs sujets, sans que le plus petit polisson y fût
oublié. Chacun dans son état faisait le personnage qui
lui convenait, et vêtu à la mode de son pays. Lorsque
le roi vit cette pièce de toile, il devint aussi pâle que le
prince était devenu rouge de la chercher si longtemps.
L'on présenta l'aiguille, et elle y passa et repassa six
fois. Le roi et les deux princes aînés gardaient un
morne silence, quoique la beauté et la rareté de cette
toile les forçassent de temps en temps de dire que tout
ce qui était dans l'univers, ne lui était pas comparable.

Le roi poussa un profond soupir, et se tournant vers
ses enfants : « Rien ne peut, leur dit-il, me donner tant
de consolation dans ma vieillesse que de reconnaître
votre déférence pour moi, je souhaite donc que vous
vous mettiez à une nouvelle épreuve. Allez encore
voyager un an, et celui qui au bout de l'année ramènera
la plus belle fille l'épousera, et sera couronné roi à son

mariage : c'est aussi bien une nécessité que mon successeur se marie. Je jure, je promets, que je ne différerai plus à donner la récompense que j'ai promise. » Toute l'injustice roulait sur notre prince. Le petit chien et la pièce de toile méritaient dix royaumes plutôt qu'un : mais il était si bien né qu'il ne voulut point contrarier la volonté de son père, et sans différer il remonta dans sa calèche ; tout son équipage le suivit, et il retourna auprès de sa chère Chatte Blanche. Elle savait le jour et le moment qu'il devait arriver, tout était jonché de fleurs sur le chemin, mille cassolettes fumaient de tous côtés, et particulièrement dans le château. Elle était assise sur un tapis de Perse, et sous un pavillon de drap d'or, dans une galerie où elle pouvait le voir revenir. Il fut reçu par les mains qui l'avaient toujours servi. Tous les chats grimpèrent sur les gouttières, pour le féliciter par un miaulage désespéré.

« Eh bien, fils de roi, lui dit-elle, te voilà donc encore revenu sans couronne ?

— Madame, répliqua-t-il, vos bontés m'avaient mis en état de la gagner : mais je suis persuadé que le roi aurait plus de peine à s'en défaire que je n'aurais de plaisir à la posséder.

— N'importe, dit-elle, il ne faut rien négliger pour la mériter, je te servirai dans cette occasion ; et puisqu'il faut que tu mènes une belle fille à la cour de ton père. J'en chercherai quelqu'une, qui te fera gagner le prix : cependant réjouissons-nous, j'ai ordonné un combat naval entre mes chats et les plus terribles rats de la contrée. Mes chats seront peut-être embarrassés, car ils craigne l'eau, nuis aussi ils auraient trop d'avantage, et il faut autant qu'on le peut égaler toutes choses. »

Le prince admira la prudence de madame Minette. Il la loua beaucoup, et fut avec elle sur une terrasse qui donnait vers la mer.

Les vaisseaux des chats consistaient en de grands morceaux de liège, sur lesquels ils voguaient assez commodément. Les rats avaient joint plusieurs coques d'œufs, et c'étaient là leurs navires. Le combat s'opiniâtra cruellement, les rats se jetaient dans l'eau, et nageaient bien mieux que les chats ; de sorte que vingt fois ils furent vainqueurs et vaincus ; mais Minagrobis, amiral de la flotte chatonique, réduisit la gent ratonnienne dans le dernier désespoir. Il mangea à belles dents le général de leur flotte : c'était un vieux rat expérimenté qui avait fait trois fois le tour du monde, dans de beaux vaisseaux, où il n'était ni capitaine ni matelot, mais seulement croque-lardon.

Chatte Blanche ne voulut pas qu'on détruisît absolument ces pauvres infortunés. Elle avait de la politique, et songeait que s'il n'y avait plus ni rats, ni souris dans le pays, ses sujets vivraient dans une oisiveté qui pourrait lui devenir préjudiciable. Le prince passa cette année comme il avait fait les deux autres, c'est-à-dire à la chasse, à la pêche, au jeu ; car Chatte Blanche jouait fort bien aux échecs. Il ne pouvait s'empêcher de temps en temps de lui faire de nouvelles questions, pour savoir par quel miracle elle parlait. Il lui demandait si elle était fée, ou si par une métamorphose on l'avait rendue chatte. Mais comme elle ne disait jamais que ce qu'elle voulait bien dire, elle ne répondait aussi que ce qu'elle voulait bien répondre, et c'était tant de petits mots qui ne signifiaient rien, qu'il jugea aisément qu'elle ne voulait pas partager son secret avec lui.

Rien ne s'écoule plus vite que des jours qui se passent sans peine et sans chagrin, et si la Chatte n'avait pas été soigneuse de se souvenir du temps qu'il fallait retourner à la cour, il est certain que le prince l'avait absolument oublié. Elle l'avertit la veille qu'il ne tiendrait qu'à lui d'amener une des plus belles princesses qui fût dans le monde, que l'heure de détruire le fatal ouvrage des fées était à la fin arrivée, et qu'il fallait pour cela qu'il se résolût à lui couper la tête et la queue, qu'il jetterait promptement dans le feu. « Moi, s'écria-t-il, Blanchette, mes amours ! Moi, dis-je, je serais assez barbare pour vous tuer ? Ha ! vous voulez sans doute éprouver mon cœur : mais soyez certaine qu'il n'est point capable de manquer à l'amitié et à la reconnaissance qu'il vous doit.

— Non, fils de roi, continua-t-elle, je ne te soupçonne d'aucune ingratitude ; je connais ton mérite, ce n'est ni toi ni moi qui réglons dans cette affaire notre destinée. Fais ce que je souhaite, nous commencerons l'un et l'autre d'être heureux, et tu connaîtras, foi de Chatte de bien et d'honneur, que je suis véritablement ton amie. »

Les larmes vinrent deux ou trois fois aux yeux du jeune prince de la seule pensée qu'il fallait couper la tête à sa petite Chatonne qui était si jolie et si gracieuse. Il dit encore tout ce qu'il put imaginer de plus tendre, pour qu'elle l'en dispensât ; elle répondait opiniâtrement qu'elle voulait mourir de sa main, et que c'était l'unique moyen que ses frères n'eussent la couronne, en un mot, elle le pressa avec tant d'ardeur qu'il tira son épée en tremblant, et d'une main mal assurée, il coupa la tête et la queue de sa bonne amie la Chatte : en même temps, il vit la plus charmante métamorphose qui se puisse imaginer. Le corps de Chatte Blanche devint grand, et

se changea tout d'un coup en fille : mais quelle fille !
C'est ce qui ne saurait être décrit, il n'y a eu que celle-là
aussi accomplie. Ses yeux ravissaient les cœurs, et sa
douceur les retenait ; sa taille était majestueuse, l'air
noble et modeste, un esprit liant, des manières enga-
geantes ; enfin elle était au-dessus de tout ce qu'il y a de
plus aimable.

Le prince en la voyant demeura si surpris, et d'une
surprise si agréable, qu'il se crut enchanté. Il ne pouvait
parler, ses yeux n'étaient pas assez grands pour la regarder, et sa langue liée ne pouvait expliquer son étonnement : mais ce fut bien autre chose, lorsqu'il vit entrer
un nombre extraordinaire de dames et de seigneurs, qui
tenant tous leur peau de chatte ou de chat jetée sur leurs
épaules, vinrent se prosterner aux pieds de la reine, et lui
témoigner leur joie de la revoir dans son état naturel. Elle
les reçut avec des témoignages de bonté qui marquaient
assez le caractère de son cœur. Et après avoir tenu son
cercle quelque moment, elle ordonna qu'on la laissât
seule avec le prince, et elle lui parla ainsi :

« Ne pensez pas, seigneur, que j'aie toujours été chatte,
ni que ma naissance soit obscure parmi les hommes.
Mon père était roi de six royaumes. Il aimait tendrement ma mère, et la laissait dans une entière liberté de
faire tout ce qu'elle voulait. Son inclination dominante
était de voyager ; de sorte qu'étant grosse de moi, elle
entreprit d'aller voir une certaine montagne dont elle
avait entendu dire des choses surprenantes. Comme elle
était en chemin, on lui dit qu'il y avait proche du lieu où
elle passait un ancien château de fées, le plus beau du
monde, tout au moins qu'on le croyait tel par une tradition qui en était restée ; car d'ailleurs comme personne

n'y entrait, on n'en pouvait juger, mais qu'on savait très sûrement que ces fées avaient dans leur jardin les meilleurs fruits, les plus savoureux et délicats qui se fussent jamais mangés.

Aussitôt la reine ma mère eut une envie si violente d'en manger, qu'elle y tourna ses pas. Elle arriva à la porte de ce superbe édifice, qui brillait d'or et d'azur de tous les côtés ; mais elle y frappa inutilement, qui que ce soit ne parut. Il semblait que tout le monde y était mort : son envie augmentant par les difficultés, elle envoya quérir des échelles afin que l'on pût passer par-dessus les murs du jardin, et l'on en serait venu à bout sans que ces murs se haussaient à vue d'œil bien que personne n'y travaillât : l'on attachait des échelles les unes aux autres, elles rompaient sous le poids de ceux qu'on y faisait monter, et ils s'estropiaient ou se tuaient.

La reine se désespérait. Elle voyait de grands arbres chargés de fruits qu'elle croyait délicieux, elle en voulait manger ou mourir ; de sorte qu'elle fit tendre des tentes fort riches devant le château, et elle y resta six semaines avec toute sa cour. Elle ne dormait ni ne mangeait, elle soupirait sans cesse, elle ne parlait que des fruits du jardin inaccessible : enfin elle tomba dangereusement malade, sans que qui que ce soit pût apporter le moindre remède à son mal : car les inexorables fées n'avaient pas même paru depuis qu'elle s'était établie proche de leur château. Tous ses officiers s'affligeaient extraordinairement. L'on n'entendait que des pleurs et des soupirs, pendant que la reine mourante demandait des fruits à ceux qui la servaient ; mais elle n'en voulait point d'autres que de ceux qu'on lui refusait. « Une nuit qu'elle s'était un peu assoupie, elle vit en se réveillant une petite vieille, laide et décrépite, assise dans un fauteuil au chevet de son lit. Elle était surprise que ses femmes eussent laissé approcher si près d'elle une inconnue, lorsqu'elle lui dit : "Nous trouvons Ta Majesté bien importune, de vouloir avec tant d'opiniâtreté manger de nos fruits : mais puisqu'il y va de ta précieuse vie, mes sœurs et moi consentons à t'en donner tant que tu pourras en emporter, et tant que tu resteras ici, pourvu que tu nous fasses un don.

— Ah ! ma bonne mère, s'écria la reine, parlez, je vous donne mes royaumes, mon cœur, mon âme, pourvu que j'aie des fruits, je ne saurais les acheter trop cher.

— Nous voulons, dit-elle, que Ta Majesté nous donne la fille que tu portes dans ton sein ; dès qu'elle sera née, nous la viendrons quérir ; elle sera nourrie parmi nous, il n'y a point de vertus, de beautés, de sciences, dont nous ne la voulions ; en un mot, ce sera notre enfant, nous la rendrons heureuse ; mais observe que Ta Majesté ne la reverra plus, qu'elle ne soit mariée. Si la proposition t'agrée, je vais tout à l'heure te guérir et te mener dans nos vergers, malgré la nuit, tu verras assez clair pour choisir ce que tu voudras. Si ce que je te dis ne te plaît pas, bonsoir, madame la reine, je vais dormir.

— Quelque dure que soit la loi que vous m'imposez, répondit la reine, je l'accepte plutôt que de mourir : car il est certain que je n'ai pas un jour à vivre, ainsi je perdrais mon enfant en me perdant. Guérissez-moi, savante fée, continua-t-elle, et ne me laissez pas un moment sans jouir du privilège que vous venez de m'accorder.

La fée la toucha avec une petite baguette d'or, en disant : "Que Ta Majesté soit quitte de tous les maux qui la retiennent dans ce lit." Il lui sembla aussitôt qu'on lui ôtait une robe fort pesante et fort dure, dont elle se sentait comme accablée, et qu'il y avait des endroits où elle tenait davantage. C'était apparemment ceux où le mal était le plus grand. Elle fit appeler toutes ses dames, et leur dit, avec un visage gai, qu'elle se portait à merveille, qu'elle allait se lever, et qu'enfin ces portes si bien verrouillées et si bien barricadées du palais de féerie, lui seraient ouvertes pour manger des beaux fruits, et pour en emporter tant qu'il lui plairait.

Il n'y eut aucune de ses dames qui ne crût la reine en délire, et que dans ce moment elle rêvait à ces fruits qu'elle avait tant souhaités ; de sorte qu'au lieu de lui répondre, elles se prirent à pleurer, et firent éveiller tous les médecins, pour voir en quel état elle était. Ce retardement désespérait la reine ; elle demandait promptement ses habits, on les lui refusait ; elle se mettait en colère et devenait fort rouge. L'on disait que c'était l'effet de sa fièvre ; cependant les médecins étant entrés, après lui avoir tâté le pouls et fait leurs céré-monies ordinaires, ne purent nier qu'elle ne fût dans une parfaite santé. Ses femmes, qui virent la faute que le zèle leur avait fait commettre, tâchèrent de la répa-rer en l'habillant promptement. Chacune lui demanda pardon, tout fut apaisé, et elle se hâta de suivre la vieille fée, qui l'avait toujours attendue.

Elle entra dans le palais, où rien ne pouvait être ajouté pour en faire le plus beau lieu du monde, vous le croirez aisément, seigneur, ajouta la reine Chatte Blanche, quand je vous aurai dit que c'est celui où nous sommes : deux autres fées un peu moins vieilles que celle qui conduisait ma mère la reçurent à la porte, et lui firent un accueil très favorable. Elle les pria de la mener promptement dans le jardin, vers les espaliers où elle trouverait les meilleurs fruits. "Ils sont tous également bons, lui dirent-elles, et si ce n'était que tu veux avoir le plaisir de les cueillir toi-même, nous n'aurions qu'à les appeler pour les faire venir ici.

— Je vous supplie, mesdames. dit la reine, que j'aie la satisfaction de voir une chose si extraordinaire." La plus vieille mit ses doigts dans sa bouche, et siffla trois fois, puis elle cria : "Abricots, pêches, pavies, brugnons, cerises, prunes, poires, bigarreaux, melons, muscats, pommes, oranges, citrons, groseilles, fraises, framboises, accourez à ma voix.

— Mais, dit la reine, tout ce que vous venez d'appeler vient en différentes saisons.

— Cela n'est pas ainsi dans nos vergers, dirent-elles, nous avons de tous les fruits qui sont sur la terre, toujours mûrs, toujours bons, et qui ne se gâtent jamais."

En même temps ils arrivèrent, roulant, rampant, pêle-mêle sans se gâter ni se salir ; de sorte que la reine impatiente de satisfaire son envie, se jeta dessus et prit les premiers qui s'offrirent sous ses mains ; elle les dévora plutôt qu'elle ne les mangea.

Après s'en être un peu rassasiée, elle pria les fées de la laisser aller aux espaliers pour avoir le plaisir de les choisir de l'œil, avant que de les cueillir. "Nous y consentons volontiers, dirent les trois fées, mais souviens-toi de la promesse que tu nous as faite ; car il ne sera plus permis de t'en dédire.

— Je suis persuadée, répliqua-t-elle, que l'on est si bien avec vous, et ce palais me semble si beau, que si je n'aimais pas chèrement le roi mon mari, je m'offrirais d'y demeurer ; aussi c'est pourquoi vous ne devez point craindre que je rétracte ma parole." Les fées très contentes lui ouvrirent tous leurs jardins et tous leurs enclos, elle y resta trois jours et trois nuits sans en vouloir sortir, tant elle les trouvait délicieux. Elle cueillit des fruits pour sa provision, et comme ils ne se gâtent jamais, elle en fit charger quatre mille mulets qu'elle emmena. Les fées ajoutèrent à leurs fruits des corbeilles d'or d'un travail exquis pour les mettre, et plusieurs raretés dont le prix est excessif ; elles lui promirent de m'élever en princesse, de me rendre parfaite et de me choisir un époux, qu'elle serait avertie de la noce, et qu'elles espéraient bien qu'elle y viendrait.

Le roi fut ravi du retour de la reine, toute la cour lui en témoigna sa joie ; ce n'étaient que bals, mascarades, courses de bague et festins, où les fruits de la reine étaient servis comme un régal délicieux. Le roi les mangeait préférablement à tout ce qu'on pouvait lui présenter. Il ne savait point le traité qu'elle avait fait avec les fées, et souvent il lui demandait en quel pays elle était allée pour en rapporter de si bonnes choses ; elle lui répondait qu'elles se trouvaient sur une montagne presque inaccessible ; une autre fois qu'elles venaient dans des vallons, puis au milieu d'un jardin ou dans une grande forêt. Le roi demeurait surpris de tant de contrariétés. Il questionnait ceux qui l'avaient accompagnée : mais elle leur avait tant défendu de conter à personne son aventure, qu'ils n'osaient en parler ; enfin la reine inquiète de ce qu'elle avait promis aux fées, voyant approcher le temps de ses couches, tomba dans une mélancolie affreuse, elle soupirait à tout moment, et changeait à vue d'œil. Le roi s'inquiéta, il pressa la reine de lui déclarer le sujet de sa tristesse, et après des peines extrêmes, elle lui apprit tout ce qui s'était passé entre les fées et elle, et comme elle leur avait promis la fille qu'elle devait avoir. "Quoi ! s'écria le roi, nous n'avons point d'enfants, vous savez à quel point j'en désire, et pour manger deux ou trois pommes, vous avez été capable de promettre votre fille ! Il faut que vous n'ayez aucune amitié pour moi." Là-dessus il l'accabla de mille reproches, dont ma pauvre mère pensa mourir de douleur : mais il ne se contenta pas de cela, il la fit enfermer dans une tour, et mit des gardes de tous côtés pour empêcher qu'elle n'eût commerce avec qui que ce soit au monde que les officiers qui la servaient, encore changea-t-il ceux qui avaient été avec elle au château des fées.

La mauvaise intelligence du roi et de la reine jeta la cour dans une consternation infinie. Chacun quitta ses riches habits pour en prendre de conformes à la douleur générale. Le roi de son côté paraissait inexorable, il ne voyait plus sa femme, et sitôt que je fus née, il me fit apporter dans son palais pour y être nourrie, pendant qu'elle restait prisonnière et fort malheureuse. Les fées n'ignoraient rien de ce qui se passait : elles s'en irritèrent, elles voulaient m'avoir, elles me regardaient comme leur bien, et que c'était leur faire un vol, que de me retenir. Avant que de chercher une vengeance proportionnée à leur chagrin, elles envoyèrent une célèbre ambassade au roi, pour l'avertir de mettre la reine en liberté et de lui rendre ses bonnes grâces, et pour le prier aussi de me donner à leurs ambassadeurs, afin d'être nourrie et élevée parmi elles. Les ambassadeurs étaient si petits et si contrefaits, car c'étaient des nains hideux, qu'ils n'eurent pas le don de persuader ce qu'ils voulaient au roi. Il les refusa rudement, et s'ils n'étaient partis en diligence, il leur serait peut-être arrivé pis.

Quand les fées surent le procédé de mon père, elles s'indignèrent tout ce qu'on peut l'être, et après avoir envoyé dans ses six royaumes tous les maux qui pouvaient les désoler, elles lâchèrent un dragon épouvantable, qui remplissait de venin les endroits où il passait, qui mangeait les hommes et les enfants, et qui faisait mourir les arbres et les plantes du souffle de son haleine.

Le roi se trouva dans la dernière désolation. Il consulta tous les sages de son royaume sur ce qu'il devait faire pour garantir ses sujets des malheurs dont il les voyait accablés. Ils lui conseillèrent d'envoyer chercher par tout le monde les meilleurs médecins et les plus excellents remèdes, et d'un autre côté, qu'il fallait promettre la vie aux criminels condamnés à mort, qui voudraient combattre le dragon. Le roi assez satisfait de cet avis l'exécuta, et n'en reçut aucune consolation car la mortalité continuait et personne n'allait contre le dragon qu'il n'en fût dévoré, de sorte qu'il eut recours à une fée, dont il était protégé dès sa plus tendre jeunesse. Elle était fort vieille et ne se levait presque plus ; il alla chez elle, il lui fit mille reproches, de souffrir que le Destin le persécutât sans le secourir. "Comment voulez-vous que je fasse ? lui dit-elle, vous avez irrité mes sœurs, elles ont autant de pouvoir que moi et rarement nous agissons les unes contre les autres. Songez à les apaiser en leur donnant votre fille, cette petite princesse leur appartient. Vous avez mis la reine dans une étroite prison, que vous a donc fait une femme si aimable pour la traiter si mal? Résolvez-vous de tenir la parole qu'elle a donnée : je vous assure que vous serez comblé de biens.

Le roi mon père m'aimait chèrement : mais ne voyant point d'autre moyen de sauver ses royaumes et de se délivrer du fatal dragon, il dit à son amie qu'il était résolu de la croire, qu'il voulait bien me donner aux fées, puisqu'elle l'assurait que je serais chérie et traitée en princesse de mon rang, qu'il ferait aussi revenir la reine, et qu'elle n'avait qu'à lui dire à qui il me confierait pour me porter au château de féerie. "Il faut, lui dit-elle, la porter dans son berceau sur la montagne de Fleurs, vous pourrez même rester aux environs, pour être spectateur de la fête qui se passera." Le roi lui dit que dans huit jours il irait avec la reine, qu'elle en avertît ses sœurs les fées, afin qu'elles fissent là-dessus ce qu'elles jugeraient à propos.

Dès qu'il fut de retour au palais, il renvoya quérir la reine avec autant de tendresse et de pompe, qu'il l'avait fait mettre prisonnière avec colère et emportement. Elle était si abattue et si changée, qu'il aurait eu peine à la reconnaître si son cœur ne l'avait pas assuré que c'était cette même personne qu'il avait tant chérie. Il la pria, les larmes aux yeux, d'oublier les déplaisirs qu'il venait de lui causer, et que ce seraient les derniers qu'elle éprouverait jamais avec lui. Elle répliqua qu'elle se les était attirés par l'imprudence qu'elle avait eue de promettre sa fille aux fées, et que si quelque chose la pouvait rendre excusable, c'était l'état où elle était; enfin il lui déclara qu'il voulait me remettre entre leurs mains; la reine à son tour combattit ce dessein, il semblait que quelque fatalité s'en mêlait, et que je devais être toujours un sujet de discorde entre mon père et ma mère. Après qu'elle eut bien gémi et pleuré sans rien obtenir de ce qu'elle souhaitait (car le roi en voyait trop les funestes consé-quences, et nos sujets continuaient de mourir, comme s'ils eussent été coupables des fautes de notre famille), elle consentit à ce qu'il désirait et l'on prépara tout pour la cérémonie.

Je fus mise dans un berceau de nacre de perle, orné de tout ce que l'art peut faire imaginer de plus galant. Ce n'étaient que guirlandes de fleurs et festons qui pendaient autour, et les fleurs en étaient de pierreries, dont les différentes couleurs frappées par le soleil réfléchissaient des rayons si brillants qu'on ne les pouvait regarder. La magnificence de mon ajustement surpassait s'il se peut celle du berceau. Toutes les bandes de mon maillot étaient faites de grosses perles, vingt-quatre princesses du sang me portaient sur une espèce de brancard fort léger ; leurs parures n'avaient rien de commun : mais il ne leur fut pas permis de mettre d'autres couleurs que du blanc, par rapport à mon innocence. Toute la cour m'accompagna, chacun dans son rang.

Pendant que l'on montait la montagne, on entendit une mélodieuse symphonie qui s'approchait ; enfin les fées parurent au nombre de trente-six, elles avaient prié leurs bonnes amies de venir avec elles ; chacune était assise dans une coquille de perle plus grande que celle où Vénus était, lorsqu'elle sortit de la mer ; des chevaux marins qui n'allaient guère bien sur terre les traînaient plus pompeuses que les premières reines de l'univers, mais d'ailleurs vieilles et laides avec excès. Elles portaient une branche d'olivier pour signifier au roi que sa soumission trouvait grâce devant elles : et lorsqu'elles me tinrent, ce fut des caresses si extraordinaires, qu'il semblait qu'elles ne voulaient plus vivre que pour me rendre heureuse.

Le dragon qui avait servi à les venger contre mon père venait après elles, attaché avec des chaînes de diamant : elles me prirent entre leurs bras, me firent mille caresses, me douèrent de plusieurs avantages, et commencèrent ensuite le branle des fées. C'est une danse fort gaie ; il n'est pas croyable combien ces vieilles dames sautèrent et gambadèrent, puis le dragon qui avait mangé tant de personnes s'approcha en rampant. Les trois fées à qui ma mère m'avait promise s'assirent dessus, mirent mon berceau au milieu d'elles, et frappant le dragon avec une baguette, il déploya aussitôt ses grandes ailes écaillées plus fines que du crêpe, elles étaient mêlées de mille couleurs bizarres : elles se rendirent ainsi à leur château. Ma mère me voyant en l'air exposée sur ce furieux dragon, ne put s'empêcher de pousser de grands cris. Le roi la consola par l'assurance que son amie lui avait donnée, qu'il ne m'arriverait aucun accident, et que l'on prendrait le même soin de moi que si j'étais restée dans son propre palais. Elle s'apaisa, bien qu'il lui fût très douloureux de me perdre pour si longtemps, et d'en être la seule cause : car si elle n'avait pas voulu manger les fruits du jardin, je serais demeurée dans le royaume de mon père et je n'aurais pas eu tous les déplaisirs qui me restent à vous raconter.

Sachez donc, fils de roi, que mes gardiennes avaient bâti exprès une tour dans laquelle on trouvait mille beaux appartements pour toutes les saisons de l'année, des meubles magnifiques, des livres agréables ; mais il n'y avait point de porte, et il fallait toujours entrer par les fenêtres qui étaient prodigieusement hautes. L'on trouvait un beau jardin sur la tour, orné de fleurs, de fontaines, et de berceaux de verdure, qui garantissent de la chaleur dans la plus ardente canicule. Ce fut en ce lieu que les fées m'élevèrent, avec des soins qui surpassaient tout ce qu'elles avaient promis à la reine. Mes habits étaient des plus à la mode, et si magnifiques, que si quelqu'un m'avait vue, l'on aurait cru que c'était le jour de mes noces. Elles m'apprenaient tout ce qui convenait à mon âge et à ma naissance; je ne leur donnais pas beaucoup de peine, car il n'y avait guère de chose que je ne comprisse avec une extrême facilité; ma douceur leur était fort agréable, et comme je n'avais jamais rien vu qu'elles, je serais demeurée tranquille dans cette situation le reste de ma vie.

Elles venaient toujours me voir, montées sur le furieux dragon dont j'ai déjà parlé, elles ne m'entretenaient jamais du roi ni de la reine, elles me nommaient leur fille, et je croyais l'être. Personne au monde ne restait avec moi dans la tour qu'un perroquet et un petit chien, qu'elles m'avaient donnés pour me divertir, car ils étaient doués de raison, et parlaient à merveille. Un des côtés de la tour était bâti sur un chemin creux, plein d'ornières et d'arbres qui l'embarrassaient; de sorte que je n'y avais aperçu personne, depuis qu'on m'avait enfermée. Mais un jour, comme j'étais à la fenêtre, causant avec mon perroquet et mon chien, j'entendis quelque bruit. Je regardai de tous côtés, et j'aperçus un jeune chevalier, qui s'était arrêté pour écouter notre conversation; je n'en avais jamais vu qu'en peinture. Je ne fus pas fâchée qu'une rencontre inespérée me fournît cette occasion; de sorte que ne me défiant point du danger qui est attaché à la satisfaction de voir un objet aimable, je m'avançai pour le regarder, et plus je le regardais, plus j'y prenais de plaisir. Il me fit une profonde révérence, il attacha ses yeux sur moi, et me parut très en peine de quelle manière il pourrait m'entretenir; car ma fenêtre était fort haute, il craignait d'être entendu, et il savait bien que j'étais dans le château des fées.

La nuit vint presque tout d'un coup, ou pour parler plus juste, elle vint sans que nous nous en aperçussions; il sonna deux ou trois fois du cor et me réjouit de quelques fanfares, puis il partit sans que je pusse même distinguer de quel côté il allait, tant l'obscurité était grande. Je restai très rêveuse : je ne sentis plus le même plaisir que j'avais toujours pris à causer avec mon perroquet et mon chien. Ils me disaient les plus jolies choses du monde, car des bêtes fées deviennent fort spirituelles : mais j'étais occupée, et je ne savais point l'art de me contraindre. Perroquet le remarqua : il était fin, il ne témoigna rien de ce qui lui roulait dans la tête.

Je ne manquai pas de me lever avec le jour. Je courus à ma fenêtre ; je demeurai agréablement surprise d'apercevoir au pied de la tour le jeune chevalier. Il avait des habits magnifiques : je me flattai que j'y avais un peu de part, et je ne me trompais point. Il me parla avec une espèce de trompette qui porte la voix, et par son secours, il me dit qu'ayant été insensible jusqu'alors à toutes les beautés qu'il avait vues, il s'était senti tout d'un coup si vivement frappé de la mienne, qu'il ne pouvait comprendre comment il se passerait sans mourir de me voir tous les jours de sa vie. Je demeurai très contente de son compliment, et très inquiète de n'oser y répondre : car il aurait fallu crier de toute ma force, et te mettre dans le risque d'être entendue encore mieux des fées que de lui. Je tenais quelques fleurs que je lui jetai, il les reçut comme une insigne faveur : de sorte qu'il les baisa plusieurs fois, et me remercia. Il me demanda ensuite si je trouverais bon qu'il vînt tous les jours à la même heure sous mes fenêtres, et que si je le voulais bien, je lui jetasse quelque chose. J'avais une bague de turquoise que j'ôtai brusquement de mon doigt, et que je lui jetai avec beaucoup de précipitation, lui faisant signe de s'éloigner en diligence : c'est que j'entendais de l'autre côté la fée Violente, qui montait sur son dragon pour m'apporter à déjeuner.

La première chose qu'elle dit en entrant dans la chambre, ce fut ces mots : "Je sens ici la voix d'un homme, cherche, dragon." Oh, que devins-je ! J'étais transie de peur qu'il ne passât par l'autre fenêtre, et qu'il ne suivît le chevalier, pour lequel je m'intéressais déjà beaucoup. "En vérité, dis-je, ma bonne maman (car la vieille fée voulait que je la nommasse ainsi), vous plaisantez quand vous dites que vous sentez la voix d'un homme. Est-ce que la voix sent quelque chose, et quand cela serait, quel est le mortel assez téméraire pour hasarder de monter dans cette tour ?

— Ce que tu dis est vrai, ma fille, répondit-elle, je suis ravie de te voir raisonner si joliment, et je conçois que c'est la haine que j'ai pour tous les hommes qui me persuade quelquefois qu'ils ne sont pas éloignés de moi." Elle me donna mon déjeuner et ma quenouille. "Quand tu auras mangé, ne manque pas de filer : car tu ne fis rien hier, me dit-elle, et mes sœurs se fâcheront." En effet je m'étais si fort occupée de l'inconnu, qu'il m'avait été impossible de filer.

Dès qu'elle fut partie, je jetai la quenouille d'un petit air mutin, et montai sur la terrasse pour découvrir de plus loin dans la campagne. J'avais une lunette d'approche excellente : rien ne bornait ma vue, je regardais de tous côtés, lorsque je découvris mon chevalier sur le haut d'une montagne. Il se reposait sous un riche pavillon d'étoffe d'or, et il était entouré d'une fort grosse cour. Je ne doutai point que ce fût le fils de quelque roi voisin du palais des fées, et comme je craignais que s'il revenait à la tour il ne fût découvert par le terrible dragon, je vins prendre mon perroquet, et lui dis de voler jusqu'à cette montagne, qu'il y trouverait celui qui m'avait parlé, et qu'il le priât de ma part de ne plus revenir, parce que j'appréhendais la vigilance de mes gardiennes, et quelles ne lui fissent un mauvais tour. Perroquet s'acquitta de sa mission en perroquet d'esprit. Chacun demeura surpris de le voir venir à tire-d'aile se percher sur l'épaule du prince, et lui parler tout bas à l'oreille. Le prince ressentit de la joie et de la peine de cette ambassade. Le soin que je prenais flattait son cœur, mais les difficultés qui se rencontraient à me parler l'accablaient, sans pouvoir le détourner du dessein qu'il avait formé de me plaire. Il fit cent questions à Perroquet, et Perroquet lui en fit cent à son tour : car il était naturellement curieux. Le roi le chargea d'une bague pour moi, à la place de ma turquoise, c'en était une aussi, mais beaucoup plus belle que la mienne. Elle était taillée en cœur avec des diamants. "Il est juste, ajouta-t-il que je vous traite en ambassadeur. Voilà mon portrait que je vous donne, ne le montrez qu'à votre charmante maîtresse." Il lui attacha sous son aile son portrait, et il apporta la bague dans son bec.

J'attendais le retour de mon petit courrier vert avec une impatience que je n'avais point connue jusqu'alors. Il me dit que celui à qui je l'avais envoyé était un grand roi, qu'il l'avait reçu le mieux du monde, et que je pouvais m'assurer qu'il ne voulait plus vivre que pour moi, qu'encore qu'il y eût beaucoup de péril à venir au bas de ma tour, il était résolu à tout plutôt que de renoncer à me voir. Ces nouvelles m'intriguèrent fort, je me mis à pleurer; Perroquet et Toutou me consolèrent de leur mieux, car ils m'aimaient tendrement. Puis Perroquet me présenta la bague du prince, et me montra le portrait. J'avoue que je n'ai jamais été si aise que je le fus de pouvoir considérer de près celui que je n'avais vu que de loin. Il me parut encore plus aimable qu'il ne m'avait semblé, il me vint cent pensées dans l'esprit, dont les unes agréables et les autres tristes, me donnèrent un air d'inquiétude extraordinaire. Les fées qui vinrent me voir s'en aperçurent. Elles se dirent l'une à l'autre que sans doute je m'ennuyais, et qu'il fallait songer à me donner un époux de race fée. Elles parlèrent de plusieurs, et s'arrêtèrent sur le petit roi Migonnet, dont le royaume était à cinq cent mille lieues de leur palais; mais ce n'était pas là une affaire. Perroquet entendit ce beau conseil, il vint m'en rendre compte, et me dit : "Ha! que je vous plains, ma chère maîtresse, si vous devenez la reine Migonnette! C'est un magot qui fait peur, j'ai regret de vous le dire, mais en vérité le roi qui vous aime ne voudrait pas de lui pour être son valet de pied.

— Est-ce que tu l'as vu, Perroquet?

— Je le crois vraiment, continua-t-il, j'ai été élevé sur une branche avec lui.

— Comment, sur une branche? repris-je.

— Oui, dit-il, c'est qu'il a les pieds d'un aigle.

Un tel récit m'affligea étrangement. Je regardais le charmant portrait du jeune roi, je pensais bien qu'il n'en avait régalé Perroquet que pour me donner lieu de le voir : et quand j'en faisais comparaison avec Migonnet, je n'espérais plus rien de ma vie, et je me résolvais plutôt à mourir qu'à l'épouser.

Je ne dormis point tant que la nuit dura. Perroquet et Toutou causèrent avec moi ; je m'endormis un peu sur le matin, et comme mon chien avait le nez bon, il sentit que le roi était au pied de la tour. Il éveilla Perroquet : "Je gage, dit-il, que le roi est là-bas." Perroquet répondit : "Tais-toi babillard, parce que tu as presque toujours les yeux ouverts et l'oreille alerte, tu es fâché du repos des autres.

— Mais gageons, dit encore le bon Toutou, je sais bien qu'il y est." Perroquet répliqua : "Et moi je sais bien qu'il n'y est point. Ne lui ai-je pas défendu d'y venir de la part de notre maîtresse ?

— Ha ! vraiment tu me la donnes belle avec tes défenses, s'écria mon chien, un homme passionné ne consulte que son cœur." Et là-dessus il se mit à lui tirailler si fort les ailes, que Perroquet se fâcha. Je m'éveillai aux cris de l'un et de l'autre : ils me dirent ce qui en faisait le sujet, je courus ou plutôt je volai à ma fenêtre. je vis le roi qui me tendait les bras, et qui me dit avec sa trompette qu'il ne pouvait plus vivre sans moi, qu'il possédait un florissant royaume, qu'il me conjurait de trouver les moyens de sortir de ma tour, ou de l'y faire entrer ; qu'il attestait tous les dieux et tous les éléments qu'il m'épouserait aussitôt, et que je serais une des plus grandes reines de l'univers.

Je commandai à Perroquet de lui aller dire que ce qu'il souhaitait me semblait presque impossible ; que cependant sur la parole qu'il me donnait et les serments qu'il avait faits, j'allais m'appliquer à ce qu'il désirait, que je le conjurais de ne pas venir tous les jours, qu'enfin l'on pourrait s'en apercevoir, et qu'il n'y aurait point de quartier avec les fées. Il se retira comblé de joie, par l'espérance dont je le flattais. Et je me trouvai dans le plus grand embarras du monde, lorsque je fis réflexion à ce que je venais de promettre. Comment sortir de cette tour où il n'y avait point de portes? Et n'avoir pour tout secours que Perroquet et Toutou, être si jeune, si peu expérimentée, si craintive! Je pris donc la résolution de ne point tenter une chose où je ne réussirais jamais, et je l'envoyai dire au roi par Perroquet. Il voulut se tuer à ses yeux, mais enfin il le chargea de me persuader, ou de le venir voir mourir, ou de le soulager. " Sire, s'écria l'ambassadeur emplumé, ma maîtresse est suffisamment persuadée, elle ne manque que de pouvoir."

Quand il me rendit compte de tout ce qui s'était passé, je m'affligeai plus que je l'eusse encore fait, la fée Violente vint, elle me trouva les yeux enflés et rouges; elle dit que j'avais pleuré, et que si je ne lui en avouais le sujet, elle me brûlerait; car toutes ses menaces étaient toujours terribles. Je répondis en tremblant que j'étais lasse de filer, et que j'avais envie de faire de petits filets pour prendre des oisillons, qui venaient becqueter les fruits de mon jardin. " Ce que tu souhaites, ma fille, me dit-elle, ne te coûtera plus de larmes, je t'apporterai des cordelettes tant que tu en voudras." Et en effet j'en eus le soir même : mais elle m'avertit de songer moins à travailler qu'à me faire belle, parce que le roi Migonnet devait arriver dans peu; je frémis à ces fâcheuses nouvelles, et ne répliquai rien.

Dès qu'elle fut partie, je commençai deux ou trois morceaux de filets : mais à quoi je m'appliquai, ce fut à faire une échelle de corde, qui était très bien faite, sans en avoir jamais vu. Il est vrai que la fée ne m'en fournissait pas autant qu'il m'en fallait, et sans cesse elle me disait : « Mais ma fille, ton ouvrage est semblable à celui de Pénélope, il n'avance point, et tu ne laisses pas de me demander de quoi travailler.

— Ô ma bonne maman ! disais-je, vous en parlez bien à votre aise ; ne voyez-vous pas que je ne sais comment m'y prendre, et que je brûle tout ? Avez-vous peur que je ne vous ruine en ficelle ? » Mon air de simplicité la réjouissait, bien qu'elle fût dune humeur très désagréable et très cruelle.

J'envoyai Perroquet dire au roi de venir un soir sous les fenêtres de la tour, qu'il y trouverait l'échelle, et qu'il saurait le reste quand il serait arrivé ; en effet, je l'attachai bien ferme, résolue de me sauver avec lui ; mais quand il la vit, sans attendre que je descendisse, il monta avec empressement, et se jeta dans ma chambre comme je préparais tout pour ma fuite.

Sa vue me donna tant de joie, que j'en oubliai le péril où nous étions. Il renouvela tous ses serments, et me conjura de ne point différer de le recevoir pour mon époux : nous prîmes Perroquet et Toutou pour témoins de notre mariage, jamais noces ne se font faites entre des personnes si élevées avec moins d'éclat et de bruit, et jamais cœurs n'ont été plus contents que les nôtres.

Le jour n'était pas encore venu quand le roi me quitta, je lui racontai l'épouvantable dessein des fées de me marier au petit Migonnet. Je lui dépeignis sa figure, dont il eut autant d'horreur que moi. À peine fut-il parti, que les heures me semblèrent aussi longues que des années; je courus à la fenêtre, je le suivis des yeux malgré l'obscurité; mais quel fut mon étonnement de voir en l'air un chariot de feu traîné par des salamandres ailées, qui faisaient une telle diligence que l'œil pouvait à peine les suivre. Ce chariot était accompagné de plusieurs gardes montés sur des autruches. Je n'eus pas assez de loisir pour bien considérer le magot qui traversait ainsi les airs : mais je crus aisément que c'était une fée, ou un enchanteur.

Peu après la fée Violente entra dans ma chambre : "Je t'apporte de bonnes nouvelles, me dit-elle, ton amant est arrivé depuis quelques heures, prépare-toi à le recevoir; voici des habits et des pierreries.

— Et qui vous a dit, m'écriai-je, que je voulais être mariée ? Ce n'est point du tout mon intention; renvoyez le roi Migonnet, je n'en mettrai pas une épingle davantage, qu'il me trouve belle ou laide, je ne suis point pour lui.

— Ouais, ouais, dit la fée en colère, quelle petite révoltée, quelle tête sans cervelle ! Je n'entends pas raillerie et je te…

— Que me ferez-vous ? répliquai-je toute rouge des noms qu'elle m'avait donnés. Peut-on être plus tristement nourrie que je le suis, dans une tour avec un perroquet et un chien, voyant tous les jours plusieurs fois l'horrible figure d'un dragon épouvantable ?

— Ha ! petite ingrate ! dit la fée, méritais-tu tant de soins et de peines, je ne l'ai que trop dit à mes ours, que nous en aurions une triste récompense." Elle fut les trouver, elle leur raconta notre différend, elles restèrent aussi surprises les unes que les autres.

Perroquet et Toutou nie firent de grandes remontrances, que si je faisais davantage la mutine, ils prévoyaient qu'il m'en arriverait de cuisants déplaisirs. Je me sentais si fière de posséder le cœur d'un grand roi, que je méprisais les fées et les conseils de mes pauvres petits camarades. Je ne m'habillai point, et j'affectai de me coiffer de travers, afin que Migonnet me trouvât désagréable. Notre entrevue se fit sur la terrasse. Il y vint dans son chariot de feu : jamais, depuis qu'il y a des nains, il ne s'en est vu un si petit. Il marchait sur ses pieds d'aigle et sur les genoux tout ensemble, car il n'avait point d'os aux jambes ; de sorte qu'il se soutenait sur deux béquilles de diamants. Son manteau royal n'avait qu'une demi-aune de long, et traînait de plus d'un tiers. Sa tête était grosse comme un boisseau, et son nez si grand qu'il portait dessus une douzaine d'oiseaux, dont le ramage le réjouissait : il avait une si furieuse barbe que les serins de Canarie y faisaient leurs nids, et ses oreilles passaient d'une coudée au-dessus de sa tête : mais on s'en apercevait peu, à cause d'une haute couronne pointue, qu'il portait pour paraître plus grand. La flamme de son chariot rôtit les fruits, sécha les fleurs, et tarit les fontaines de mon jardin. Il vint à moi les bras ouverts pour m'embrasser, je me tins fort droite, et il fallut que son premier écuyer le haussât, mais aussitôt qu'il s'approcha, je m'enfuis dans ma chambre, dont je fermai la porte et les fenêtres ; de sorte que Migonnet se retira chez les fées très indigné contre moi.

Elles lui demandèrent mille fois pardon de ma brusquerie, et pour l'apaiser, car il était redoutable, elles résolurent de l'amener la nuit dans ma chambre pendant que je dormirais, de m'attacher les pieds et les mains pour me mettre avec lui dans son brûlant chariot, afin qu'il m'emmenât. La chose ainsi arrêtée, elles me grondèrent à peine des brusqueries que j'avais faites. Elles dirent seulement qu'il fallait songer à les réparer. Perroquet et Toutou restèrent surpris d'une si grande douceur : "Savez-vous bien, ma maîtresse, dit mon chien, que le cœur ne m'annonce rien de bon ? Mesdames les fées sont d'étranges personnes, et surtout violentes." Je me moquai de ces alarmes, et j'attendis mon cher époux avec mille impatiences, il en avait trop de me voir pour tarder ; je lui jetai l'échelle de corde, bien résolue de m'en retourner avec lui ; il monta légèrement et me dit des choses si tendres, que je n'ose encore les rappeler à mon souvenir.

Comme nous parlions ensemble avec la même tranquillité que nous aurions eue dans son palais, nous vîmes enfoncer tout d'un coup les fenêtres de ma chambre. Les fées entrèrent sur leur terrible dragon, Migonnet les suivait dans son chariot de feu, et tous ses gardes avec leurs autruches. Le roi sans s'effrayer mit l'épée à la main, et ne songea qu'à me garantir de la plus furieuse aventure qui se soit jamais passée ; car enfin vous le dirai-je, seigneur ? Ces barbares créatures poussèrent leur dragon sur lui, et à mes yeux il le dévora.

Désespérée de son malheur et du mien, je me jetai dans la gueule de cet horrible monstre, voulant qu'il m'engloutît, comme il venait d'engloutir tout ce que j'aimais au monde. Il le voulait bien aussi : mais les fées encore plus cruelles que lui, ne le voulurent pas :

— Il faut, s'écrièrent-elles, la réserver à de plus longues peines, une prompte mort est trop douce pour cette indigne créature.

Elles me touchèrent, je me vis aussitôt sous la figure d'une chatte blanche; elles me conduisirent dans ce superbe palais, qui était à mon père, elles métamorphosèrent tous les seigneurs et toutes les dames du royaume en chats et en chattes; elles en laissèrent d'autres à qui l'on ne voyait que les mains, et me réduisirent dans le déplorable état où vous me trouvâtes, me faisant savoir ma naissance, la mort de mon père, celle de ma mère, et que je ne serais délivrée de ma chatonique figure, que par un prince qui ressemblerait parfaitement à l'époux qu'elles m'avaient ravi.

— C'est vous, seigneur, qui avez cette ressemblance, continua-t-elle, mêmes traits, mêmes airs, même son de voix; j'en fus frappée aussitôt que je vous vis, j'étais informée de tout ce qui devait arriver, et je le suis encore de tout ce qui arrivera, mes peines vont finir.

— Et les miennes, belle reine, dit le prince en se jetant à ses pieds, seront-elles de longue durée?

— Je vous aime déjà plus que ma vie, Seigneur, dit la reine, il faut partir pour aller vers votre père, nous verrons ses sentiments pour moi, et s'il consentira à ce que vous désirez.

Elle sortit, le prince lui donna la main, elle monta dans un chariot avec lui: il était beaucoup plus magnifique que ceux qu'il avait eus jusqu'alors. Le reste de l'équipage y répondait à tel point, que tous les fers des chevaux étaient d'émeraudes, et les clous de diamants.

Cela ne s'est peut-être jamais vu que cette fois-là. Je ne dis point les agréables conversations que la reine et le prince avaient ensemble : si elle était unique en beauté, elle ne l'était pas moins en esprit, et ce jeune prince était aussi parfait qu'elle, de sorte qu'ils pensaient des choses toutes charmantes.

Lorsqu'ils furent proches du château où les deux frères aînés du prince devaient se trouver, la reine entra dans un petit rocher de cristal, dont toutes les pointes étaient garnies d'or et de rubis. Il y avait des rideaux tout autour, afin qu'on ne la vît point, et il était porté par de jeunes hommes très bien faits et superbement vêtus. Le prince demeura dans le beau chariot, il aperçut ses frères qui se promenaient avec des princesses d'une excellente beauté. Dès qu'ils le reconnurent, ils s'avancèrent pour le recevoir, et lui demandèrent s'il amenait une maîtresse : il leur dit qu'il avait été si malheureux, que dans tout son voyage il n'en avait rencontrées que de très laides, que ce qu'il rapportait de plus rare, c'était une petite chatte blanche. Ils se prirent à rire de sa simplicité : « Une chatte, lui dirent-ils, avez-vous peur que les souris ne mangent notre palais ? » Le prince répliqua qu'en effet il n'était pas sage de vouloir faire un tel présent à son père ; là-dessus, chacun prit le chemin de la ville.

Les princes aînés montèrent avec leurs princesses dans des calèches toutes d'or et d'azur, leurs chevaux avaient sur leur tête des plumes et des aigrettes ; rien n'était plus brillant que cette cavalcade. Notre jeune prince allait après et puis le rocher de cristal, que tout le monde regardait avec admiration.

Les courtisans s'empressèrent de venir dire au roi que les trois princes arrivaient. « Amènent-ils de belles dames ? répliqua le roi.

— Il est impossible de rien voir qui les surpasse. » À cette réponse, il parut fâché. Les deux princes s'empressèrent de monter avec leurs merveilleuses princesses. Le roi les reçut très bien, et ne savait à laquelle donner le prix ; il regarda son cadet, et lui dit : « Cette fois-ci vous venez donc seul ?

— Votre Majesté verra dans ce rocher une petite chatte blanche, répliqua le prince, qui miaule si doucement, et qui fait si bien patte de velours, qu'elle lui agréera. » Le roi sourit, et fut lui-même pour ouvrir le rocher : mais aussitôt qu'il s'approcha, la reine avec un ressort en fit tomber toutes les pièces, et parut comme le soleil qui a été quelque temps enveloppé dans une nue, ses cheveux blonds étaient épars sur ses épaules, ils tombaient par grosses boucles jusqu'à ses pieds. Sa tête était ceinte de fleurs, sa robe d'une légère gaze blanche doublée de taffetas couleur de rose, elle se leva, et fit une profonde révérence au roi qui ne put s'empêcher dans l'excès de son admiration de s'écrier : « Voici l'incomparable et celle qui mérite ma couronne.

— Seigneur, lui dit-elle, je ne suis pas venue pour vous arracher un trône que vous remplissez si dignement, je suis née avec six royaumes : permettez que je vous en offre un, et que j'en donne autant à chacun de vos fils. Je ne vous demande pour toute récompense que votre amitié, et ce jeune prince pour époux. Nous aurons encore assez de trois royaumes. » Le roi et toute la cour poussèrent de longs cris de joie, et d'étonnement. Le mariage fut célébré aussitôt, aussi bien que celui des deux princes, de sorte que toute la cour passa plusieurs mois dans les divertissements et les plaisirs.

Chacun ensuite partit pour aller gouverner ses États; la belle Chatte Blanche s'y est immortalisée, autant par ses bontés et ses libéralités que par son rare mérite et sa beauté.

Extrait des Fées à la mode

Ésope

La chatte et Aphrodite

Une chatte, s'étant éprise d'un beau jeune homme, pria Aphrodite de la métamorphoser en femme. La déesse prenant en pitié sa passion, la changea en une gracieuse jeune fille ; et alors le jeune homme l'ayant vue s'en amouracha et l'emmena dans sa maison. Comme ils reposaient dans la chambre nuptiale, Aphrodite, voulant savoir si, en changeant de corps, la chatte avait aussi changé de caractère, lâcha une souris au milieu de la chambre. La chatte, oubliant sa condition présente, se leva du lit et poursuivit la souris pour la croquer. Alors la déesse indignée contre elle la remit dans son premier état.

Pareillement les hommes naturellement méchants ont beau changer d'état, ils ne changent point de caractère.

Extrait des Fables
(traduction d'Emile Chambry)

Charles Baudelaire

Le Chat

Viens, mon beau chat, sur mon cœur amoureux ;
Retiens les griffes de ta patte,
Et laisse-moi plonger dans tes beaux yeux,
Mêlés de métal et d'agate.

Lorsque mes doigts caressent à loisir
Ta tête et ton dos élastique,
Et que ma main s'enivre du plaisir
De palper ton corps électrique,

Je vois ma femme en esprit. Son regard,
Comme le tien, aimable bête
Profond et froid, coupe et fend comme un dard,

Et, des pieds jusques à la tête,
Un air subtil, un dangereux parfum
Nagent autour de son corps brun.

Les Chats

Les amoureux fervents et les savants austères
Aiment également, dans leur mûre saison,
Les chats puissants et doux, orgueil de la maison,
Qui comme eux sont frileux et comme eux sédentaires.

Amis de la science et de la volupté,
Ils cherchent le silence et l'horreur des ténèbres ;
L'Erèbe les eût pris pour ses coursiers funèbres,
S'ils pouvaient au servage incliner leur fierté.

Ils prennent en songeant les nobles attitudes
Des grands sphinx allongés au fond des solitudes,
Qui semblent s'endormir dans un rêve sans fin ;

Leurs reins féconds sont pleins d'étincelles magiques
Et des parcelles d'or, ainsi qu'un sable fin,
Étoilent vaguement leurs prunelles mystiques.

Le Chat

I

Dans ma cervelle se promène,
Ainsi qu'en son appartement,
Un beau chat, fort, doux et charmant.
Quand il miaule, on l'entend à peine,

Tant son timbre est tendre et discret ;
Mais que sa voix s'apaise ou gronde,
Elle est toujours riche et profonde.
C'est là son charme et son secret.

Cette voix, qui perle et qui filtre
Dans mon fonds le plus ténébreux,
Me remplit comme un vers nombreux
Et me réjouit comme un philtre.

Elle endort les plus cruels maux
Et contient toutes les extases ;
Pour dire les plus longues phrases,
Elle n'a pas besoin de mots.

Non, il n'est pas d'archet qui morde
Sur mon cœur, parfait instrument,
Et fasse plus royalement
Chanter sa plus vibrante corde,

Que ta voix, chat mystérieux,
Chat séraphique, chat étrange,
En qui tout est, comme en un ange,
Aussi subtil qu'harmonieux !

II

De sa fourrure blonde et brune
Sort un parfum si doux, qu'un soir
J'en fus embaumé, pour l'avoir
Caressée une fois, rien qu'une.

C'est l'esprit familier du lieu ;
Il juge, il préside, il inspire
Toutes choses dans son empire ;
peut-être est-il fée, est-il dieu ?

Quand mes yeux, vers ce chat que j'aime
Tirés comme par un aimant,
Se retournent docilement
Et que je regarde en moi-même,
Je vois avec étonnement
Le feu de ses prunelles pâles,
Clairs fanaux, vivantes opales
Qui me contemplent fixement.

Extrait des Fleurs du mal

Émile Zola

Le paradis des chats

Une tante m'a légué un chat d'Angora qui est bien la bête la plus stupide que je connaisse. Voici ce que mon chat m'a conté, un soir d'hiver, devant les cendres chaudes.

*

J'avais alors deux ans, et j'étais bien le chat le plus gras et le plus naïf qu'on pût voir. À cet âge tendre, je montrais encore toute la présomption d'un animal qui dédaigne les douceurs du foyer. Et pourtant que de remerciements je devais à la Providence pour m'avoir placé chez votre tante ! La brave femme m'adorait. J'avais, au fond d'une armoire, une véritable chambre à coucher, coussin de plume en triple couverture. La nourriture valait le coucher ; jamais de pain, jamais de soupe, rien que de la viande, de la bonne viande saignante.

Eh bien ! au milieu de ces douceurs, je n'avais qu'un désir, qu'un rêve, me glisser par la fenêtre entrouverte et me sauver sur les toits. Les caresses me semblaient fades, la mollesse de mon lit me donnait des nausées, j'étais gras à m'en écœurer moi-même. Et je m'ennuyais tout le long de la journée à être heureux.

Il faut vous dire qu'en allongeant le cou, j'avais vu de la fenêtre le toit d'en face. Quatre chats, ce jour-là, s'y battaient, le poil hérissé, la queue haute, se roulant sur les ardoises bleues, au grand soleil, avec des jurements de joie. Jamais je n'avais contemplé un spectacle si extraordinaire. Dès lors, mes croyances furent fixées. Le véritable bonheur était sur ce toit, derrière cette fenêtre qu'on fermait si soigneusement. Je me donnais pour preuve qu'on fermait ainsi les portes des armoires, derrière lesquelles on cachait la viande.

J'arrêtai le projet de m'enfuir. Il devait y avoir dans la vie autre chose que de la chair saignante. C'était là l'inconnu, l'idéal. Un jour, on oublia de pousser la fenêtre de la cuisine. Je sautai sur un petit toit qui se trouvait au-dessous.

*

Que les toits étaient beaux ! De larges gouttières les bordaient, exhalant des senteurs délicieuses. Je suivis voluptueusement ces gouttières, où mes pattes enfonçaient dans une boue fine, qui avait une tiédeur et une douceur infinies. Il me semblait que je marchais sur du velours. Et il faisait une bonne chaleur au soleil, une chaleur qui fondait ma graisse.

Je ne vous cacherai pas que je tremblais de tous mes membres. Il y avait de l'épouvante dans ma joie. Je me souviens surtout d'une terrible émotion qui faillit me faire culbuter sur les pavés. Trois chats, qui roulèrent du faîte d'une maison, vinrent à moi en miaulant affreusement. Et comme je défaillais, ils me traitèrent de grosse bête, ils me dirent qu'ils miaulaient pour rire. Je me mis à miauler avec eux. C'était charmant. Les gaillards n'avaient pas ma stupide graisse. Ils se moquaient de moi, lorsque je glissais comme une boule sur les plaques de zinc, chauffées par le grand soleil. Un vieux matou de la bande me prit particulièrement en amitié. Il m'offrit de faire mon éducation, ce que j'acceptai avec reconnaissance.

Ah ! que le mou de votre tante était loin. Je bus aux gouttières, et jamais lait sucré ne m'avait semblé si doux. Tout me parut bon et beau. Une chatte passa, une ravissante chatte, dont la vue m'emplit d'une émotion inconnue. Mes rêves seuls m'avaient jusque-là montré ces créatures exquises dont l'échine a d'adorables souplesses. Nous nous précipitâmes à la rencontre de la nouvelle venue, mes trois compagnons et moi. Je devançai les autres, j'allais faire mon compliment à la ravissante chatte, lorsqu'un de mes camarades me mordit cruellement au cou. Je poussai un cri de douleur.

— Bah ! me dit le vieux matou en m'entraînant, vous en verrez bien d'autres.

*

Au bout d'une heure de promenade, je me sentis un appétit féroce.

— Qu'est-ce qu'on mange sur les toits ? demandai-je à mon ami le matou.

— Ce qu'on trouve, me répondit-il doctement.

Cette réponse m'embarrassa, car j'avais beau chercher, je ne trouvais rien. J'aperçus enfin, dans une mansarde, une jeune ouvrière qui préparait son déjeuner. Sur la table, au-dessous de la fenêtre, s'étalait une belle côtelette, d'un rouge appétissant.

— Voilà mon affaire, pensai-je en toute naïveté.

Et je sautai sur la table, où je pris la côtelette. Mais l'ouvrière, m'ayant aperçu, m'asséna sur l'échine un terrible coup de balai. Je lâchai la viande, je m'enfuis, en jetant un juron effroyable.

— Vous sortez donc de votre village ? me dit le matou. La viande qui est sur les tables est faite pour être désirée de loin. C'est dans les gouttières qu'il faut chercher.

Jamais je ne pus comprendre que la viande des cuisines n'appartînt pas aux chats. Mon ventre commençait à se fâcher sérieusement. Le matou acheva de me désespérer en me disant qu'il fallait attendre la nuit. Alors nous descendrions dans la rue, nous fouillerions les tas d'ordures. Attendre la nuit ! Il disait cela tranquillement, en philosophe endurci. Moi, je me sentais défaillir, à la seule pensée de ce jeûne prolongé.

*

La nuit vint lentement, une nuit de brouillard qui me glaça. La pluie tomba bientôt, mince, pénétrante, fouettée par des souffles brusques de vent. Nous descendîmes par la baie vitrée d'un escalier. Que la rue me parut laide ! Ce n'était plus cette bonne chaleur, ce large soleil, ces toits blancs de lumière où l'on se vautrait si délicieusement. Mes pattes glissaient sur le pavé gras. Je me souvins avec amertume de ma triple couverture et de mon coussin de plume.

À peine étions-nous dans la rue, que mon ami le matou se mit à trembler. Il se fit petit, petit, et fila sournoisement le long des maisons, en me disant de le suivre au plus vite. Dès qu'il rencontra une porte cochère, il s'y réfugia à la hâte, en laissant échapper un ronronnement de satisfaction. Comme je l'interrogeais sur cette fuite :

— Avez-vous vu cet homme qui avait une hotte et un crochet ? me demanda-t-il.

— Oui.

— Eh bien ! s'il nous avait aperçus, il nous aurait assommés et mangés à la broche !

— Mangés à la broche ! m'écriai-je. Mais la rue n'est donc pas à nous ? On ne mange pas, et l'on est mangé !

*

Cependant, on avait vidé les ordures devant les portes. Je fouillai les tas avec désespoir. Je rencontrai deux ou trois os maigres qui avaient traîné dans les cendres. C'est alors que je compris combien le mou frais est succulent. Mon ami le matou grattait les ordures en artiste. Il me fit courir jusqu'au matin, visitant chaque pavé, ne se pressant point. Pendant près de dix heures, je reçus la pluie, je grelottai de tous mes membres. Maudite rue, maudite liberté, et comme je regrettai ma prison ! Au jour, le matou, voyant que je chancelais :

— Vous en avez assez ? me demanda-t-il d'un air étrange.

— Oh ! oui, répondis-je.

— Vous voulez rentrer chez vous ?

— Certes, mais comment retrouver la maison ?

— Venez. Ce matin, en vous voyant sortir, j'ai compris qu'un chat gras comme vous n'était pas fait pour les joies âpres de la liberté. Je connais votre demeure, je vais vous mettre à votre porte.

Il disait cela simplement, ce digne matou. Lorsque nous fûmes arrivés :

— Adieu, me dit-il, sans témoigner la moindre émotion.

— Non, m'écriai-je, nous ne nous quitterons pas ainsi. Vous allez venir avec moi. Nous partagerons le même lit et la même viande. Ma maîtresse est une brave femme…

Il ne me laissa pas achever.

— Taisez-vous, dit-il brusquement, vous êtes un sot. Je mourrais dans vos tiédeurs molles. Votre vie plantureuse est bonne pour les chats bâtards. Les chats libres n'achèteront jamais au prix d'une prison votre mou et votre coussin de plume… Adieu.

Et il remonta sur ses toits. Je vis sa grande silhouette maigre frissonner d'aise aux caresses du soleil levant.

Quand je rentrai, votre tante prit le martinet et m'administra une correction que je reçus avec une joie profonde. Je goûtai largement la volupté d'avoir chaud et d'être battu. Pendant qu'elle me frappait, je songeais avec délices à la viande qu'elle allait me donner ensuite.

*

Voyez-vous, – a conclu mon chat, en s'allongeant devant la braise, – le véritable bonheur, le paradis, mon cher maître, c'est d'être enfermé et battu dans une pièce où il y a de la viande. Je parle pour les chats.

Extrait des Nouveaux Contes à Ninon

Théophile Gautier

Dynastie blanche

Arrivons à des époques plus modernes. D'un chat rapporté de la Havane par Mlle Aïta de la Penuela, jeune artiste espagnole dont les études d'angoras blancs ont orné et ornent encore les devantures des marchands d'estampes, nous vint un petit chat, mignon au possible, qui ressemblait à ces houppes de cygne qu'on trempe dans la poudre de riz. À cause de sa blancheur immaculée il reçut le nom de Pierrot qui, lorsqu'il fut devenu grand, s'allongea en celui de Don-Pierrot-de-Navarre, infiniment plus majestueux, et qui sentait la grandesse. Don Pierrot, comme tous les animaux dont on s'occupe et que l'on gâte, devint d'une amabilité charmante. Il participait à la vie de la maison avec ce bonheur que les chats trouvent dans l'intimité du foyer. Assis à sa place habituelle, tout près du feu, il avait vraiment l'air de comprendre les conversations et de s'y intéresser. Il suivait des yeux les interlocuteurs, poussant de temps à autre de petits cris, comme s'il eût voulu faire des objections et donner, lui aussi, son avis sur la littérature, sujet ordinaire des entretiens. Il aimait beaucoup les livres, et quand il en trouvait un ouvert sur une table, il se couchait dessus, regardait attentivement la page et tournait les feuillets avec ses griffes ; puis il finissait par s'endormir, comme s'il eût, en effet, lu un roman à la mode. Dès que nous prenions la plume, il sautait sur notre pupitre et regardait d'un air d'attention profonde le bec de fer semer de pattes de mouches le champ de papier, faisant un mouvement de tête à chaque retour de ligne. Quelquefois il essayait de prendre part à notre travail et tâchait de nous retirer la plume de la main, sans doute pour écrire à son tour, car c'était un chat esthétique comme le chat Murr d'Hoffmann ; et nous le soupçonnons fort d'avoir griffonné des mémoires, la nuit, dans quelque gouttière, à la lueur de ses prunelles phosphoriques. Malheureusement ces élucubrations sont perdues.

Don-Pierrot-de-Navarre ne se couchait pas que nous fussions rentrés. Il nous attendait au dedans de la porte et, dès notre premier pas dans l'antichambre, il se frottait à nos jambes en faisant le gros dos, avec un ronron amical et joyeux. Puis il se mettait à marcher devant nous, nous précédant comme un page, et, pour peu que nous l'en eussions prié, il nous eût tenu le bougeoir. Il nous conduisait ainsi à la chambre à coucher, attendait que nous fussions déshabillés, puis il sautait sur notre lit, nous prenait le col entre ses pattes, nous poussait le nez avec le sien, nous léchait de sa petite langue rose, âpre comme une lime, en poussant de petits cris inarticulés, exprimant de la façon la plus claire sa satisfaction de nous revoir. Puis, quand ses tendresses étaient calmées et l'heure du sommeil venue, il se perchait sur le dossier de la couchette et dormait là en équilibre, comme un oiseau sur la branche. Dès que nous étions éveillés, il venait s'allonger près de nous jusqu'à l'heure de notre lever.

Minuit était l'heure que nous ne devions pas dépasser pour rentrer à la maison. Pierrot avait là-dessus des idées de concierge. Dans ce temps-là nous avions formé, entre amis, une petite réunion du soir qui s'appelait « la Société des quatre chandelles », le luminaire du lieu étant composé, en effet, de quatre chandelles fichées dans des flambeaux d'argent et placées aux quatre coins de la table. Quelquefois la conversation s'animait tellement qu'il nous arrivait d'oublier l'heure, au risque, comme Cendrillon, de voir notre carrosse changé en écorce de potiron et notre cocher en maître rat. Pierrot nous attendit deux ou trois fois jusqu'à deux heures du matin ; mais, à la longue, notre conduite lui déplut, et il alla se coucher sans nous. Cette protestation muette contre notre innocent désordre nous toucha, et nous revînmes désormais régulièrement à minuit. Mais Pierrot nous tint longtemps rancune ; il voulut voir si ce n'était pas un faux repentir, mais quand il fut convaincu de la sincérité de notre conversion, il daigna nous rendre ses bonnes grâces, et reprit son poste nocturne dans l'antichambre.

Conquérir l'amitié d'un chat est chose difficile. C'est une bête philosophique, rangée, tranquille, tenant à ses habitudes, amie de l'ordre et de la propreté, et qui ne place pas ses affections à l'étourdie : il veut bien être votre ami, si vous en êtes digne, mais non pas votre esclave. Dans sa tendresse il garde son libre arbitre, et il ne fera pas pour vous ce qu'il juge déraisonnable ; mais une fois qu'il s'est donné à vous, quelle confiance absolue, quelle fidélité d'affection ! Il se fait le compagnon de vos heures de solitude, de mélancolie et de travail. Il reste des soirées entières sur votre genou, filant son rouet, heureux d'être avec vous et délaissant la compagnie des animaux de son espèce. En vain des miaulements retentissent sur le toit, l'appelant à une de ces soirées de chats où le thé est remplacé par du jus de hareng-saur, il ne se laisse pas tenter et prolonge avec vous sa veillée. Si vous le posez à terre, il regrimpe bien vite à sa place avec une sorte de roucoulement qui est comme un doux reproche. Quelquefois, posé devant vous, il vous regarde avec des yeux si fondus, si moelleux, si caressants et si humains, qu'on en est presque effrayé; car il est impossible de supposer que la pensée en soit absente.

Don-Pierrot-de-Navarre eut une compagne de même race, et non moins blanche que lui. Tout ce que nous avons entassé de comparaisons neigeuses dans la Symphonie en blanc majeur ne suffirait pas à donner une idée de ce pelage immaculé, qui eût fait paraître jaune la fourrure de l'hermine. On la nomma Séraphita, en mémoire du roman swedenborgien de Balzac. Jamais l'héroïne de cette légende merveilleuse, lors qu'elle escaladait avec Minna les cimes couvertes de neiges du Falberg, ne rayonna d'une blancheur plus pure. Séraphita avait un caractère rêveur et contemplatif. Elle restait de longues heures immobile sur un coussin, ne dormant pas, et suivant des yeux, avec une intensité extrême d'attention, des spectacles invisibles pour les simples mortels. Les caresses lui étaient agréables; mais elle les rendait d'une manière très réservée, et seulement à des gens qu'elle favorisait de son estime, difficilement accordée. Le luxe lui plaisait, et c'était toujours sur le fauteuil le plus frais, sur le morceau d'étoffe le plus propre à faire ressortir son duvet de cygne, qu'on était sûr de la trouver. Sa toilette lui prenait un temps énorme; sa fourrure était lissée soigneusement tous les matins. Elle se débarbouillait avec sa patte; et chaque poil de sa toison, brossé avec sa langue rose, reluisait comme de l'argent neuf. Quand on la touchait, elle effaçait tout de suite les traces du contact, ne pouvant souffrir d'être ébouriffée. Son élégance, sa distinction éveillaient une idée d'aristocratie; et, dans sa race, elle était au moins duchesse. Elle raffolait des parfums, plongeait son nez dans les bouquets, mordillait, avec de petits spasmes de plaisir, les mouchoirs imprégnés d'odeur ; se promenait sur la toilette parmi les flacons d'essence, flairant les bouchons ; et, si on l'eût laissé faire, elle se fût volontiers mis de la poudre de riz. Telle était Séraphita ; et jamais chatte ne justifia mieux un nom plus poétique. À peu près vers cette époque, deux de ces prétendus matelots qui vendent des couvertures bariolées, des mouchoirs en fibre d'ananas et autres denrées exotiques, passèrent par notre rue de Longchamps. Ils avaient dans une petite cage deux rats blancs de Norvège avec des yeux roses les plus jolis du monde. En ce temps-là, nous avions le goût des animaux blancs ; et jusqu'à notre poulailler était peuplé de poules exclusivement blanches. Nous achetâmes les deux rats ; et on leur construisit une grande cage avec des escaliers intérieurs menant aux différents étages, des mangeoires, des chambres à coucher, des trapèzes pour la gymnastique. Ils étaient là, certes, plus à l'aise et plus heureux que le rat de La Fontaine dans son fromage de Hollande.

Ces gentilles bêtes dont on a, nous ne savons pourquoi, une horreur puérile, s'apprivoisèrent bientôt de la façon la plus étonnante, lorsqu'elles furent certaines qu'on ne leur voulait point de mal. Elles se laissaient caresser comme des chats, et, vous prenant le doigt entre leurs petites mains roses d'une délicatesse idéale, vous léchaient amicalement. On les lâchait ordinairement à la fin des repas ; elles vous montaient sur les bras, sur les épaules, sur la tête, entraient et ressortaient par les manches des robes de chambre et des vestons, avec une adresse et une agilité singulières. Tous ces exercices, exécutés très gracieusement, avaient pour but d'obtenir la permission de fourrager les restes du dessert ; on les

posait alors sur la table ; en un clin d'œil le rat et la rate
avaient déménagé les noix, les noisettes, les raisins secs
et les morceaux de sucre. Rien n'était plus amusant à voir
que leur air empressé et furtif, et que leur mine attra-
pée quand ils arrivaient au bord de la nappe ; mais on
leur tendait une planchette aboutissant à leur cage, et ils
emmagasinaient leurs richesses dans leur garde-manger.
Le couple se multiplia rapidement ; et de nombreuses
familles d'une égale blancheur descendirent et montèrent les petites échelles de la cage. Nous nous vîmes
donc à la tête d'une trentaine de rats tellement privés que,
lorsqu'il faisait froid, ils se fourraient dans nos poches
pour avoir chaud et s'y tenaient tranquilles. Quelquefois
nous faisions ouvrir les portes de cette Ratopolis, et,
montant au dernier étage de notre maison, nous faisions
entendre un petit sifflement bien connu de nos élèves.
Alors les rats, qui franchissent difficilement des marches
d'escalier, se hissaient par un balustre, empoignaient
la rampe, et, se suivant à la file avec un équilibre acro-
batique, gravissaient ce chemin étroit que parfois les
écoliers descendent à califourchon, et venaient nous
retrouver, en poussant de petits cris et en manifestant la
joie la plus vive. Maintenant, il faut avouer un béotisme
de notre part : à force d'entendre dire que la queue des
rats ressemblait à un ver rouge et déparait la gentillesse
de l'animal, nous choisîmes une de nos jeunes bestioles
et nous lui coupâmes avec une pelle rouge cet appendice
tant critiqué. Le petit rat supporta très bien l'opération, se
développa heureusement et devint un maître rat à moustaches ; mais, quoique allégé du prolongement caudal, il
était bien moins agile que ses camarades ; il ne se risquait
à la gymnastique qu'avec prudence et tombait souvent.
Dans les ascensions le long de la rampe, il était toujours
le dernier. Il avait l'air de tâter la corde comme un

danseur sans balancier. Nous comprîmes alors de quelle utilité la queue était aux rats; elle leur sert à se tenir en équilibre lorsqu'ils courent le long des corniches et des saillies étroites. Ils la portent à droite ou à gauche pour se faire contre-poids alors qu'ils penchent d'un côté ou d'un autre. De là ce perpétuel frétillement qui semble sans cause. Mais quand on observe attentivement la nature, on voit qu'elle ne fait rien de superflu, et qu'il faut mettre beaucoup de réserve à la corriger. Vous vous demandez sans doute comment des chats et des rats, espèces si antipathiques et dont l'une sert de proie à l'autre, pouvaient vivre ensemble? Ils s'accordaient le mieux du monde. Les chats faisaient patte de velours aux rats, qui avaient déposé toute méfiance.

Jamais il n'y eut perfidie de la part des félins, et les rongeurs n'eurent pas à regretter un seul de leurs camarades. Don-Pierrot-de-Navarre avait pour eux l'amitié la plus tendre. Il se couchait près de leur cage et les regardait jouer des heures entières. Et quand, par hasard, la porte de la chambre était fermée, il grattait et miaulait doucement pour se faire ouvrir et rejoindre ses petits amis blancs, qui, souvent, venaient dormir tout près de lui. Séraphita, plus dédaigneuse et à qui l'odeur des rats, trop fortement musquée, ne plaisait pas, ne prenait point part à leurs jeux, mais elle ne leur faisait jamais de mal et les laissait tranquillement passer devant elle sans allonger sa griffe. La fin de ces rats fut singulière. Un jour d'été lourd, orageux, où le thermomètre était près d'atteindre les quarante degrés du Sénégal, on avait placé leur cage dans le jardin sous une tonnelle festonnée de vigne, car ils semblaient souffrir beaucoup de la chaleur. La tempête éclata avec éclairs, pluie, tonnerre et rafales. Les grands peupliers du bord de la rivière se courbaient comme des joncs ; et, armé d'un parapluie que le vent retournait, nous nous préparions à aller chercher nos rats, lors qu'un éclair éblouissant, qui semblait ouvrir les profondeurs du ciel, nous arrêta sur la première marche qui descend de la terrasse au parterre. Un coup de foudre épouvantable, plus fort que la détonation de cent pièces d'artillerie, suivit l'éclair presque instantanément, et la commotion fut si violente que nous fûmes à demi renversés. L'orage se calma un peu après cette terrible explosion ; mais, ayant gagné la tonnelle, nous trouvâmes les trente-deux rats, les pattes en l'air, foudroyés du même coup. Les fils de fer de leur cage avaient sans doute attiré et conduit le fluide électrique. Ainsi moururent, tous ensemble, comme ils avaient vécu, les trente-deux rats de Norvège, mort enviable, rarement accordée par le destin !

Dynastie noire

Don-Pierrot-de-Navarre, comme originaire de la Havane, avait besoin d'une température de serre chaude. Cette température, il la trouvait au logis ; mais autour de l'habitation s'étendaient de vastes jardins, séparés par des claires-voies capables de donner passage à un chat, et plantés de grands arbres où pépiaient, gazouillaient, chantaient des essaims d'oiseaux ; et parfois Pierrot, profitant d'une porte entr'ouverte, sortait le soir, en se mettant en chasse, courant à travers le gazon et les fleurs humides de rosée. Il lui fallait attendre le jour pour rentrer, car, bien qu'il vînt miauler sous les fenêtres, son appel n'éveillait pas toujours les dormeurs de la maison. Il avait la poitrine délicate, et prit, une nuit plus froide que les autres, un rhume qui dégénéra bientôt en phthisie. Le pauvre Pierrot, au bout d'une année de toux, était devenu maigre, efflanqué ; son poil, d'une blancheur autrefois si soyeuse, rappelait le blanc mat du linceul. Ses grands yeux transparents avaient pris une importance énorme dans son masque diminué. Son nez rose avait pâli, et il s'en allait, à pas lents, le long du mur où donnait le soleil, d'un air mélancolique, regardant les feuilles jaunes de l'automne s'enlever en spirale dans un tourbillon. On eût dit qu'il récitait l'élégie de Millevoye. Rien de plus touchant qu'un animal malade : il subit la souffrance avec une résignation si douce et si triste ! On fit tout ce qu'on put pour sauver Pierrot ; il eut un médecin très habile qui l'auscultait et lui tâtait le pouls. Il ordonna à Pierrot le lait d'ânesse, que la pauvre bête buvait assez volontiers dans sa petite soucoupe de porcelaine. Il restait des heures entières allongé sur notre genou comme l'ombre d'un sphinx ; nous sentions son échine comme un chapelet sous nos doigts ; et il essayait de répondre à nos caresses par un faible ronron semblable à un râle. Le jour de son agonie, il haletait couché sur le flanc ; il se redressa par un suprême effort. Il vint à nous, et, ouvrant des prunelles dilatées, il nous jeta un regard qui demandait secours avec une supplication intense ; ce regard semblait dire : « Allons, sauve-moi, toi qui es un homme. » Puis, il fit quelques pas en vacillant, les yeux déjà vitrés, et il retomba en poussant un hurlement si lamentable, si désespéré, si plein d'angoisse, que nous en restâmes pénétrés d'une muette horreur. Il fut enterré au fond du jardin, sous un rosier blanc qui désigne encore la place de sa tombe.

Séraphita mourut, deux ou trois ans après, d'une angine couenneuse que les secours de l'art furent impuissants à combattre. Elle repose non loin de Pierrot.

Avec elle s'éteignit la dynastie blanche, mais non pas la famille. De ce couple blanc comme neige étaient nés trois chats noirs comme de l'encre. Explique qui voudra ce mystère. C'était alors la grande vogue des *Misérables* de Victor Hugo ; on ne parlait que du nouveau chef-d'œuvre ; les noms des héros du roman voltigeaient sur toutes les bouches. Les deux petits chats mâles furent appelés Enjolras et Gavroche, la chatte reçut le nom d'Éponine. Leur jeune âge fut plein de gentillesse, et on les dressa comme des chiens à rapporter un papier chiffonné en boule qu'on leur lançait au loin. On arriva à jeter la boule sur des corniches d'armoire, à la cacher derrière des caisses, au fond de longs vases, où ils la reprenaient très adroitement avec leur patte. Quand ils eurent atteint l'âge adulte, ils dédaignèrent ces jeux frivoles et rentrèrent dans le calme philosophique et rêveur qui est le vrai tempérament des chats.

Pour les gens qui débarquent en Amérique dans une colonie à esclaves, tous les nègres sont des nègres et ne se distinguent pas les uns des autres. De même, aux yeux indifférents, trois chats noirs sont trois chats noirs ; mais des regards observateurs ne s'y trompent pas. Les physionomies des animaux diffèrent autant entre elles que celles des hommes, et nous savions très bien distinguer à qui appartenaient ces museaux, noirs comme le masque d'Arlequin, éclairés par des disques d'émeraude à reflets d'or.

Enjolras, de beaucoup le plus beau des trois, se faisait remarquer par une large tête léonine à bajoues bien fournies de poils, de fortes épaules, un râble long et une queue superbe épanouie comme un plumeau. Il avait quelque chose de théâtral et d'emphatique, et il semblait poser comme un acteur qu'on admire. Ses mouvements étaient lents, onduleux et pleins de majesté ; on eût dit qu'il marchait sur une console encombrée de cornets de Chine et de verres de Venise, tant il choisissait avec circonspection la place de ses pas. Quant à son caractère, il était peu stoïque, et il montrait pour la nourriture un penchant qu'eût réprouvé son patron. Enjolras, le sobre et pur jeune homme, lui eût dit sans doute, comme l'ange à Swedenborg : « Tu manges trop ! » On favorisa cette gloutonnerie amusante comme celle des singes gastronomes, et Enjolras atteignit une taille et un poids rares chez les félins domestiques. On eut l'idée de le raser à la façon des caniches, pour compléter sa physionomie de lion. On lui laissa la crinière et une longue floche de poils au bout de la queue. Nous ne jurerions pas qu'on ne lui eût même dessiné sur les cuisses des favoris en côtelettes comme en portait Munito. Accoutré ainsi, il ressemblait, il faut l'avouer, bien moins à un lion de l'Atlas ou du Cap qu'à une chimère japonaise. Jamais fantaisie plus extravagante ne fut taillée dans le corps d'un animal vivant. Son poil rasé de près laissait transparaître la peau, prenait des tons bleuâtres, les plus bizarres du monde, et contrastait étrangement avec le noir de sa crinière.

Gavroche était un chat à expression futée et narquoise, comme s'il eût tenu à rappeler son homonyme du roman. Plus petit qu'Enjolras, il avait une agilité brusque et comique, et remplaçait les calembours et l'argot du gamin de Paris par des sauts de carpe, des cabrioles et des postures bouffonnes. Nous devons avouer que, vu ses goûts populaires, Gavroche saisissait au vol l'occasion de quitter le salon et d'aller faire, dans la cour et même dans la rue, avec des chats errants.

De naissance quelconque et de sang peu prouvé, des parties d'un goût douteux où il oubliait complètement sa dignité de chat de la Havane, fils de l'illustre Don-Pierrot-de-Navarre, grand d'Espagne de première classe, et de la marquise Dona Séraphita, aux manières aristocratiques et dédaigneuses. Quelquefois il amenait à son assiette de pâtée, pour leur faire fête, des camarades étiques, anatomisés par la famine, n'ayant que le poil sur les os, qu'il avait ramassés dans ses vagabondages et ses écoles buissonnières, car il était bon prince. Les pauvres hères, les oreilles couchées, la queue entre les jambes, le regard de côté, craignant d'être interrompus dans leur franche lippée par le balai d'une chambrière, avalaient les morceaux doubles, triples et quadruples ; et, comme le fameux chien *Siete-Aguas* (sept eaux) des *posadas* espagnoles, rendaient l'assiette aussi propre que si elle avait été lavée et écurée par une ménagère hollandaise ayant servi de modèle à Mieris ou à Gérard Dow. En voyant les compagnons de Gavroche, cette phrase, qui illustre un dessin de Gavarni, nous revenait naturellement en mémoire : « Ils sont jolis les amis dont vous êtes susceptible d'aller avec ! » Mais cela ne prouvait que le bon cœur de Gavroche, qui aurait pu tout manger à lui seul.

La chatte qui portait le nom de l'intéressante Éponine avait des formes plus sveltes et plus délicates que ses frères. Son museau un peu allongé, ses yeux légèrement obliques à la chinoise et d'un vert pareil à celui des yeux de Pallas-Athénée à laquelle Homère donne invariablement l'épithète (c'est du grec, graphie en pièce jointe), son nez d'un noir velouté ayant le grain d'une fine truffe de Périgord, ses moustaches d'une mobilité perpétuelle, lui composaient un masque d'une expression toute particulière. Son poil, d'un noir superbe, frémissait toujours et se moirait d'ombres changeantes. Jamais bête ne fut plus sensible, plus nerveuse, plus électrique. Quand on lui passait deux ou trois fois la main sur le dos, dans l'obscurité, des étincelles bleues jaillissaient de sa fourrure, en pétillant. Éponine s'attacha particulièrement à nous comme l'Éponine du roman à Marius ; mais, moins préoccupé de Cosette que ce beau jeune homme, nous acceptâmes la passion de cette chatte tendre et dévouée, qui est encore la compagne assidue de nos travaux et l'agrément de notre ermitage aux confins de la banlieue. Elle accourt au coup de sonnette, accueille les visiteurs, les conduit au salon, les fait asseoir, leur parle, – oui, leur parle, – avec des ramages, des murmures, de petits cris qui ne ressemblent pas au langage que les chats emploient entre eux, et simulent la parole articulée des hommes. Que dit-elle? elle dit de la manière la plus intelligible : « Ne vous impatientez pas, regardez les tableaux ou causez avec moi, si je vous amuse; Monsieur va descendre. » À notre entrée, elle se retire discrètement sur un fauteuil ou sur l'angle du piano et écoute la conversation, sans s'y mêler, comme un animal de bon goût et qui sait son monde. La gentille Éponine a donné tant de preuves d'intelligence, de bon caractère et de sociabilité, qu'elle a été élevée d'un commun accord à la dignité de personne, car une raison supérieure à l'instinct la gouverne évidemment. Cette dignité lui confère le droit de manger à table comme une personne et non dans un coin, à terre, sur une soucoupe, comme une bête. Éponine a donc sa chaise à côté de nous au déjeuner et au dîner; mais, vu sa taille, on lui a concédé de poser sur le bord de la table ses deux pattes de devant. Elle a son couvert, sans fourchette ni cuillère, mais avec son verre; elle suit tout le dîner plat par plat, depuis la soupe jusqu'au dessert, attendant son tour d'être servie et se comportant avec une décence et une sagesse qu'on souhaiterait à beaucoup d'enfants. Au premier tintement de cloche elle arrive; et quand on entre dans la salle à manger on la trouve déjà à son poste, debout sur sa chaise et les pattes appuyées au rebord de la nappe, qui vous présente son petit front à baiser, comme une demoiselle bien élevée et d'une politesse affectueuse envers les parents et les gens âgés.

On trouve des pailles au diamant, des taches au soleil, des ombres légères à la perfection même. Éponine, il faut l'avouer, a un goût passionné pour le poisson; ce goût lui est commun avec tous les chats. Contrairement au proverbe latin :

Catus amat pisces, sed non vult tingere plantas,

elle tremperait volontiers sa patte dans l'eau pour en retirer une ablette, un carpillon ou une truite. Le poisson lui cause une espèce de délire, et, comme les enfants qu'enivre l'espoir du dessert, quelquefois elle rechigne à manger sa soupe, quand les notes préalables qu'elle a prises à la cuisine lui font savoir que la marée est arrivée, et que Vatel n'a aucune raison de se passer son épée à travers le corps. Alors on ne la sert pas, et on lui dit d'un air froid : « Mademoiselle, une personne qui n'a pas faim pour la soupe ne doit pas avoir faim pour le poisson », et le plat lui passe impitoyablement sous le nez. Bien convaincue que la chose est sérieuse, la gourmande Éponine avale son potage en toute hâte, lèche la dernière goutte de bouillon, nettoie la moindre miette de pain ou de pâte d'Italie, puis elle se retourne vers nous et nous regarde d'un air fier, comme quelqu'un qui est désormais sans reproche, ayant accompli consciencieusement son devoir. On lui délivre sa part, qu'elle expédie avec les signes d'une satisfaction extrême ; puis, ayant tâté de tous les plats, elle termine en buvant le tiers d'un verre d'eau.

Quand nous avons quelques personnes à dîner, Éponine, sans avoir vu les convives, sait qu'il y aura du monde ce soir-là. Elle regarde à sa place, et, s'il y a près de son assiette couteau, cuillère et fourchette, elle décampe aussitôt et va se poser sur un tabouret de piano, qui est son refuge en ces occasions. Ceux qui refusent le raisonnement aux bêtes expliqueront, s'ils le peuvent, ce petit fait, si simple en apparence, et qui renferme tout un monde d'inductions. De la présence près de son couvert de ces ustensiles que l'homme seul peut employer, la chatte observatrice et judicieuse déduit qu'il faut céder, ce jour-là, sa place à un convive, et elle se hâte de le faire. Jamais elle ne se trompe. Seulement, quand l'hôte lui est familier, elle grimpe sur les genoux du survenant, et tâche d'attraper quelque bon lopin, par sa grâce et ses caresses. Mais en voilà assez ; il ne faut pas ennuyer ses lecteurs. Les histoires de chats sont moins sympathiques que les histoires de chiens, mais cependant nous croyons devoir raconter la fin d'Enjolras et de Gavroche. Il y a dans le rudiment une règle ainsi conçue : « *Sua eum perdidit ambitio* » ; – on peut dire d'Enjolras : « *sua eum perdidit pinguetudo* », son embonpoint fut la cause de sa perte. Il fut tué par d'imbéciles amateurs de civet. Mais ses meurtriers périrent dans l'année de la façon la plus malheureuse. La mort d'un chat noir, bête éminemment cabalistique, est toujours vengée.

Gavroche, pris d'un frénétique amour de liberté ou plutôt d'un vertige soudain, sauta un jour par la fenêtre, traversa la rue, franchit la palissade du parc Saint-James qui fait face à notre maison, et disparut. Quelques recherches qu'on ait faites, on n'a jamais pu en avoir de nouvelles ; une ombre mystérieuse plane sur sa destinée. Une reste donc de la dynastie noire qu'Éponine, toujours fidèle à son maître et devenue tout à fait une chatte de lettres. Elle a pour compagnon un magnifique chat angora, d'une robe argentée et grise qui rappelle la porcelaine chinoise traitée, nommé Zizi, dit « Trop beau pour rien faire. » Cette belle bête vit dans une sorte de *kief* contemplatif, comme un thériaki pendant sa période d'ivresse. On songe, en le voyant, aux *Extases de M. Hochenez*. Zizi est passionné pour la musique ; non content d'en écouter, il en fait lui-même. Quelquefois, pendant la nuit, lorsque tout dort, une mélodie étrange, fantastique, qu'envieraient les Kreisler et les musiciens de l'avenir, éclate dans le silence : c'est Zizi qui se promène sur le clavier du piano resté ouvert, étonné et ravi d'entendre les touches chanter sous ses pas.

Il serait injuste de ne pas rattacher à cette branche Cléopâtre, fille d'Éponine, charmante bête que son caractère timide empêche de se produire dans le monde. Elle est d'un noir fauve comme Mummia, la velue compagne d'Atta-Croll, et ses yeux verts ressemblent à deux énormes pierres d'aigue-marine ; elle se tient habituellement sur trois pattes, la quatrième repliée en l'air, comme un lion classique qui aurait perdu sa boule de marbre.

Telle est la chronique de la dynastie noire. Enjolras, Gavroche, Éponine, nous rappellent les créations d'un maître aimé. Seulement, lorsque nous relisons les *Misérable*s, il nous semble que les principaux rôles du roman sont remplis par des chats noirs, ce qui pour nous n'en diminue nullement l'intérêt.

Extrait de Ménagerie intime

Honoré de Balzac

Peines de cœur d'une chatte anglaise

Quand le Compte rendu de votre première séance est arrivée à Londres, ô Animaux français! il a fait battre le cœur des amis de la Réforme Animale. Dans mon petit particulier, je possédais tant de preuves de la supériorité des Bêtes sur l'Homme, qu'en ma qualité de Chatte anglaise, je vis l'occasion souvent souhaitée de faire paraître le roman de ma vie, afin de montrer comment mon pauvre moi fut tourmenté par les lois hypocrites de l'Angleterre. Déjà deux fois des Souris, que j'ai fait vœu de respecter depuis le *bill* de votre auguste parlement, m'avait conduite chez Colburn, et je m'étais demandé en voyant de vieilles miss, des ladies entre deux âges et même des jeunes mariées corrigeant les épreuves de leurs livres, pourquoi, ayant des griffes, je ne m'en servirais pas aussi. On ignorera toujours ce que pensent les femmes, surtout celles qui se mêlent d'écrire; tandis qu'une Chatte, victime de la perfidie anglaise, est intéressée à dire plus que sa pensée, et ce qu'elle écrit de trop peut compenser ce que taisent ces illustres ladies. J'ai l'ambition d'être la mistriss Inchbald des Chattes, et vous prie d'avoir égard à mes nobles efforts, ô Chats français! chez lesquels a pris naissance la plus grande maison de notre race, celle du Chat-Botté, type éternel de l'Annonce, et que tant d'hommes ont imité sans lui avoir encore élevé de statue.

Je suis née chez un ministre du Catshire, auprès de la petite ville de Miaulbury. La fécondité de ma mère condamnait presque tous ses enfants à un sort cruel, car vous savez qu'on ne sait pas encore à quelle cause attribuer l'intempérance de maternité chez les Chattes anglaises, qui menacent de peupler le monde entier. Les Chats et les Chattes attribuent, chacun de leur côté, ce résultat à leur amabilité et à leurs propres vertus. Mais quelques observateurs impertinents disent que les Chats et les Chattes sont soumis en Angleterre à des convenances si parfaitement ennuyeuses, qu'ils ne trouvent les moyens de se distraire que dans ces petites occupations de famille. D'autres prétendant qu'il y a là de grandes questions d'industrie et de politique, à cause de la domination anglaise dans les Indes ; mais ces questions sont peu décentes sous mes pattes et je les laisse à l'*Edimburg-Review*. Je fus exceptée de la noyade constitutionnelle à cause de l'entière blancheur de ma robe. Aussi me nomma-t-on Beauty. Hélas ! la pauvreté du ministre, qui avait une femme et onze filles, ne lui permettait pas de me garder. Une vieille fille remarqua chez moi une sorte d'affection pour la Bible du ministre ; je m'y posais toujours, non par religion, mais je ne voyais pas d'autre place propre dans le ménage. Elle crut peut-être que j'appartiendrais à la secte des Animaux sacrés qui a déjà fourni l'ânesse de Balaam, et me prit avec elle. Je n'avais alors que deux mois. Cette vieille fille, qui donnait des soirées auxquelles elle invitait par des billets qui promettaient *thé et Bible*, essaya de me communiquer la fatale science des filles d'Ève ; elle y réussit par une méthode protestante qui consiste à vous faire de si longs

raisonnements sur la dignité personnelle et sur les obli-
gations de l'extérieur, que, pour ne pas les entendre, on
subirait le martyre.

Un matin, moi, pauvre petite fille de la nature, attirée par de la crème contenue dans un bol, sur lequel
un *muffing* était posé en travers, je donnai un coup de
patte au *muffing*, je lapai la crème ; puis, dans la joie, et
peut-être aussi par un effet de la faiblesse de mes jeunes
organes, je me livrai, sur le tapis ciré, au plus impérieux
besoin qu'éprouvent les jeunes Chattes. En apercevant la
preuve de ce qu'elle nomma *mon intempérance* et mon
défaut d'éducation, elle me saisit et me fouetta vigoureusement avec des verges de bouleau, en protestant qu'elle
ferait de moi une lady ou qu'elle m'abandonnerait.

— Voilà qui est gentil ! disait-elle. Apprenez, miss
Beauty, que les Chattes anglaises enveloppent dans le
plus profond mystère les choses naturelles qui peuvent
porter atteinte au respect anglais, et bannissent tout ce
qui est *improper*, en appliquant à la créature, comme vous
l'avez entendu dire au révérend docteur Simpson, les lois
faites par Dieu pour la création. Avez-vous jamais vu la
Terre se comporter indécemment ? N'appartenez-vous
pas d'ailleurs à la sectes des *saints* (prononcez *sentz*),
qui marchent très lentement le dimanche pour faire bien
sentir qu'ils se promènent ? Apprenez à souffrir mille
morts plutôt que de révéler vos désirs : c'est en ceci que
consiste la vertu des *saints*. Le plus beau privilège des
Chattes est de se sauver avec la grâce qui vous caracté-
rise, et d'aller, on ne sait où, faire leurs petites toilettes.
Vous ne vous montrerez ainsi aux regards que dans votre
beauté. Trompé par les apparences, tout le monde vous
prendra pour un ange. Désormais, quand pareille envie
vous saisira, regardez la croisée, ayez l'air de vouloir

vous promener, et vous irez dans un taillis ou sur une gouttière. Si l'eau, ma fille, est la gloire de l'Angleterre, c'est précisément parce que l'Angleterre sait s'en servir, au lieu de la laisser tomber, comme une sotte, ainsi que font les Français, qui n'auront jamais de marine à cause de leur indifférence pour l'eau.

Je trouvai, dans mon simple bon sens de Chatte, qu'il y avait beaucoup d'hypocrisie dans cette doctrine ; mais j'étais si jeune !

— Et quand je serai dans la gouttière ? pensai-je en regardant la vieille fille.

— Une fois seule, et bien sûre de n'être vue de personne, eh ! bien, Beauty, tu pourras sacrifier les convenances, avec d'autant plus de charme que tu te seras plus retenue en public. En ceci éclate la perfection de la morale anglaise qui s'occupe exclusivement des apparences, ce monde n'étant, hélas ! qu'apparence et déception.

J'avoue que tout mon bon sens d'animal se révoltait contre ces déguisements ; mais, à force d'être fouettée, je finis par comprendre que la propreté extérieure devait être toute la vertu d'une chatte anglaise. Dès ce moment, je m'habituai à cacher sous des lits les friandises que j'aimais. Jamais personne ne me vit ni mangeant, ni buvant, ni faisant ma toilette. Je fus regardée comme la perle des Chattes.

J'eus alors l'occasion de remarquer la bêtise des Hommes qui se disent savants. Parmi les docteurs et autres gens appartenant à la société de ma maîtresse, il y avait ce Simpson, espèce d'imbécile, fils d'un riche propriétaire, qui attendait un bénéfice, et qui, pour le mériter, donnait des explications religieuses de tout ce que faisaient les Animaux. Il me vit un soir lapant du lait dans une tasse, et fit compliment à la vieille fille de la

manière dont j'étais élevée, en me voyant lécher premièrement les bords de l'assiette, et allant toujours en tournant et diminuant le cercle du lait.

— Voyez, dit-il, comme dans une sainte compagnie
tout se perfectionne : Beauty a le sentiment de l'éternité, car elle décrit le cercle qui en est l'emblème, tout en
lapant son lait.

La conscience m'oblige à dire que l'aversion des chattes
pour mouiller leurs poils était la seule cause de ma façon
de boire dans cette assiette ; mais nous serons toujours
mal jugés par les savants, qui se préoccupent beaucoup
plus de montrer leur esprit que de chercher le nôtre.

Quand les dames ou les hommes me prenaient pour
passer leurs mains sur mon dos de neige et faire jaillir des
étincelles de mes poils, la vieille fille disait avec orgueil :
« Vous pouvez la garder sans avoir rien à craindre pour
votre robe, elle est admirablement bien élevée ! » Tout le
monde disait de moi que j'étais un ange : on me prodi-
guait les friandises et les mets les plus délicats ; mais
je déclare que je m'ennuyais profondément. Je compris
très bien qu'une jeune Chatte du voisinage avait pu
s'enfuir avec un Matou. Ce mot de Matou causa comme
une maladie à mon âme que rien ne pouvait guérir, pas
mêmes les compliments que je recevais ou plutôt que ma
maîtresse se donnait à elle-même : « Beauty est tout à
fait morale, c'est un petit ange, disait-elle. Quoiqu'elle
soit très belle, elle a l'air de ne pas savoir. Elle ne regarde
jamais personne, ce qui est le comble des belles éduca-
tions aristocratiques ; il est vrai qu'elle se laisse voir très
volontiers ; mais elle a surtout cette parfaite insensibilité
que nous demandons à nos jeunes miss, et que nous ne
pouvons obtenir que très difficilement. Elle attend qu'on
la veuille pour venir, elle ne saute jamais sur vous familièrement, personne ne voit quand elle mange, et certes

ce monstre de lord Byron l'eût adorée. En bonne et vraie Anglaise, elle aime le thé ; se tient gravement quand on explique la Bible, et ne pense de mal de personne, ce qui lui permet d'en entendre dire. Elle est simple et sans aucune affection, elle ne fait aucun cas des bijoux ; donnez-lui une bague elle ne la gardera pas ; enfin elle n'imite pas la vulgarité de celles qui chassent, elle aime le *home*, et reste si parfaitement tranquille, que parfois vous croiriez que c'est une Chatte mécanique faite à Birmingham ou à Manchester, ce qui est le *nec plus ultra* de la belle éducation. »

Ce que les Hommes et les vieilles filles nomment l'éducation est une habitude à prendre pour dissimuler les penchants les plus naturels, et quand ils nous ont entièrement dépravées, ils disent que nous sommes bien élevées. Un soir, ma maîtresse pria l'une des jeunes miss de chanter. Quand cette jeune fille se fut mise au piano et chanta, je reconnus aussitôt les mélodies irlandaises que j'avais entendues dans mon enfance, et je compris que j'étais musicienne aussi. Je mêlai donc ma voix à celle de la jeune fille ; mais je reçus des tapes de colère, tandis que la miss recevait des compliments. Cette souveraine injustice me révolta, je me sauvai dans les greniers. Amour sacré de la patrie ! oh ! quelle nuit délicieuse ! Je sus ce que c'était que des gouttières ! J'entendis les hymnes chantés par des Chats à d'autres Chattes, et ces adorables élégies me firent prendre en pitié les hypocrisies que ma maîtresse m'avait forcée d'apprendre. Quelques Chattes m'aperçurent alors et parurent prendre de l'ombrage de ma présence, quand un Chat au poil hérissé, à barbe magnifique, et qui avait une grande tournure, vint m'examiner et dit à la compagnie : « C'est une enfant ! » À ces paroles de mépris, je me mis à bondir sur les tuiles et à caracoler avec l'agilité qui nous distingue, je tombai sur mes pattes de cette façon flexible et douce qu'aucun animal ne saurait imiter, afin de prouver que je n'étais pas si enfant. Mais ces chatteries furent en pure perte. « Quand me chantera-t-on des hymnes ! » me dis-je. L'aspect de ces fiers Matous, leurs mélodies, que la voix humaine ne rivalisera jamais, m'avaient profondément émue, et me faisaient faire de petites poésies que je chantais dans les escaliers ; mais un événement immense allait s'accomplir qui m'arracha brusquement à cette innocente vie. Je devais être emmenée à Londres par la nièce de ma maîtresse, une riche héritière qui s'affola de moi, qui me baisait, me caressait avec une sorte de rage et qui me plut tant, que je m'y attachai, contre toutes nos habitudes. Nous ne nous quittâmes point, et je pus observer le grand monde à Londres pendant la saison. C'est là que je devais étudier la perversité des mœurs anglaises qui s'est étendue jusqu'aux Bêtes, y connaître ce *cant* que lord Byron a maudit, et dont je suis victime, aussi bien que lui, mais sans avoir publié mes heures de loisirs.

Arabelle, ma maîtresse, était une jeune personne comme il y en a beaucoup en Angleterre : elle ne savait pas trop qui elle voulait pour mari. La liberté absolue qu'on laisse aux jeunes filles dans le choix d'un homme les rend presque folles, surtout quand elles songent à la rigueur des mœurs anglaises, qui n'admettent aucune conversation particulière après le mariage. J'étais loin de penser que les Chattes de Londres avaient adopté cette sévérité, que les lois anglaises me seraient cruellement appliquées et que je subirais un jugement à la cour des terribles *Doctors commons*. Arabelle accueillait très bien tous les hommes qui lui étaient présentés, et chacun pouvait croire qu'il épouserait cette belle fille ; mais quand les choses menaçaient de se terminer, elle trouvait des prétextes pour rompre, et je dois avouer que cette conduite me paraissait peu convenable. « Épouser un Homme qui a les genoux cagneux ! jamais, disait-elle de l'un. Quant à ce petit, il a le nez camus. » Les Hommes m'étaient si parfaitement indifférents, que je ne comprenais rien à ces incertitudes fondées sur des différences purement physiques.

Enfin, un jour, un vieux pair d'Angleterre lui dit en me voyant : « Vous avez une bien jolie Chatte, elle vous ressemble, elle est blanche, elle est jeune, il lui faut un mari, laissez-moi lui présenter un magnifique Angora que j'ai chez moi. »

Trois jours après, le pair amena le plus beau Matou de la Pairie. Puff, noir de robe, avait les plus magnifiques yeux, verts et jaunes, mais froids et fiers. Sa queue, remarquable par des anneaux jaunâtres, balayait le tapis de ses poils longs et soyeux. Peut-être venait-il de la maison impériale d'Autriche, car il en portait, comme vous voyez, les couleurs. Ses manières étaient celles d'un Chat qui a vu la cour et le beau monde. Sa sévérité, en matière de tenue, était si grande, qu'il ne se serait pas gratté, devant le monde, la tête avec la patte. Puff avait voyagé sur le continent. Enfin il était si remarquablement beau, qu'il avait été, disait-on, caressé par la reine d'Angleterre. Moi, simple et naïve, je lui sautai au cou pour l'engager à jouer, mais il s'y refusa sous prétexte que nous étions devant tout le monde. Je m'aperçus alors que le pair d'Angleterre devait à l'âge et à des excès de table cette gravité postiche et forcée qu'on appelle en Angleterre *respectability.* Son embonpoint, que les hommes admiraient, gênait ses mouvements. Telle était sa véritable raison pour ne pas répondre à mes gentillesses : il resta calme et froid sur son *innommable,* agitant ses barbes, me regardant et fermant parfois les yeux. Puff était, dans le beau monde des Chats anglais, le plus riche parti pour une Chatte née chez un ministre : il avait deux valets à son service, il mangeait dans de la porcelaine chinoise, il ne buvait que du thé noir, il allait en voiture à Hyde Park, et entrait au parlement. Ma maîtresse le garda chez elle. À mon insu, toute la population féline de Londres apprit que miss Beauty du Catshire épousait l'illustre Puff, marqué aux couleurs d'Autriche. Pendant la nuit, j'entendis un concert dans la rue : je descendis, accompagnée de milord qui, pris par sa goutte, allait lentement. Nous trouvâmes les Chattes de la Pairie qui venaient me féliciter et m'engager à entrer dans leur Société Ratophile. Elles m'expliquèrent qu'il n'y avait rien de plus commun que de courir après les Rats et les Souris. Les mots *shocking, vulgar,* furent sur toutes les lèvres. Enfin elles avaient formé pour la gloire du pays une Société de Tempérance. Quelques nuits après, milord et moi nous allâmes sur les toits d'Almack's entendre un Chat gris qui devait parler sur la question. Dans une exhortation, qui fut appuyée par des *Écoutez! Écoutez!* il prouva que saint Paul, en écrivant sur la charité, parlait également au Chats et aux Chattes de l'Angleterre. Il était donc réservé à la race anglaise, qui pouvait aller d'un bout du monde à l'autre sur ses vaisseaux sans avoir à craindre l'eau, de répandre les principes de la morale ratophile. Aussi, sur tous les points du globe, des Chats anglais prêchaient-ils déjà les saines doctrines de la Société qui d'ailleurs étaient fondées sur les découvertes de la science. On avait anatomisé les Rats et les Souris, on avait trouvé peu de différence entre eux et les Chats : l'oppression des uns par les autres était donc contre le Droit des Bêtes, qui est plus solide encore que le Droit des Gens. « Ce sont nos frères », dit-il. Et il fit une si belle peinture des souffrances d'un Rat pris dans la gueule d'un Chat, que je me mis à fondre en larmes.

En me voyant la dupe de ce *speech*, lord Puff me dit confidentiellement que l'Angleterre comptait faire un immense commerce avec les Rats et les Souris, que si les autres Chats n'en mangeaient plus, les Rats seraient à meilleur marché ; que derrière la morale anglaise, il y avait toujours quelque raison de comptoir ; et que cette alliance de la morale et du mercantilisme était la seule alliance sur laquelle comptait réellement l'Angleterre.

Puff me parut être trop grand politique pour pouvoir jamais faire un bon mari.

Un Chat campagnard (*country gentleman*) fit observer que, sur le continent, les Chats et les Chattes étaient sacrifiés journellement par des catholiques, surtout à Paris, aux environs des barrières (on lui criait : *À la question !*). On joignait à ces cruelles exécutions une affreuse calomnie en faisant passer ces Animaux courageux pour des lapins, mensonge et barbarie qu'il attribuait à l'ignorance de la vraie religion anglicane, qui ne permet le mensonge et les fourberies que dans les questions de gouvernement, de politique extérieure et de cabinet.

On le traita de radical et de rêveur. « Nous sommes ici pour les intérêts des Chats de l'Angleterre, et non pour ceux du continent ! » dit un fougueux Matou *tory*. Milord dormait. Quand l'assemblée se sépara, j'entendis ces délicieuses paroles dites par un jeune Chat qui venait de l'ambassade française, et dont l'accent annonçait la nationalité :

« *Dear Beauty*, de longtemps d'ici la nature ne pourra former une Chatte aussi parfaite que vous. Le cachemire de la Perse et des Indes semble être du poil de Chameau, comparé à vos soies fines et brillantes. Vous exhalez un parfum à faire évanouir de bonheur un ange, et je l'ai senti du salon du prince de Talleyrand, que j'ai quitté pour accourir à ce déluge de sottises que vous appelez un *meeting*. Le feu de vos yeux éclaire la nuit! Vos oreilles seraient la perfection même si mes gémissements les attendrissaient. Il n'y a pas de rose dans toute l'Angleterre qui soit aussi rose que la chair rose qui borde votre petite bouche rose. Un pêcheur chercherait vainement dans les abîmes d'Ormus des perles qui puissent valoir vos dents. Votre cher museau fin, gracieux, est tout ce que l'Angleterre a produit de plus mignon. La neige des Alpes paraîtrait rousse auprès de votre robe céleste. Ah! ces sortes de poils ne se voient que dans vos brouillards! Vos pattes portent mollement et avec grâce ce corps qui est l'abrégé des miracles de la création; mais que votre queue, interprète élégant des mouvements de votre cœur, surpasse : oui! jamais courbe si élégante, rondeur plus correcte, mouvements plus délicats ne se sont vus chez aucune Chatte. Laissez-moi ce vieux drôle de Puff, qui dort comme un pair d'Angleterre au parlement, qui d'ailleurs est un misérable vendu au wighs, et qui doit à un trop long séjour au Bengale d'avoir perdu tout ce qui peut plaire à une Chatte. »

J'aperçus alors, sans avoir l'air de le regarder, ce charmant Matou français : il était ébouriffé, petit, gaillard, et ne ressemblait en rien à un Chat anglais. Son air cavalier annonçait, autant que sa manière de secouer l'oreille, un drôle sans souci. J'avoue que j'étais fatiguée de la solennité des Chats anglais et de leur propreté purement matérielle. Leur affectation de *respectability* me semblait surtout ridicule. L'excessif naturel de ce Chat mal peigné me surprit par un violent contraste avec tout ce que je voyais à Londres. D'ailleurs, ma vie était si positivement réglée, je savais si bien ce que je devais faire pendant le reste de mes jours, que je fus sensible à tout ce qu'annonçait d'imprévu la physionomie du Chat français. Tout alors me parut fade. Je compris que je pouvais vivre sur les toits avec une amusante créature qui venait de ce pays où l'on s'est consolé des victoires du plus grand général anglais par ces mots : « Malbrouk s'en va-t-en guerre, *mironton*, TON TON, MIRONTAINE ! » Néanmoins, j'éveillai milord et lui fis comprendre qu'il était fort tard, que nous devions rentrer. Je n'eus pas l'air d'avoir écouté cette déclaration, et fus d'une apparente insensibilité qui pétrifia Brisquet. Il resta là, d'autant plus surpris qu'il se croyait très beau. Je sus plus tard qu'il séduisait toutes les Chattes de bonne volonté. Je l'examinai du coin de l'œil : il s'en allait par petits bonds, revenait en franchissant la largeur de la rue, et s'en retournait de même, comme un Chat français au désespoir : un véritable Anglais aurait mis de la décence dans ses sentiments, et ne les aurait pas laissé voir ainsi. Quelques jours après, nous nous trouvâmes, milord et moi, dans la magnifique maison du vieux pair, je sortis alors en voiture pour me promener à Hyde Park. Nous ne mangions que des os de poulets, des arêtes de poissons, des crèmes, du lait, du chocolat. Quelque échauffant que fût ce régime, mon prétendu mari Puff demeurait grave. Sa *respectability* s'étendait jusqu'à moi. Généralement, il dormait dès sept heures du soir, à la table de whist sur les genoux de Sa Grâce. Mon âme était donc sans aucune satisfaction, et je languissais. Cette situation de mon intérieur se combina fatalement avec une petite affection dans les entrailles que me causa le jus de Hareng pur (le vin de Porto des Chats anglais) dont Puff faisait usage, et qui me rendit comme folle. Ma maîtresse fit venir un médecin, qui sortait d'Édimbourg après avoir étudié longtemps à Paris. Il promit à ma maîtresse de me guérir le lendemain même, après avoir reconnu ma maladie. Il revint en effet, et sortit de sa poche un instrument de fabrique parisienne.

J'eus une espèce de frayeur en apercevant un canon de métal blanc terminé par un tube effilé. À la vue de ce mécanisme, que le docteur fit jouer avec satisfaction, Leurs Grâces rougirent, se courroucèrent et dirent de fort belles choses sur la dignité du peuple anglais : comme quoi ce qui distinguait la vieille Angleterre des catholiques n'était pas ses opinions sur la Bible que sur cette infâme machine. Le duc dit qu'à Paris les Français ne rougissent pas d'en faire une exhibition sur leur théâtre national, dans une comédie de Molière ; mais qu'à Londres un *watchman* n'oserait en prononcer le nom. Donnez-lui du calomel !

— Mais Votre Grâce la tuerait, s'écria le docteur. Quant à cette innocente mécanique, les Français ont fait maréchal un de leur plus brave généraux pour s'en être servi devant leur fameuse colonne.

— Les Français peuvent arroser les émeutes de l'intérieur comme ils le veulent, reprit Milord. Je ne sais pas, ni vous non plus, ce qui pourrait arriver de l'emploi de cette avilissante machine ; mais ce que je sais, c'est qu'un vrai médecin anglais ne doit guérir ses malades qu'avec les remèdes de la vieille Angleterre.

Le médecin, qui commençait à se faire une grande réputation, perdit toutes ses pratiques dans le beau monde. On appela un autre médecin qui me fit des questions inconvenantes sur Puff, et qui m'apprit que la véritable devise de l'Angleterre était : Dieu et mon Droit... *conjugal !* Une nuit, j'entendis dans la rue la voix du Chat français. Personne ne pouvait nous voir : je grimpai par la cheminée, et, parvenue en haut de la maison, je lui criai : « À la gouttière ! » Cette réponse lui donna des ailes, il fut auprès de moi en un clin d'œil. Croiriez-vous que ce Chat français eut l'inconvenante audace de s'autoriser de ma petite exclamation pour me dire : « Viens dans mes pattes ! » Il osa tutoyer, sans autre forme de procès, une

Chatte de distinction. Je le regardai froidement, et pour lui donner une leçon, je lui dis que j'appartenais à la Société de Tempérance.

— Je vois, mon cher, lui dis-je, à votre accent et au relâchement de vos maximes, que vous êtes, comme tous les Chats catholiques, disposé à rire et à faire mille ridiculités, en vous croyant quitte pour un peu de repentir ; mais en Angleterre, nous avons plus de moralité : nous mettons partout de la *respectability*, même dans nos plaisirs.

Ce jeune Chat, frappé par la majesté du *cant* anglais, m'écoutait avec une sorte d'attention qui me donna l'espoir d'en faire un Chat protestant. Il me dit alors dans le plus beau langage qu'il ferait tout ce que je voudrais, pourvu qu'il lui fût permis de m'adorer. Je le regardais sans pouvoir répondre, car ses yeux, *very beautiful, splendid,* brillaient comme des étoiles, ils éclairaient la nuit. Mon silence l'enhardit, et il s'écria : – Chère Minette !

— Quelle est cette nouvelle indécence ? m'écriai-je, sachant les Chats français très légers dans leur propos.

Brisquet m'apprit que, sur le continent, tout le monde, le roi lui-même, disait à sa fille : *Ma petite Minette,* pour lui témoigner son affection ; que beaucoup de femmes, et des plus jolies, des plus aristocratiques, disaient toujours : *Mon petit Chat* à leurs maris, même quand elles ne les aimaient pas. Si je voulais lui faire plaisir, je l'appellerais : Mon petit Homme ! Là-dessus il leva ses pattes avec une grâce infinie. Je disparus, craignant d'être faible. Brisquet chanta *Rule, Britannia !* tant il était heureux, et le lendemain sa chère voix bourdonnait encore à mes oreilles.

— Ah ! tu aimes aussi, toi, chère Beauty, me dit ma maîtresse en me voyant étalée sur le tapis, les quatre pattes en avant, le corps dans un mol abandon, et noyée dans la poésie de mes souvenirs.

Je fus surprise par cette intelligence chez une Femme, et je vins alors, en relevant mon épine dorsale, me frotter à ses jambes en lui faisant entendre un *ronron* amoureux sur les cordes les plus graves de ma voix de *contre-alto*.

Pendant que ma maîtresse, qui me prit sur ses genoux me caressait en me grattant la tête, et que je la regardais tendrement en lui voyant les yeux en pleurs, il se passait dans *Bond Street* une scène dont les suites furent terribles pour moi.

Puck, un des neveux de Puff qui prétendait à sa succession, et qui, pour le moment, habitait la caserne des *Life Guards*, rencontra *my dear* Brisquet. Le sournois capitaine Puck complimenta l'attaché sur ses succès auprès de moi, en disant que j'avais résisté aux plus charmants Matous de l'Angleterre. Brisquet, en Français vaniteux, répondit qu'il serait bien heureux d'attirer mon attention, mais qu'il avait en horreur les Chattes qui vous parlaient de tempérance et de la Bible, etc.

— Oh! fit Puck, elle vous parle donc?

Brisquet, ce cher Français, fut ainsi victime de la diplomatie anglaise; mais il commit une de ces fautes impardonnables et qui courrouce toutes les Chattes bien apprises de l'Angleterre. Ce petit drôle était véritablement très inconsistant. Ne s'avisa-t-il pas au Park de me saluer et vouloir causer familièrement comme si nous nous connaissions. Je restai froide et sévère. Le cocher, apercevant ce Français, lui donna un coup de fouet qui l'atteignit et faillit le tuer. Brisquet reçu ce coup de fouet en me regardant avec une intrépidité qui changea mon moral : je l'aimai pour la manière dont il se laissait frapper, ne voyant que moi, ne sentant que la faveur de ma présence, domptant ainsi le naturel qui pousse les Chats à fuir à la moindre apparence d'hostilité. Il ne devina pas que je me sentais mourir, malgré mon apparente froideur. Dès ce moment, je résolus de me laisser enlever. Le soir, sur la gouttière, je me jetai dans ses pattes tout éperdue.

— *My dear*, lui dis-je, avez-vous le capital nécessaire pour payer les dommages-intérêts au vieux Puff?

— Je n'ai pas d'autre capital, me répondit le Français en riant, que les poils de ma moustache, mes quatre pattes et cette queue.

Là-dessus il balaya la gouttière par un mouvement plein de fierté.

— Pas de capital! lui répondis-je, mais vous n'êtes qu'un aventurier, *my dear*.

— J'aime les aventures, me dit-il tendrement. En France, dans les circonstances auxquelles tu fais allusion, c'est alors que les Chats se peignent! Ils ont recours à leurs griffes et non à leurs écus.

— Pauvre pays! lui dis-je. Et comment envoie-t-il à l'étranger, dans ses ambassades, des Bêtes si dénuées de capital?

— Ah! voilà, dit Brisquet. Notre nouveau gouvernement n'aime pas l'argent… chez ses employés : il ne recherche que les capacités intellectuelles.

Le cher Brisquet eut, en me parlant, un petit air content qui me fit craindre que ce ne fût un fat.

— L'amour sans capital est un *non-sens*! lui dis-je. Pendant que vous irez à droite et à gauche chercher à manger, vous ne vous occuperez pas de moi, mon cher.

Ce charmant Français me prouva, pour toute réponse, qu'il descendait, par sa grand'mère, du Chat-Botté. D'ailleurs, il avait quatre-vingt-dix-neuf manières d'emprunter de l'argent, et nous n'en aurions, dit-il, qu'une seule de le dépenser. Enfin il savait la musique et pouvait donner des leçons. En effet, il me chanta, sur un mode

qui arrachait l'âme, une romance nationale de son pays :
Au clair de la lune...

En ce moment, plusieurs Chats et des Chattes amenés
par Puck me virent quand, séduite par tant de raisons, je
promettais à ce cher Brisquet de le suivre dès qu'il pourrait entretenir sa femme confortablement.

— Je suis perdue! m'écriai-je.

Le lendemain même, le banc des *Doctors commons* fut
saisi par le vieux Puff d'un procès en criminelle conversation. Puff était sourd : ses neveux abusèrent de sa
faiblesse. Puff, questionné par eux, leur apprit que la nuit
je l'avais appelé par flatterie : *Mon petit Homme!* Ce fut
une des choses les plus terribles contre moi, car jamais
je ne pus expliquer de qui je tenais la connaissance de
ce mot d'amour. Milord, sans le savoir, fut très mal pour
moi; mais j'avais remarqué déjà qu'il était en enfance.
Sa Seigneurie ne soupçonna jamais les basses intri-
gues auxquelles je fus en butte. Plusieurs petits Chats,
qui me défendirent contre l'opinion publique, m'ont dit
que parfois il demande son ange, la joie de ses yeux,
sa *darling*, sa *sweet* Beauty! Ma propre mère, venue à
Londres, refusa de me voir et de m'écouter, en me disant
que jamais une Chatte anglaise ne devait être soupçon-
née, et que je mettais bien de l'amertume dans ses vieux
jours. Mes sœurs, jalouses de mon élévation, appuyèrent
mes accusatrices. Enfin, les domestiques déposèrent
contre moi. Je vis alors clairement à propos de quoi
tout le monde perd la tête en Angleterre. Dès qu'il s'agit
d'une criminelle conversation, tous les sentiments s'arrêtent, une mère n'est plus mère, une nourrice voudrait
reprendre son lait, et toutes les Chattes hurlent par les
rues. Mais, ce qui fut bien plus infâme, mon vieil avocat,
qui, dans le temps, croyait à l'innocence de la reine d'Angleterre, à qui j'avais tout raconté dans le moindre détail,

qui m'avait assuré qu'il n'y avait pas de quoi fouetter un Chat, et à qui, pour preuve de mon innocence, j'avouai ne rien comprendre à ces mots, *criminelle conversation* (il me dit que c'était ainsi appelé précisément parce qu'on parlait très peu); cet avocat, gagné par le capitaine Puck, me défendit si mal, que ma cause parut perdue. Dans cette circonstance, j'eus le courage de comparaître devant les *Doctors commons*.

— Milords, dis-je, je suis une Chatte anglaise, et je suis innoncente! Que dirait-on de la justice de la vieille Angleterre, si...

À peine eus-je prononcé ces paroles, que d'effroyables murmures couvrirent ma voix, tant le public avait été travaillé par le *Cat Chronicle* et par les amis de Puck.

— Elle met en doute la justice de la vieille Angleterre qui a créé le jury! criait-on.

— Elle veut vous expliquer, milord, s'écria l'abominable avocat de mon adversaire, comment elle allait sur les gouttières avec un Chat français pour le convertir à la religion anglicane, tandis qu'elle y allait bien plutôt pour en revenir dire en bon français *mon petit homme* à son mari, pour écouter les abominables principes du papisme, et apprendre à méconnaître les lois et les usages de la vieille Angleterre!

Quand on parle de ces sornettes à un public anglais, il devient fou. Aussi des tonnerres d'applaudissements accueillirent-ils les paroles de l'avocat de Puck. Je fus condamnée, à l'âge de vingt-six mois, quand je pouvais prouver que j'ignorais encore ce que c'était qu'un Chat. Mais, à tout ceci, je gagnai de comprendre que c'est à cause de ses radotages qu'on appelle Albion la vieille Angleterre.

Je tombai dans une grande mischathropie qui fut causée moins par mon divorce que par la mort de mon cher Brisquet, que Puck fit tuer par une émeute, en craignant sa vengeance. Aussi rien ne me met-il plus en fureur que d'entendre parler de la loyauté des Chats anglais.

Vous voyez, ô Animaux français, qu'en nous familiarisant avec les Hommes, nous en prenons tous les vices et toutes les mauvaises institutions. Revenons à la vie sauvage où nous n'obéissons qu'à l'instinct, et où nous ne trouvons pas des usages qui s'opposent aux vœux les plus sacrés de la nature. J'écris en ce moment un traité politique à l'usage des classes ouvrières animales, afin de les engager à ne plus tourner les broches, ni se laisser atteler à de petites charrettes, et pour leur enseigner les moyens de se soustraire à l'oppression du grand aristocrate. Quoique notre griffonnage soit célèbre, je crois que miss Henriette Martineau ne me désavouerait pas. Vous savez sur le continent que la littérature est devenue l'asile de toutes les Chattes qui protestent contre l'immortel monopole du mariage, qui résistent à la tyrannie des institutions, et veulent revenir aux lois naturelles. J'ai omis de vous dire que, quoique Brisquet eût le corps traversé par un coup reçu dans le dos, le *Coroner*, par une infâme hypocrisie, a déclaré qu'il s'était empoisonné lui-même avec de l'arsenic, comme si jamais un Chat si gai, si fou, si étourdi, pouvait avoir assez réfléchi sur la vie pour concevoir une idée si sérieuse, et comme si un Chat que j'aimais pouvait avoir la moindre envie de quitter l'existence! Mais, avec l'appareil de Marsh, on a trouvé des taches sur une assiette.

Extrait de Vie privée et publique des animaux

Comtesse de Ségur

La forêt des Lilas

Quand Blondine fut entrée dans la forêt, elle se mit à cueillir de belles branches de lilas, se réjouissant d'en avoir autant et qui sentaient si bon. À mesure qu'elle en cueillait, elle en voyait de plus beaux ; alors elle vidait son tablier et son chapeau qui en étaient pleins, et elle les remplissait encore.

Il y avait plus d'une heure que Blondine était ainsi occupée ; elle avait chaud ; elle commençait à se sentir fatiguée ; les lilas étaient lourds à porter, et elle pensa qu'il était temps de retourner au palais. Elle se retourna et se vit entourée de lilas ; elle appela Gourmandinet : personne ne lui répondit. « Il paraît que j'ai été plus loin que je ne croyais, dit Blondine : je vais retourner sur mes pas, quoique je sois un peu fatiguée, et Gourmandinet m'entendra et viendra au-devant de moi. »

Elle marcha pendant quelque temps, mais elle n'apercevait pas la fin de la forêt. Bien des fois elle appela Gourmandinet, personne ne lui répondait. Enfin elle commença à s'effrayer.

« Que vais-je devenir dans cette forêt toute seule ? Que va penser mon pauvre papa de ne pas me voir revenir ? Et le pauvre Gourmandinet, comment osera-t-il rentrer au palais sans moi ? Il va être grondé, battu peut-être, et tout cela par ma faute, parce que j'ai voulu descendre et cueillir ces lilas ! Malheureuse que je suis ! je vais mourir de faim et de soif dans cette forêt, si encore les loups ne me mangent pas cette nuit. »

Et Blondine tomba par terre au pied d'un gros arbre et se mit à pleurer amèrement. Elle pleura longtemps ; enfin la fatigue l'emporta sur le chagrin ; elle posa sa tête sur sa botte de lilas et s'endormit.

Premier réveil de Blondine et rencontre de Beau-Minon

Blondine dormit toute la nuit ; aucune bête féroce ne vint troubler son sommeil ; le froid ne se fit pas sentir ; elle se réveilla le lendemain assez tard ; elle se frotta les yeux, très surprise de se voir entourée d'arbres, au lieu de se trouver dans sa chambre et dans son lit. Elle appela sa bonne ; un miaulement doux lui répondit ; étonnée et presque effrayée, elle regarda à terre et vit à ses pieds un magnifique chat blanc qui la regardait avec douceur et qui miaulait.

« Ah ! Beau-Minon, que tu es joli ! s'écria Blondine en passant la main sur ses beaux poils, blancs comme la neige. Je suis bien contente de te voir, Beau-Minon, car tu me mèneras à ta maison. Mais j'ai bien faim, et je n'aurais pas la force de marcher avant d'avoir mangé. »

À peine eut-elle achevé ces paroles, que Beau-Minon miaula encore et lui montra avec sa petite patte un paquet posé près d'elle et qui était enveloppé dans un linge fin et blanc. Elle ouvrit le paquet et y trouva des tartines de beurre ; elle mordit dans une des tartines, la trouva délicieuse, et en donna quelques morceaux à Beau-Minon, qui eut l'air de les croquer avec délices.

Quand elle et Beau-Minon eurent bien mangé, Blondine se pencha vers lui, le caressa et lui dit :

« Merci, mon Beau-Minon, du déjeuner que tu m'as apporté. Maintenant, peux-tu me ramener à mon père qui doit se désoler de mon absence ? »

Beau-Minon secoua la tête en faisant un miaulement plaintif.

« Ah ! tu me comprends, Beau-Minon, dit Blondine. Alors, aie pitié de moi et mène-moi dans une maison quelconque, pour que je ne périsse pas de faim, de froid et de terreur dans cette affreuse forêt. »

Beau-Minon la regarda, fit avec sa tête blanche un petit signe qui voulait dire qu'il comprenait, se leva, fit plusieurs pas et se retourna pour voir si Blondine le suivait.

« Me voici, Beau-Minon, dit Blondine, je te suis. Mais comment pourrons-nous passer dans ces buissons si touffus ? je ne vois pas de chemin. »

Beau-Minon, pour toute réponse, s'élança dans les buissons, qui s'ouvrirent d'eux-mêmes pour laisser passer Beau-Minon et Blondine, et qui se refermaient quand ils étaient passés. Blondine marcha ainsi pendant une heure ; à mesure qu'elle avançait, la forêt devenait plus claire, l'herbe était plus fine, les fleurs croissaient en abondance ; on voyait de jolis oiseaux qui chantaient, des écureuils qui grimpaient le long des branches. Blondine, qui ne doutait pas qu'elle allait sortir de la forêt et qu'elle reverrait son père, était enchantée de tout ce qu'elle voyait ; elle se serait volontiers arrêtée pour cueillir des fleurs : mais Beau-Minon trottait toujours en avant, et miaulait tristement quand Blondine faisait mine de s'arrêter.

Au bout d'une heure, Blondine aperçut un magnifique château. Beau-Minon la conduisit jusqu'à la grille dorée. Blondine ne savait pas comment faire pour y entrer; il n'y avait pas de sonnette, et la grille était fermée. Beau-Minon avait disparu; Blondine était seule.

Bonne-Biche

Beau-Minon était entré par un petit passage qui semblait fait exprès pour lui, et il avait probablement averti quelqu'un du château, car la grille s'ouvrit sans que Blondine eût appelé. Elle entra dans la cour et ne vit personne; la porte du château s'ouvrit d'elle-même. Blondine pénétra dans un vestibule tout en marbre blanc et rare; toutes les portes s'ouvrirent seules comme la première, et Blondine parcourut une suite de beaux salons. Enfin elle aperçut, au fond d'un joli salon bleu et or, une biche blanche couchée sur un lit d'herbes fines et odorantes. Beau-Minon était près d'elle. La biche vit Blondine, se leva, alla à elle et lui dit :

« Soyez la bienvenue, Blondine; il y a longtemps que moi et mon fils Beau-Minon nous vous attendons. »

Et comme Blondine paraissait effrayée :

« Rassurez-vous, Blondine, vous êtes avec des amis; je connais le roi votre père, et je l'aime ainsi que vous.

— Oh! Madame, dit Blondine, si vous connaissez le roi mon père, ramenez-moi chez lui; il doit être bien triste de mon absence.

— Ma chère Blondine, reprit Bonne-Biche en soupirant, il n'est pas en mon pouvoir de vous rendre à votre père; vous êtes sous la puissance de l'enchanteur de la forêt des Lilas. Moi-même je suis soumise à son pouvoir, supérieur au mien ; mais je puis envoyer à votre père des songes qui le rassureront sur votre sort et qui lui apprendront que vous êtes chez moi.

— Comment ! Madame, s'écria Blondine avec effroi, ne reverrai-je jamais mon père, mon pauvre père que j'aime tant ?

— Chère Blondine, ne nous occupons pas de l'avenir ; la sagesse est toujours récompensée. Vous reverrez votre père, mais pas encore. En attendant, soyez docile et bonne. Beau-Minon et moi nous ferons tout notre possible pour que vous soyez heureuse. »

Blondine soupira et répandit quelques larmes. Puis elle pensa que c'était mal reconnaître la bonté de Bonne-Biche que de s'affliger d'être avec elle ; elle se contint donc et s'efforça de causer gaiement.

Bonne-Biche et Beau-Minon la menèrent voir l'appartement qui lui était destiné. La chambre de Blondine était toute tapissée de soie rose brodée en or : les meubles étaient en velours blanc, brodés admirablement avec les soies les plus brillantes. Tous les animaux, les oiseaux, les papillons, les insectes y étaient représentés. Près de la chambre de Blondine était son cabinet de travail. Il était tendu en damas bleu de ciel brodé en perles fines. Les meubles étaient en moire d'argent rattachée avec de gros clous en turquoise. Sur le mur étaient accrochés deux magnifiques portraits représentant une jeune et superbe femme et un charmant jeune homme ; leurs costumes indiquaient qu'ils étaient de race royale.

« De qui sont ces portraits, Madame ? demanda Blondine à Bonne-Biche.

— Il m'est défendu de répondre à cette question, chère Blondine. Plus tard vous le saurez. Mais voici l'heure du dîner ; venez, Blondine, vous devez avoir appétit. »

Blondine, en effet, mourait de faim; elle suivit Bonne-Biche et entra dans une salle à manger où était une table servie bizarrement. Il y avait un énorme coussin en satin blanc, placé par terre pour Bonne-Biche; devant elle, sur la table, était une botte d'herbes choisies, fraîches et succulentes. Près des herbes était une auge en or, pleine d'une eau fraîche et limpide. En face de Bonne-Biche était un petit tabouret élevé, pour Beau-Minon; devant lui était une écuelle en or, pleine de petits poissons frits et de bécassines; à côté, une jatte en cristal de roche, pleine de lait tout frais.

Entre Bonne-Biche et Beau-Minon était le couvert de Blondine; elle avait un petit fauteuil en ivoire sculpté, garni de velours nacarat rattaché avec des clous en diamant. Devant elle était une assiette en or ciselé, pleine d'un potage délicieux de gelinottes et de becfigues. Son verre et son carafon étaient taillés dans un cristal de roche; un petit pain mollet était placé à côté d'une cuiller qui était en or ainsi que la fourchette. La serviette était en batiste si fine, qu'on n'en avait jamais vu de pareille. Le service de table se faisait par des gazelles qui étaient d'une adresse merveilleuse; elles servaient, découpaient et devinaient tous les désirs de Blondine, de Bonne-Biche et de Beau-Minon.

Le dîner fut exquis : les volailles les plus fines, le gibier le plus rare, les poissons les plus délicats, les pâtisseries, les sucreries les plus parfumées. Blondine avait faim; elle mangea de tout et trouva tout excellent.

Après le dîner, Bonne-Biche et Beau-Minon menèrent Blondine dans le jardin; elle y trouva les fruits les plus succulents et des promenades charmantes. Après avoir bien couru, s'être bien promenée, Blondine rentra avec ses nouveaux amis : elle était fatiguée. Bonne-Biche lui proposa d'aller se coucher, ce que Blondine accepta avec joie.

Elle entra dans sa chambre à coucher, où elle trouva deux gazelles qui devaient la servir : elles la déshabillèrent avec une habileté merveilleuse, la couchèrent et s'établirent près du lit pour la veiller.

Blondine ne tarda pas à s'endormir, non sans avoir pensé à son père et sans avoir amèrement pleuré sur sa séparation d'avec lui.

Second réveil de Blondine

Blondine dormit profondément, et, quand elle se réveilla, il lui sembla qu'elle n'était plus la même que lorsqu'elle s'était couchée ; elle se voyait plus grande ; ses idées lui semblèrent aussi avoir pris du développement ; elle se sentait instruite ; elle se souvenait d'une foule de livres qu'elle croyait avoir lus pendant son sommeil ; elle se souvenait d'avoir écrit, dessiné, chanté, joué du piano et de la harpe.

Pourtant sa chambre était bien celle que lui avait montrée Bonne-Biche et dans laquelle elle s'était couchée la veille.

Agitée, inquiète, elle se leva, courut à une glace, vit qu'elle était grande, et, nous devons l'avouer, se trouva charmante, plus jolie cent fois que lorsqu'elle s'était couchée. Ses beaux cheveux blonds tombaient jusqu'à ses pieds ; son teint blanc et rose, ses jolis yeux bleus, son petit nez arrondi, sa petite bouche vermeille, ses joues rosées, sa taille fine et gracieuse, faisaient d'elle la plus jolie personne qu'elle eût jamais vue.

Émue, presque effrayée, elle s'habilla à la hâte et courut chez Bonne-Biche, qu'elle trouva dans l'appartement où elle l'avait vue la première fois.

« Bonne-Biche !   Bonne-Biche !   s'écria-t-elle, expliquez-moi de grâce la métamorphose que je vois et que je sens en moi. Je me suis couchée hier au soir enfant, je me réveille ce matin grande personne; est-ce une illusion? ou bien ai-je véritablement grandi ainsi dans une nuit?

— Il est vrai, ma chère Blondine, que vous avez aujourd'hui quatorze ans; mais votre sommeil dure depuis sept ans. Mon fils Beau-Minon et moi, nous avons voulu vous épargner les ennuis des premières études; quand vous êtes venue chez moi, vous ne saviez rien, pas même lire. Je vous ai endormie pour sept ans, et nous avons passé ces sept années, vous à apprendre en dormant, Beau-Minon et moi à vous instruire. Je vois dans vos yeux que vous doutez de votre savoir; venez avec moi dans votre salle d'étude, et assurez-vous par vous-même de tout ce que vous savez. »

Blondine suivit Bonne-Biche dans la salle d'étude; elle courut au piano, se mit à en jouer, et vit qu'elle jouait très bien; elle alla essayer sa harpe et en tira des sons ravissants; elle chanta merveilleusement; elle prit des crayons, des pinceaux, et dessina et peignit avec une facilité qui dénotait un vrai talent; elle essaya d'écrire et se trouva aussi habile que pour le reste; elle parcourut des yeux ses livres et se souvint de les avoir presque tous lus : surprise, ravie, elle se jeta au cou de Bonne-Biche, embrassa tendrement Beau-Minon, et leur dit :

« Oh! mes bons, mes chers, mes vrais amis, que de reconnaissance ne vous dois-je pas pour avoir ainsi soigné mon enfance, développé mon esprit et mon cœur! car je le sens, tout est amélioré en moi, et c'est à vous que je le dois. »

Bonne-Biche lui rendit ses caresses. Beau-Minon lui léchait délicatement les mains. Quand les premiers moments de bonheur furent passés, Blondine baissa les yeux et dit timidement :

« Ne me croyez pas ingrate, mes bons et excellents amis, si je demande d'ajouter un nouveau bienfait à ceux que j'ai reçus de vous. Dites-moi, que fait mon père ? Pleure-t-il encore mon absence ? Est-il heureux depuis qu'il m'a perdue ?

— Votre désir est trop légitime pour ne pas être satisfait. Regardez dans cette glace, Blondine, et vous y verrez tout ce qui s'est passé depuis votre départ, et comment est votre père actuellement. »

Blondine leva les yeux et vit dans la glace l'appartement de son père ; le roi s'y promenait d'un air agité. Il paraissait attendre quelqu'un. La reine Fourbette entra et lui raconta que Blondine, malgré les instances de Gourmandinet, avait voulu diriger elle-même les autruches qui s'étaient emportées, avaient couru vers la forêt des Lilas et versé la voiture ; que Blondine avait été lancée dans la forêt des Lilas à travers la grille ; que Gourmandinet avait perdu la tête d'effroi et de chagrin ; qu'elle l'avait renvoyé chez ses parents. Le roi parut au désespoir de cette nouvelle ; il courut dans la forêt des Lilas, et il fallut qu'on employât la force pour l'empêcher de s'y précipiter à la recherche de sa chère Blondine. On le ramena chez lui, où il se livra au plus affreux désespoir, appelant sans cesse sa Blondine, sa chère enfant. Enfin il s'endormit et vit en songe Blondine dans le palais de Bonne-Biche et de Beau-Minon. Bonne-Biche lui donna l'assurance que Blondine lui serait rendue un jour et que son enfance serait calme et heureuse.

La glace se ternit ensuite ; tout disparut. Puis elle redevint claire, et Blondine vit de nouveau son père, il était vieilli, ses cheveux avaient blanchi, il était triste ; il tenait à la main un petit portrait de Blondine et le baisait souvent en répandant quelques larmes. Il était seul ; Blondine ne vit ni la reine ni Brunette.

La pauvre Blondine pleura amèrement.

« Pourquoi, dit-elle, mon père n'a-t-il personne près de lui ? Où sont donc ma sœur Brunette et la reine ?

— La reine témoigna si peu de chagrin de votre mort (car on vous croit morte, chère Blondine), que le roi la prit en horreur et la renvoya au roi Turbulent son père, qui la fit enfermer dans une tour, où elle ne tarda pas à mourir de rage et d'ennui. Quant à votre sœur Brunette, elle devint si méchante, si insupportable, que le roi se dépêcha de la donner en mariage l'année dernière au prince Violent, qui se chargea de réformer le caractère méchant et envieux de la princesse Brunette. Il la maltraite rudement ; elle commence à voir que sa méchanceté ne lui donne pas le bonheur, et elle devient un peu meilleure. Vous la reverrez un jour, et vous achèverez de la corriger par votre exemple. »

Blondine remercia tendrement Bonne-Biche de ces détails ; elle eût bien voulu lui demander : « Quand reverrai-je mon père et ma sœur ? » Mais elle eut peur d'avoir l'air pressée de la quitter et de paraître ingrate ; elle attendit donc une autre occasion pour faire cette demande.

Les journées de Blondine se passaient sans ennui parce qu'elle s'occupait beaucoup, mais elle s'attristait quelquefois ; elle ne pouvait causer qu'avec Bonne-Biche, et Bonne-Biche n'était avec elle qu'aux heures des leçons et des repas. Beau-Minon ne pouvait répondre et se faire comprendre que par des signes. Les gazelles servaient Blondine avec zèle et intelligence, mais aucune d'elles ne pouvait parler.

Blondine se promenait accompagnée toujours de Beau-Minon, qui lui indiquait les plus jolies promenades, les plus belles fleurs. Bonne-Biche avait fait promettre à Blondine que jamais elle ne franchirait l'enceinte du parc et qu'elle n'irait jamais dans la forêt. Plusieurs fois Blondine avait demandé à Bonne-Biche la cause de cette défense. Bonne-Biche avait toujours répondu en soupirant :

« Ah ! Blondine, ne demandez pas à pénétrer dans la forêt ; c'est une forêt de malheur. Puissiez-vous ne jamais y entrer ! »

Quelquefois Blondine montait dans un pavillon qui était sur une éminence au bord de la forêt ; elle voyait des arbres magnifiques, des fleurs charmantes, des milliers d'oiseaux qui chantaient et voltigeaient comme pour l'appeler. « Pourquoi, se disait-elle, Bonne-Biche ne veut-elle pas me laisser promener dans cette forêt ? Quel danger puis-je y courir sous sa protection ? »

Toutes les fois qu'elle réfléchissait ainsi, Beau-Minon, qui paraissait comprendre ce qui se passait en elle, miaulait, la tirait par sa robe et la forçait à quitter le pavillon.

Blondine souriait, suivait Beau-Minon et reprenait sa promenade dans le parc solitaire.

Extrait des Nouveaux Contes de fées

Edgar Allan Poe

Le Chat noir

Relativement à la très étrange et pourtant très familière histoire que je vais coucher par écrit, je n'attends ni ne sollicite la créance. Vraiment, je serais fou de m'y attendre dans un cas où mes sens eux-mêmes rejettent leur propre témoignage. Cependant, je ne suis pas fou, – et très certainement je ne rêve pas. Mais demain je meurs, et aujourd'hui je voudrais décharger mon âme. Mon dessein immédiat est de placer devant le monde, clairement, succinctement et sans commentaires, une série de simples événements domestiques. Dans leurs conséquences, ces événements m'ont terrifié, – m'ont torturé, – m'ont anéanti. – Cependant, je n'essaierai pas de les élucider. Pour moi, ils ne m'ont guère présenté que de l'horreur : – à beaucoup de personnes ils paraîtront moins terribles que *baroques*. Plus tard peut-être, il se trouvera une intelligence qui réduira mon fantôme à l'état de lieu commun, – quelque intelligence plus calme, plus logique et beaucoup moins excitable que la mienne, qui ne trouvera dans les circonstances que je raconte avec terreur qu'une succession ordinaire de causes et d'effets très naturels.

Dès mon enfance, j'étais noté pour la docilité et l'humanité de mon caractère. Ma tendresse de cœur était même si remarquable qu'elle avait fait de moi le jouet de mes camarades. J'étais particulièrement fou des animaux, et mes parents m'avaient permis de posséder une grande variété de favoris. Je passais presque tout mon temps avec eux, et je n'étais jamais si heureux que quand je les nourrissais et les caressais. Cette particularité de mon caractère s'accrut avec ma croissance, et, quand je devins homme, j'en fis une de mes principales sources de plaisirs. Pour ceux qui ont voué une affection à un chien fidèle et sagace, je n'ai pas besoin d'expliquer la nature ou l'intensité des jouissances qu'on peut en tirer. Il y a dans l'amour désintéressé d'une bête, dans ce sacrifice d'elle-même, quelque chose qui va directement au cœur de celui qui a eu fréquemment l'occasion de vérifier la chétive amitié et la fidélité de gaze de *l'homme naturel*.

Je me mariai de bonne heure, et je fus heureux de trouver dans ma femme une disposition sympathique à la mienne. Observant mon goût pour ces favoris domestiques, elle ne perdit aucune occasion de me procurer ceux de l'espèce la plus agréable. Nous eûmes des oiseaux, un poisson doré, un beau chien, des lapins, un petit singe et *un chat*.

Ce dernier était un animal remarquablement fort et beau, entièrement noir, et d'une sagacité merveilleuse. En parlant de son intelligence, ma femme, qui au fond n'était pas peu pénétrée de superstition, faisait de fréquentes allusions à l'ancienne croyance populaire qui regardait tous les chats noirs comme des sorcières déguisées. Ce n'est pas qu'elle fût toujours *sérieuse* sur ce point, – et si je mentionne la chose, c'est simplement parce que cela me revient, en ce moment même, à la mémoire. Pluton – c'était le nom du chat – était mon préféré, mon camarade. Moi seul, je le nourrissais, et il me suivait dans la maison partout où j'allais. Ce n'était même pas sans peine que je parvenais à l'empêcher de me suivre dans les rues.

Notre amitié subsista ainsi plusieurs années, durant lesquelles l'ensemble de mon caractère et de mon tempérament, – par l'opération du démon Intempérance, je rougis de le confesser, – subit une altération radicalement mauvaise. Je devins de jour en jour plus morne, plus irritable, plus insoucieux des sentiments des autres. Je me permis d'employer un langage brutal à l'égard de ma femme. À la longue, je lui infligeai même des violences personnelles. Mes pauvres favoris, naturellement, durent ressentir le changement de mon caractère. Non seulement je les négligeais, mais je les maltraitais. Quant à Pluton, toutefois, j'avais encore pour lui une considération suffisante qui m'empêchait de le malmener, tandis que je n'éprouvais aucun scrupule à maltraiter les lapins, le singe et même le chien, quand, par hasard ou par amitié, ils se jetaient dans mon chemin. Mais mon mal m'envahissait de plus en plus, – car quel mal est comparable à l'alcool? – et à la longue Pluton lui-même, qui maintenant se faisait vieux et qui naturellement devenait quelque peu maussade, – Pluton lui-même commença à connaître les effets de mon méchant caractère.

Une nuit, comme je rentrais au logis très ivre, au sortir d'un de mes repaires habituels des faubourgs, je m'imaginai que le chat évitait ma présence. Je le saisis; – mais lui, effrayé de ma violence, il me fit à la main une légère blessure avec les dents. Une fureur de démon s'empara soudainement de moi. Je ne me connus plus, mon âme originelle sembla tout d'un coup s'envoler de mon corps, et une méchanceté hyperdiabolique, saturée de gin, pénétra chaque fibre de mon être. Je tirai de la poche de mon gilet un canif, je l'ouvris; je saisis la pauvre bête par la gorge, et, délibérément, je fis sauter un de ses yeux de son orbite! Je rougis, je brûle, je frissonne en écrivant cette damnable atrocité!

Quand la raison me revint avec le matin, – quand j'eus cuvé les vapeurs de ma débauche nocturne, – j'éprouvai un sentiment moitié d'horreur, moitié de remords, pour le crime dont je m'étais rendu coupable; mais c'était tout au plus un faible et équivoque sentiment, et l'âme n'en subit pas les atteintes. Je me replongeai dans les excès, et bientôt je noyai dans le vin tout le souvenir de mon action.

Cependant le chat guérit lentement. L'orbite de l'œil perdu présentait, il est vrai, un aspect effrayant, mais il n'en parut plus souffrir désormais. Il allait et venait dans la maison selon son habitude; mais, comme je devais m'y attendre, il fuyait avec une extrême terreur à mon approche. Il me restait assez de mon ancien cœur pour me sentir d'abord affligé de cette évidente antipathie de la part d'une créature qui jadis m'avait tant aimé. Mais ce sentiment fit bientôt place à l'irritation. Et alors apparut, comme pour ma chute finale et irrévocable, l'esprit de PERVERSITÉ. De cet esprit la philosophie ne tient aucun compte. Cependant, aussi sûr que mon âme existe, je crois que la perversité est une des primitives impulsions du cœur humain, – une des indivisibles premières facultés ou sentiments qui donnent la direction au caractère de l'homme. Qui ne s'est pas surpris cent fois commettant une action sotte ou vile, par la seule raison qu'il savait devoir *ne pas* la commettre? N'avons-nous pas une perpétuelle inclination, malgré l'excellence de notre jugement, à violer ce qui est *la Loi*, simplement parce que nous comprenons que c'est *la Loi*? Cet esprit de perversité, dis-je, vint causer ma déroute finale. C'est ce désir ardent, insondable de l'âme *de se torturer elle-même*, – de violenter sa propre nature, – de faire le mal pour l'amour du mal seul, – qui me poussait à continuer, et

finalement à consommer le supplice que j'avais infligé
à la bête inoffensive. Un matin, de sang-froid, je glis-
sai un nœud coulant autour de son cou, et je le pendis
à la branche d'un arbre ; – je le pendis avec des larmes
plein mes yeux, – avec le plus amer remords dans le
cœur ; – je le pendis, *parce que* je savais qu'il m'avait
aimé, et *parce que* je sentais qu'il ne m'avait donné aucun
sujet de colère ; – je le pendis, *parce que* je savais qu'en
faisant ainsi je commettais un péché, – un péché mortel
qui compromettait mon âme immortelle, au point de la
placer, – si une telle chose était possible, – même au-delà
de la miséricorde infinie du Dieu très miséricordieux et
très terrible.

Dans la nuit qui suivit le jour où fut commise cette
action cruelle, je fus tiré de mon sommeil par le cri : « Au
feu ! » Les rideaux de mon lit étaient en flammes. Toute
la maison flambait. Ce ne fut pas sans une grande difficulté que nous échappâmes à l'incendie, – ma femme, un
domestique, et moi. La destruction fut complète. Toute
ma fortune fut engloutie, et je m'abandonnai dès lors au
désespoir.

Je ne cherche pas à établir une liaison de cause à effet
entre l'atrocité et le désastre, je suis au-dessus de cette
faiblesse. Mais je rends compte d'une chaîne de faits, – et
je ne veux pas négliger un seul anneau. Le jour qui suivit
l'incendie, je visitai les ruines. Les murailles étaient
tombées, une seule exceptée ; et cette seule exception se
trouva être une cloison intérieure, peu épaisse, située à
peu près au milieu de la maison, et contre laquelle s'ap-
puyait le chevet de mon lit. La maçonnerie avait ici, en
grande partie, résisté à l'action du feu, – fait que j'attri-
buai à ce qu'elle avait été récemment remise à neuf.
Autour de ce mur, une foule épaisse était rassemblée, et
plusieurs personnes paraissaient en examiner une portion

particulière avec une minutieuse et vive attention. Les
mots « analogues ! étrange ! singulier ! » et autres expressions, excitèrent ma curiosité. Je m'approchai, et je vis,
semblable à un bas-relief sculpté sur la surface blanche,
la figure d'un gigantesque *chat*. L'image était rendue
avec une exactitude vraiment merveilleuse. Il y avait une
corde autour du cou de l'animal.

Tout d'abord, en voyant cette apparition, – car je ne
pouvais guère considérer cela que comme une apparition, – mon étonnement et ma terreur furent extrêmes.
Mais, enfin, la réflexion vint à mon aide. Le chat, je m'en
souvenais, avait été pendu dans un jardin adjacent à la
maison. Aux cris d'alarme, ce jardin avait été immédiatement envahi par la foule, et l'animal avait dû être détaché de l'arbre par quelqu'un, et jeté dans ma chambre
à travers une fenêtre ouverte. Cela avait été fait, sans
doute, dans le but de m'arracher au sommeil. La chute
des autres murailles avait comprimé la victime de ma
cruauté dans la substance du plâtre fraîchement étendu ;
la chaux de ce mur, combinée avec les flammes et l'am-
moniaque du cadavre, avait ainsi opéré l'image telle que
je la voyais.

Quoique je satisfisse ainsi lestement ma raison, sinon
tout à fait ma conscience, relativement au fait surprenant
que je viens de raconter, il n'en fit pas moins sur mon
imagination une impression profonde. Pendant plusieurs
mois je ne pus me débarrasser du fantôme du chat ; et
durant cette période un demi-sentiment revint dans mon
âme, qui paraissait être, mais qui n'était pas le remords.
J'allais jusqu'à déplorer la perte de l'animal, et à chercher
autour de moi, dans les bouges méprisables que maintenant je fréquentais habituellement, un autre favori de la
même espèce et d'une figure à peu près semblable pour
le suppléer.

Une nuit, comme j'étais assis à moitié stupéfié, dans un repaire plus qu'infâme, mon attention fut soudainement attirée vers un objet noir, reposant sur le haut d'un des immenses tonneaux de gin ou de rhum qui composaient le principal ameublement de la salle. Depuis quelques minutes, je regardais fixement le haut de ce tonneau, et ce qui me surprenait maintenant, c'était de n'avoir pas encore aperçu l'objet situé dessus. Je m'en approchai, et je le touchai avec ma main. C'était un chat noir, – un très gros chat, – au moins aussi gros que Pluton, lui ressemblant absolument, excepté en un point. Pluton n'avait pas un poil blanc sur tout le corps ; celui-ci portait une éclaboussure large et blanche, mais d'une forme indécise, qui couvrait presque toute la région de la poitrine.

À peine l'eus-je touché, qu'il se leva subitement, ronronna fortement, se frotta contre ma main, et parut enchanté de mon attention. C'était donc là la vraie créature dont j'étais en quête. J'offris tout de suite au propriétaire de le lui acheter ; mais cet homme ne le revendiqua pas, – ne le connaissait pas, – ne l'avait jamais vu auparavant.

Je continuai mes caresses, et quand je me préparai à retourner chez moi, l'animal se montra disposé à m'accompagner. Je lui permis de le faire ; me baissant de temps à autre, et le caressant en marchant. Quand il fut arrivé à la maison, il s'y trouva comme chez lui, et devint tout de suite le grand ami de ma femme.

Pour ma part, je sentis bientôt s'élever en moi une antipathie contre lui. C'était justement le contraire de ce que j'avais espéré ; mais, – je ne sais ni comment ni pourquoi cela eut lieu, – son évidente tendresse pour moi me dégoûtait presque et me fatiguait. Par de lents degrés, ces sentiments de dégoût et d'ennui s'élevèrent jusqu'à l'amertume de la haine. J'évitais la créature ; une certaine sensation de honte et le souvenir de mon premier acte de cruauté m'empêchèrent de la maltraiter. Pendant quelques semaines, je m'abstins de battre le chat ou de le malmener violemment; mais graduellement, – insensiblement, – j'en vins à le considérer avec une indicible horreur, et à fuir silencieusement son odieuse présence, comme le souffle d'une peste.

Ce qui ajouta sans doute à ma haine contre l'animal fut la découverte que je fis le matin, après l'avoir amené à la maison, que, comme Pluton, lui aussi avait été privé d'un de ses yeux. Cette circonstance, toutefois, ne fit que le rendre plus cher à ma femme, qui, comme je l'ai déjà dit, possédait à un haut degré cette tendresse de sentiment qui jadis avait été mon trait caractéristique et la source fréquente de mes plaisirs les plus simples et les plus purs.

Néanmoins, l'affection du chat pour moi paraissait s'accroître en raison de mon aversion contre lui. Il suivait mes pas avec une opiniâtreté qu'il serait difficile de faire comprendre au lecteur. Chaque fois que je m'asseyais, il se blottissait sous ma chaise, ou il sautait sur mes genoux, me couvrant de ses affreuses caresses. Si je me levais pour marcher, il se fourrait dans mes jambes, et me jetait presque par terre, ou bien, enfonçant ses griffes longues et aiguës dans mes habits, grimpait de cette manière jusqu'à ma poitrine. Dans ces moments-là, quoique je désirasse le tuer d'un bon coup, j'en étais empêché, en partie par le souvenir de mon premier crime, mais principalement – je dois le confesser tout de suite – par une véritable *terreur* de la bête.

Cette terreur n'était pas positivement la terreur d'un mal physique, – et cependant je serais fort en peine de la définir autrement. Je suis presque honteux d'avouer, – oui, même dans cette cellule de malfaiteur, je suis presque honteux d'avouer que la terreur et l'horreur que m'inspirait l'animal avaient été accrues par une des plus parfaites chimères qu'il fût possible de concevoir. Ma femme avait appelé mon attention plus d'une fois sur le caractère de la tache blanche dont j'ai parlé, et qui constituait l'unique différence visible entre l'étrange bête et celle que j'avais tuée. Le lecteur se rappellera sans doute que cette marque, quoique grande, était primitivement indéfinie dans sa forme; mais, lentement, par degrés, – par des degrés imperceptibles, et que ma raison s'efforça longtemps de considérer comme imaginaires, – elle avait à la longue pris une rigoureuse netteté de contours. Elle était maintenant l'image d'un objet que je frémis de nommer, – et c'était là surtout ce qui me faisait prendre le monstre en horreur et en dégoût, et m'aurait poussé à m'en délivrer, *si je l'avais osé;* – c'était maintenant, dis-je, l'image d'une hideuse, – d'une sinistre chose, – l'image du GIBET! – oh! lugubre et terrible machine! machine d'horreur et de crime, – d'agonie et de mort!

Et maintenant, j'étais en vérité misérable au-delà de la misère possible de l'humanité. Une bête brute, – dont j'avais avec mépris détruit le frère – *une bête brute*, engendrer pour *moi*, – pour moi, homme façonné à l'image du Dieu très haut, – une si grande et si intolérable infortune! Hélas! je ne connaissais plus la béatitude du repos, ni le jour ni la nuit! Durant le jour, la créature ne me laissait pas seul un moment; et pendant la nuit, à chaque instant, quand je sortais de mes rêves pleins d'une intraduisible angoisse, c'était pour sentir la tiède haleine de *la chose* sur mon visage, et son immense poids, – incarnation d'un cauchemar que j'étais impuissant à secouer, – éternellement posé sur mon *cœur!*

Sous la pression de pareils tourments, le peu de bon qui restait en moi succomba. De mauvaises pensées devinrent mes seules intimes, – les plus sombres et les plus mauvaises de toutes les pensées. La tristesse de mon humeur habituelle s'accrut jusqu'à la haine de toutes choses et de toute humanité ; cependant, ma femme, qui ne se plaignait jamais, hélas ! était mon souffre-douleur ordinaire, la plus patiente victime des soudaines, fréquentes et indomptables éruptions d'une furie à laquelle je m'abandonnai dès lors aveuglément.

Un jour, elle m'accompagna pour quelque besogne domestique dans la cave du vieux bâtiment où notre pauvreté nous contraignait d'habiter. Le chat me suivit sur les marches roides de l'escalier, et m'ayant presque culbuté la tête la première, m'exaspéra jusqu'à la folie. Levant une hache, et oubliant dans ma rage la peur puérile qui jusque-là avait retenu ma main, j'adressai à l'animal un coup qui eût été mortel, s'il avait porté comme je le voulais ; mais ce coup fut arrêté par la main de ma femme. Cette intervention m'aiguillonna jusqu'à une rage plus que démoniaque ; je débarrassai mon bras de son étreinte et lui enfonçai ma hache dans le crâne. Elle tomba morte sur la place, sans pousser un gémissement.

Cet horrible meurtre accompli, je me mis immédiatement et très délibérément en mesure de cacher le corps. Je compris que je ne pouvais pas le faire disparaître de la maison, soit de jour, soit de nuit, sans courir le danger d'être observé par les voisins. Plusieurs projets traversèrent mon esprit. Un moment j'eus l'idée de couper le cadavre par petits morceaux, et de les détruire par le feu. Puis je résolus de creuser une fosse dans le sol de la cave. Puis je pensai à le jeter dans le puits de la cour, – puis à l'emballer dans une caisse comme marchandise, avec les formes usitées, et à charger un commissionnaire de le porter hors de la maison. Finalement, je m'arrêtai à un expédient que je considérai comme le meilleur de tous.

Je me déterminai à le murer dans la cave, – comme les moines du Moyen Âge muraient, dit-on, leurs victimes.

La cave était fort bien disposée pour un pareil dessein. Les murs étaient construits négligemment, et avaient été récemment enduits dans toute leur étendue d'un gros plâtre que l'humidité de l'atmosphère avait empêché de durcir. De plus, dans l'un des murs, il y avait une saillie causée par une fausse cheminée, ou espèce d'âtre, qui avait été comblée et maçonnée dans le même genre que le reste de la cave. Je ne doutais pas qu'il ne me fût facile de déplacer les briques à cet endroit, d'y introduire le corps, et de murer le tout de la même manière, de sorte qu'aucun œil n'y pût rien découvrir de suspect.

Et je ne fus pas déçu dans mon calcul. À l'aide d'une pince, je délogeai très aisément les briques, et, ayant soigneusement appliqué le corps contre le mur intérieur, je le soutins dans cette position jusqu'à ce que j'eusse rétabli, sans trop de peine, toute la maçonnerie dans son état primitif. M'étant procuré du mortier, du sable et du poil avec toutes les précautions imaginables, je préparai un crépi qui ne pouvait pas être distingué de l'ancien, et j'en recouvris très soigneusement le nouveau briquetage. Quand j'eus fini, je vis avec satisfaction que tout était pour le mieux. Le mur ne présentait pas la plus légère trace de dérangement. J'enlevai tous les gravats avec le plus grand soin, j'épluchai pour ainsi dire le sol. Je regardai triomphalement autour de moi, et me dis à moi-même : Ici, au moins, ma peine n'aura pas été perdue !

Mon premier mouvement fut de chercher la bête qui avait été la cause d'un si grand malheur ; car, à la fin, j'avais résolu fermement de la mettre à mort. Si j'avais pu la rencontrer dans ce moment, sa destinée était claire ; mais il paraît que l'artificieux animal avait été alarmé par la violence de ma récente colère, et qu'il prenait soin de ne pas se montrer dans l'état actuel de mon humeur. Il est impossible de décrire ou d'imaginer la profonde, la béate sensation de soulagement que l'absence de la détestable créature détermina dans mon cœur. Elle ne se présenta pas de toute la nuit, – et ainsi ce fut la première bonne nuit, – depuis son introduction dans la maison, – que je dormis solidement et tranquillement ; oui, je *dormis* avec le poids de ce meurtre sur l'âme.

Le second et le troisième jour s'écoulèrent, et cependant mon bourreau ne vint pas. Une fois encore je respirai comme un homme libre. Le monstre, dans sa terreur, avait vidé les lieux pour toujours ! Je ne le verrais donc plus jamais ! Mon bonheur était suprême ! La criminalité de ma ténébreuse action ne m'inquiétait que fort peu. On avait bien fait une espèce d'enquête, mais elle s'était satisfaite à bon marché. Une perquisition avait même été ordonnée, – mais naturellement on ne pouvait rien découvrir. Je regardais ma félicité à venir comme assurée.

Le quatrième jour depuis l'assassinat, une troupe d'agents de police vint très inopinément à la maison, et procéda de nouveau à une rigoureuse investigation des lieux. Confiant, néanmoins, dans l'impénétrabilité de la cachette, je n'éprouvai aucun embarras. Les officiers me firent les accompagner dans leur recherche. Ils ne laissèrent pas un coin, pas un angle inexploré. À la fin, pour la troisième ou quatrième fois, ils descendirent dans la cave. Pas un muscle en moi ne tressaillit. Mon cœur battait paisiblement, comme celui d'un homme qui dort dans l'innocence. J'arpentais la cave d'un bout à l'autre ; je croisais mes bras sur ma poitrine, et me promenais çà et là avec aisance. La police était pleinement satisfaite et se préparait à décamper. La jubilation de mon cœur était trop forte pour être réprimée. Je brûlais de dire au moins un mot, rien qu'un mot, en manière de triomphe, et de rendre deux fois plus convaincue leur conviction de mon innocence.

« Gentlemen, – dis-je à la fin, – comme leur troupe remontait l'escalier, – je suis enchanté d'avoir apaisé vos soupçons. Je vous souhaite à tous une bonne santé et un peu plus de courtoisie. Soit dit en passant, gentlemen, voilà – voilà une maison singulièrement bien bâtie (dans mon désir enragé de dire quelque chose d'un air délibéré, je savais à peine ce que je débitais); – je puis dire que c'est une maison *admirablement* bien construite. Ces murs – est-ce que vous partez, gentlemen? – ces murs sont solidement maçonnés. »

Et ici, par une bravade frénétique, je frappai fortement avec une canne que j'avais à la main juste sur la partie du briquetage derrière laquelle se tenait le cadavre de l'épouse de mon cœur.

Ah! qu'au moins Dieu me protège et me délivre des griffes de l'Archidémon! – À peine l'écho de mes coups était-il tombé dans le silence, qu'une voix me répondit du fond de la tombe! – une plainte, d'abord voilée et entre-coupée, comme le sanglotement d'un enfant, puis, bien-tôt, s'enflant en un cri prolongé, sonore et continu, tout à fait anormal et antihumain, – un hurlement, – un glapis-sement, moitié horreur et moitié triomphe, – comme il en peut monter seulement de l'Enfer, – affreuse harmonie jaillissant à la fois de la gorge des damnés dans leurs tortures, et des démons exultant dans la damnation!

Vous dire mes pensées, ce serait folie. Je me sentis défaillir, et je chancelai contre le mur opposé. Pendant un moment, les officiers placés sur les marches restèrent immobiles, stupéfiés par la terreur. Un instant après, une douzaine de bras robustes s'acharnaient sur le mur. Il tomba tout d'une pièce. Le corps, déjà grandement délabré et souillé de sang grumelé, se tenait droit devant les yeux des spectateurs. Sur sa tête, avec la gueule rouge dilatée et l'œil unique flamboyant, était perchée la hideuse bête dont l'astuce m'avait induit à l'assassinat, et dont la voix révélatrice m'avait livré au bourreau. J'avais muré le monstre dans la tombe !

Extrait des Nouvelles histoires extraordinaires
(traduit par Charles Baudelaire)

Lewis Carroll

Le chat du Cheshire

Elle était en train de faire ces réflexions, lorsqu'elle tressaillit en voyant tout à coup le Chat assis à quelques pas de là sur la branche d'un arbre.

Le Chat grimaça en apercevant Alice. Elle trouva qu'il avait l'air bon enfant, et cependant il avait de très longues griffes et une grande rangée de dents ; aussi comprit-elle qu'il fallait le traiter avec respect.

« Grimaçon ! » commença-t-elle un peu timidement, ne sachant pas du tout si cette familiarité lui serait agréable ; toutefois il ne fit qu'allonger sa grimace.

« Allons, il est content jusqu'à présent, » pensa Alice, et elle continua : « Dites-moi, je vous prie, de quel côté faut-il me diriger ? »

« Cela dépend beaucoup de l'endroit où vous voulez aller, » dit le Chat.

« Cela m'est assez indifférent, » dit Alice.

« Alors peu importe de quel côté vous irez, » dit le Chat.

« Pourvu que j'arrive *quelque part*, » ajouta Alice en explication.

« Cela ne peut manquer, pourvu que vous marchiez assez longtemps. »

Alice comprit que cela était incontestable ; elle essaya donc d'une autre question : « Quels sont les gens qui demeurent par ici ? »

« De ce côté-ci, » dit le Chat, décrivant un cercle avec sa patte droite, « demeure un chapelier ; de ce côté-là, » faisant de même avec sa patte gauche, « demeure un lièvre. Allez voir celui que vous voudrez, tous deux sont fous. »

« Mais je ne veux pas fréquenter des fous, » fit observer Alice.

« Vous ne pouvez pas vous en défendre, tout le monde est fou ici. Je suis fou, vous êtes folle. »

« Comment savez-vous que je suis folle ? » dit Alice.

« Vous devez l'être, » dit le Chat, « sans cela ne seriez pas venue ici. »

Alice pensa que cela ne prouvait rien. Toutefois elle continua : « Et comment savez-vous que vous êtes fou ? »

« D'abord, » dit le Chat, « un chien n'est pas fou ; vous convenez de cela. »

« Je le suppose, » dit Alice.

« Eh bien ! » continua le Chat, « un chien grogne quand il se fâche, et remue la queue lorsqu'il est content. Or, moi, je grogne quand je suis content, et je remue la queue quand je me fâche. Donc je suis fou. »

« J'appelle cela faire le rouet, et non pas grogner, » dit Alice.

« Appelez cela comme vous voudrez, » dit le Chat. « Jouez-vous au croquet avec la Reine aujourd'hui ? »

« Cela me ferait grand plaisir, » dit Alice, « mais je n'ai pas été invitée. »

« Vous m'y verrez, » dit le Chat ; et il disparut.

Alice ne fut pas très étonnée, tant elle commençait à s'habituer aux événements extraordinaires. Tandis qu'elle regardait encore l'endroit que le Chat venait de quitter, il reparut tout à coup.

« À propos, qu'est devenu le bébé ? J'allais oublier de le demander. »

« Il a été changé en porc, » dit tranquillement Alice, comme si le Chat était revenu d'une manière naturelle.

« Je m'en doutais, » dit le Chat ; et il disparut de nouveau.

Alice attendit quelques instants, espérant presque le revoir, mais il ne reparut pas ; et une ou deux minutes après, elle continua son chemin dans la direction où on lui avait dit que demeurait le Lièvre. « J'ai déjà vu des chapeliers, » se dit-elle ; « le Lièvre sera de beaucoup le plus intéressant. » À ces mots elle leva les yeux, et voilà que le Chat était encore là assis sur une branche d'arbre.

« M'avez-vous dit porc, ou porte ? » demanda le Chat.

« J'ai dit porc, » répéta Alice. « Ne vous amusez donc pas à paraître et à disparaître si subitement, vous faites tourner la tête aux gens. »

« C'est bon, » dit le Chat, et cette fois il s'évanouit tout doucement à commencer par le bout de la queue, et finissant par sa grimace qui demeura quelque temps après que le reste fut disparu.

« Certes, » pensa Alice, « j'ai souvent vu un chat sans grimace, mais une grimace sans chat, je n'ai jamais de ma vie rien vu de si drôle. »

*Extrait d'*Alice au pays des merveilles
(traduction de Henri Bué)

Charles Cros

Deux poèmes

Coin de tableau

Sensation de Haschisch

Tiède et blanc était le sein.
Toute blanche était la chatte.
Le sein soulevait la chatte.
La chatte griffait le sein.

Les oreilles de la chatte
Faisaient ombre sur le sein.
Rose était le bout du sein,
Comme le nez de la chatte.

Un signe noir sur le sein
Intrigua longtemps la chatte ;
Puis, vers d'autres jeux, la chatte
Courut, laissant nu le sein.

*

A une chatte

Chatte blanche, chatte sans tache,
Je te demande, dans ces vers,
Quel secret dort dans tes yeux verts,
Quel sarcasme sous ta moustache.

Tu nous lorgnes, pensant tout bas
Que nos fronts pâles, que nos lèvres
Déteintes en de folles fièvres.
Que nos yeux creux ne valent pas

Ton museau que ton nez termine,
Rose comme un bouton de sein,
Tes oreilles dont le dessin
Couronne fièrement ta mine.

Pourquoi cette sérénité?
Aurais-tu la clé des problèmes
Qui nous font, frissonnants et blêmes,
Passer le printemps et l'été?

Devant la mort qui nous menace,
Chats et gens, ton flair, plus subtil
Que notre savoir, te dit-il
Où va la beauté qui s'efface,

Où va la pensée, où s'en vont
Les défuntes splendeurs charnelles ?...
Chatte, détourne tes prunelles ;
J'y trouve trop de noir au fond.

Extrait du Coffret de santal

Rudyard Kipling

Le chat qui s'en va tout seul

Hâtez-vous d'ouïr et d'entendre; car ceci fut, arriva, devint et survint, ô mieux aimée, au temps où les bêtes apprivoisées étaient encore sauvages. Le chien était sauvage, et le cheval était sauvage, et la vache était sauvage, et le cochon était sauvage – et ils se promenaient par les chemins mouillés du Bois Sauvage, tous sauvages et solitairement. Mais le plus sauvage de tous était le chat. Il se promenait seul et tous lieux se valaient pour lui.

Naturellement, l'homme était sauvage aussi. Il était sauvage que c'en était affreux.

[...]

Là-bas, dans les Bois Mouillés, tous les animaux sauvages s'assemblèrent où ils pouvaient voir de loin la lumière du feu, et ils se demandèrent ce que cela signifiait.

Alors Cheval Sauvage piaffa et dit :

— Ô mes Amis, et vous, mes ennemis, pourquoi l'homme et la femme ont-ils fait cette grande lumière dans cette grande caverne, et quel mal en souffrirons-nous ?

Chien Sauvage leva le museau et renifla l'odeur du mouton cuit et dit :

— J'irai voir ; je crois que c'est bon. Chat, viens avec moi.

— Nenni ! dit le Chat. Je suis le Chat qui s'en va tout seul et tous lieux se valent pour moi. Je n'irai pas.

— Donc, c'est fini nous deux, dit Chien Sauvage. Et il s'en fut au petit trot.

Il n'avait pas fait beaucoup de chemin que le Chat se dit : « Tous lieux se valent pour moi. Pourquoi n'irais-je pas voir aussi, voir, regarder, puis partir à mon gré ? » C'est pourquoi, tout doux, tout doux, à pieds de velours, il suivit Chien Sauvage et se cacha pour mieux entendre.

Quand Chien Sauvage atteignit l'entrée de la caverne, il souleva du museau la peau du cheval sauvage et renifla la bonne odeur du mouton cuit, et la femme, l'œil sur l'éclanche, l'entendit, et rit, et dit :

— Voici le premier. Sauvage enfant des Bois Sauvages, que veux-tu donc ?

Chien Sauvage dit :

— Ô mon ennemie, Femme de mon ennemi, qu'est-ce qui sent si bon par les Bois Sauvages ?

Alors la Femme prit un os du mouton et le jeta à Chien Sauvage et dit :

— Sauvage enfant du Bois Sauvage, goûte et connais.

Chien Sauvage rongea l'os, et c'était plus délicieux que tout ce qu'il avait goûté jusqu'alors, et dit :

— Ô mon ennemie, femme de mon ennemi, donne-m'en un autre.

La Femme dit :

— Sauvage enfant du Bois Sauvage, aide mon homme à chasser le jour et garde ce logis la nuit, et je te donnerai tous les os qu'il te faudra.

— Ah! dit le Chat aux écoutes, voici une femme très maligne; mais elle n'est pas si maligne que moi.

Chien Sauvage entra, rampant, dans la caverne et mit sa tête sur les genoux de la femme, disant :

— Ô mon amie, femme de mon ami, j'aiderai ton homme à chasser le jour, et la nuit je garderai la caverne.

— Tiens, dit le Chat aux écoutes, voilà un bien sot chien!

Et il repartit par les chemins mouillés du Bois Sauvage, en remuant la queue et tout seul. Mais il ne dit rien à personne. Quand l'homme se réveilla, il dit :

— Que fait Chien Sauvage ici?

Et la Femme dit :

— Son nom n'est plus Chien Sauvage, mais Premier Ami; car il sera maintenant notre ami à jamais et toujours. Prends-le quand tu vas à la chasse.

La nuit d'après, la femme fit couper à grandes brassées vertes de l'herbe fraîche aux prés riverains et la sécha devant le feu. Cela fit une odeur de foin, et la femme, assise à la porte de la Grotte, tressa un licol en lanières de cuir et regarda l'éclanche – le grand os de mouton plat – et fit un sortilège. Elle fit le Second Sort qu'on eût fait sur la terre. Là-bas, dans les Bois Sauvages, tous les animaux se demandaient ce qui était arrivé à Chien Sauvage. À la fin, Poulain Sauvage frappa du pied et dit :

— J'irai voir et rapporter pourquoi Chien Sauvage n'est pas revenu. Chat, viens avec moi.

— Nenni! dit le Chat. Je suis le Chat qui s'en va tout seul et tous lieux se valent pour moi. Je n'irai pas.

Mais, tout de même, il suivit Poulain Sauvage, tout doux, tout doux, à pas de velours, et se cacha pour mieux entendre.

Quand la Femme entendit Poulain Sauvage qui butait en marchant sur sa longue crinière, elle rit et dit :

— Voici le second. Sauvage enfant du Bois Sauvage, que me veux-tu ?

Poulain Sauvage dit :

— Ô mon Ennemie, Femme de mon Ennemi, où est Chien Sauvage ?

La Femme rit, ramassa l'éclanche et le regarda, puis dit :

— Sauvage Enfant du Bois Sauvage, tu n'es pas venu pour Chien Sauvage, mais pour le foin qui sent bon.

Et Poulain Sauvage, qui butait en marchant sur sa longue crinière, dit :

— C'est vrai ; donne-m'en à manger.

La Femme dit :

— Sauvage Enfant du Bois Sauvage, courbe la tête et porte le présent que je te donne ici ; à ce prix, mangeras-tu l'herbe merveilleuse trois fois le jour ?

— Ah ! dit le Chat aux écoutes, voici une Femme très maligne ; mais elle n'est pas aussi maligne que moi.

Poulain Sauvage courba la tête et la Femme glissa par-dessus le licol de cuir tressé, et Poulain Sauvage souffla sur les pieds de la Femme et dit :

— Ô ma maîtresse, femme de mon maître, je serai ton esclave à cause de l'herbe merveilleuse.

— Ah ! dit le Chat aux écoutes, voilà un sot Poulain. Et il s'en retourna par les Chemins Mouillés du Bois Sauvage, en remuant la queue et tout seul. Mais il ne dit rien à personne.

Quand l'homme et le Chien revinrent de la chasse, l'homme dit :

— Que fait le Poulain Sauvage ici ?

Et la Femme dit :

— Il ne s'appelle plus Poulain Sauvage, mais Premier Fidèle ; car il nous portera de place en place, désormais et toujours. Monte sur son dos, quand tu vas à la chasse.

Le jour après, la tête haute pour que ses cornes ne se prennent pas aux branches des arbres sauvages, Vache Sauvage vint à la caverne, et le Chat suivit, se cachant comme avant ; et tout arriva tout à fait comme avant ; et le Chat dit les mêmes choses qu'avant ; et quand Vache Sauvage eut promis son lait à la Femme tous les jours, en échange de l'herbe merveilleuse, le Chat s'en retourna par les chemins mouillés du Bois Sauvage, en remuant la queue et tout seul, juste comme avant. Mais il ne dit rien à personne. Et quand l'Homme, le Cheval et le Chien revinrent de la chasse et demandèrent les mêmes questions qu'avant, la Femme dit :

— Son nom n'est plus Vache Sauvage, mais Nourricière du Logis. Elle nous donnera le bon lait tiède et blanc, désormais et toujours, et je prendrai soin d'elle, pendant que toi, Premier Ami et Premier Fidèle vous serez à la chasse.

Le jour après, le Chat attendit voir si quelque autre Chose Sauvage s'en irait à la Caverne ; mais rien ne bougea dans les chemins mouillés du Bois Sauvage. Alors le Chat s'en fut tout seul, et il vit la Femme qui trayait la Vache, et il vit la clarté du feu dans la caverne, et il sentit l'odeur du lait tiède et blanc.

Chat dit :

— Ô mon ennemie, femme de mon Ennemi, où Vache Sauvage est-elle allée ?

La femme rit et dit :

— Sauvage Enfant du Bois Sauvage, retourne au Bois d'où tu viens, car j'ai rattaché mes cheveux, j'ai serré l'éclanche magique, et nous n'avons plus besoin, dans notre caverne, d'amis ni de serviteurs.

Chat dit :

— Je ne suis pas un ami et je ne suis pas un serviteur. Je suis le Chat qui s'en va tout seul, et je désire entrer dans votre grotte.

La Femme dit :

— Alors, pourquoi n'es-tu pas venu la première nuit avec Premier Ami ?

Chat se fâcha très fort et dit :

— Chien Sauvage a-t-il fait des contes sur moi ?

Alors la Femme rit et dit :

— Tu es le Chat qui s'en va tout seul, et tous lieux se valent pour toi. Tu n'es ami ni serviteur. Tu l'as dit toi-même. Va-t'en donc, puisque tous lieux se valent, te promener à ton gré.

Alors Chat fit semblant de regretter et dit :

— N'entrerai-je donc jamais dans la grotte ? Ne m'assoirai-je jamais près du feu qui tient chaud ? Ne boirai-je jamais le lait tiède et blanc ? Vous êtes très sage et très belle. Vous ne devriez pas faire de mal, même à un Chat.

La Femme répondit :

— Je savais que j'étais sage ; mais belle, je ne savais pas. Soit. Nous ferons un marché. Si jamais je prononce un seul mot à ta louange, tu pourras entrer dans la grotte.

— Et si tu en prononces deux ? dit le Chat.

— Cela n'arrivera jamais, dit la femme ; mais si je prononce deux mots à ta louange, tu pourras t'asseoir près du feu dans la grotte.

— Et si tu dis trois mots ? dit le Chat.

— Jamais cela n'arrivera, dit la femme ; mais si je dis trois mots à ta louange, tu pourras laper le lait tiède et blanc trois fois le jour, à jamais.

Alors le Chat fit le gros dos et dit :

— Que le rideau qui ferme la grotte, le feu qui brûle au fond et les pots à lait rangés près du feu soient témoins de ce qu'a juré mon ennemie, femme de mon ennemi.

Et il s'en alla par les chemins mouillés des Bois Sauvages, remuant la queue et tout seul.

Cette nuit-là, quand l'Homme, le Cheval et le Chien revinrent de la chasse, la femme ne leur parla pas du marché qu'elle avait fait avec le Chat, parce qu'elle avait peur qu'il ne leur plût point.

Chat s'en alla très loin et se cacha parmi les mousses mouillées des Bois Sauvages, tout seul, à son gré, pendant très longtemps, si long que la Femme n'y pensa plus. Seule, la Chauve-Souris, la petite Souris-Chauve, qui pendait tête en bas à l'intérieur de la Grotte, sut où il se cachait, et, tous les soirs, s'en allait voletant lui porter les nouvelles.

Un soir, Chauve-Souris dit :

— Il y a un bébé dans la Grotte. Il est tout neuf, rose, gras et petit, et la femme en fait grand cas.

— Ah ! dit le Chat aux écoutes ; et le bébé, de quoi fait-il cas ?

— Il aime les choses moelleuses, douces et qui chatouillent. Il aime des choses tièdes à tenir dans les bras en s'endormant. Il aime qu'on joue avec. Il aime tout cela.

— Ah ! dit le Chat aux écoutes ; alors mon temps est venu.

La nuit après, Chat s'en vint par les chemins mouillés du Bois Sauvage et se cacha tout contre la grotte jusqu'au matin où l'homme, le Cheval et le Chien partirent pour la chasse. La femme faisait la cuisine, ce matin-là, et le bébé pleurait et l'empêchait de travailler. C'est pourquoi elle le porta hors de la Grotte et lui donna une poignée de cailloux pour jouer. Mais le bébé continua de pleurer.

Alors le Chat avança sa patte pelote et toucha la joue du bébé, qui fit risette ; et le Chat se frotta contre les petits genoux dodus et chatouilla du bout de la queue sous le petit menton gras, et le bébé riait. Et la Femme, l'entendant, sourit.

Alors la Chauve-Souris – la petite Souris-Chauve qui pendait la tête en bas – dit :

— O mon hôtesse, femme de mon hôte et mère du fils de mon hôte, un sauvage enfant des Bois Sauvages est là qui joue très bellement avec votre bébé.

— Béni soit-il, quelque nom qu'on lui donne, dit la femme en se redressant. J'avais fort à faire ce matin et il m'a rendu service.

À cette même minute et seconde, Mieux Aimée, la Peau de cheval séchée qui pendait, la queue en bas, devant la porte de la Caverne, tomba – *wouch*... à cause qu'elle se rappela le marché conclu avec le Chat ; et quand la femme alla pour la raccrocher – vrai comme je le dis –, voilà qu'elle vit le Chat installé bien aise dans la grotte.

— Ô mon ennemie, femme de mon ennemi et mère de mon ennemi, dit le Chat, c'est moi ; car tu as prononcé un mot à ma louange, et maintenant je puis rester dans la Grotte, désormais et toujours. Pas moins, je suis le Chat qui s'en va tout seul, et tous lieux se valent pour moi.

La femme fut très en colère et serra les lèvres et prit son rouet et se mit à filer.

Mais le bébé pleurait que le Chat fût parti et la Femme n'arrivait plus à le faire taire, car il gigotait et se débattait et devenait violet.

— Ô mon ennemie, femme de mon ennemi et mère de mon ennemi, dit le Chat, prends un bout du fil que tu files, attache-le à ton fuseau et laisse-le traîner par terre, et je te montrerai une magie qui fera rire ton bébé aussi fort qu'il pleure à présent.

— Je vais le faire, dit la femme, parce que je suis à bout, mais je ne te dirai pas merci.

Elle attacha le fil au petit fuseau d'argile et le fit traîner par terre ; alors le Chat courut après et lui donna des coups de patte et fit des culbutes et l'envoya par-dessus son épaule et le poursuivit entre ses pattes de derrière et fit semblant de le perdre, et fonça dessus de nouveau jusqu'à ce que le bébé rît aussi fort qu'il avait pleuré et jouât d'un bout de la grotte à l'autre tant qu'il fut las et s'installa pour dormir avec le Chat dans ses bras.

— Maintenant, dit Chat, je chanterai au bébé une chanson qui l'empêchera de s'éveiller d'une heure.

Et il se mit à ronronner tout bas, tout doux, tout doux, tout bas, jusqu'à ce que le bébé s'endormît.

La Femme sourit et les regarda tous deux et dit :

— Voilà qui fut très bien fait. Nul doute que tu sois très habile, ô Chat.

À la minute, à la seconde, Mieux Aimée, la fumée du Feu au fond de la grotte, descendit tout à coup de la voûte – *poff !* – parce qu'elle se rappelait le marché fait avec le Chat, et quand elle se dissipa, vrai comme je le dis, voici le Chat installé bien aise auprès du feu !

— Ô mon ennemie, femme de mon ennemi, et mère de mon ennemi, c'est moi ; car pour la seconde fois tu as parlé à ma louange, et maintenant j'ai droit de me mettre auprès du feu qui tient chaud, désormais et toujours. Pas moins, je suis le Chat qui s'en va tout seul, et tous lieux se valent pour moi.

Alors la Femme fut très en colère et défit ses cheveux et remit du bois sur le feu et sortit le grand os d'éclanche et se mit à faire un sortilège qui l'empêchât de dire un troisième mot à la louange du Chat. Ce n'était pas une magie à musique, Mieux Aimée, c'était une magie muette ; et bientôt il fit si tranquille dans la grotte, qu'un petit, tout petit bout de souris sortit d'un coin noir et traversa en courant.

— Ô mon ennemie, femme de mon ennemi et mère de mon ennemi, dit le Chat, cette petite souris fait-elle partie de ton sortilège ?

— Hou ! Oh ! là là ! Au secours ! Non, certes, dit la femme en laissant tomber l'éclanche et en sautant sur l'escabeau devant le feu et en rattachant ses cheveux dare-dare, de peur que la souris n'y grimpât.

— Ah ! dit le Chat ouvrant l'œil. Alors la souris ne me fera pas de mal si je la mange ?

— Non, dit la femme, en rattachant ses cheveux, mange-la vite et je t'en serai reconnaissante à jamais.

Chat ne fit qu'un bond et goba la petite souris. Alors la femme dit :

— Merci mille fois. Le Premier Ami lui-même n'attrape pas les petites souris aussi vivement. Tu dois être très habile.

À la minute, à la seconde, Mieux Aimée, le pot à lait qui chauffait devant le feu se fendit en deux – *ffft !* – parce qu'il se rappela le marché conclu avec le Chat ; et quand la Femme sauta à bas de l'escabeau – vrai comme je le dis ! – voilà le Chat qui lapait le lait tiède et blanc resté au creux d'un des morceaux.

— Ô mon ennemie, femme de mon ennemi et mère de mon ennemi, dit le Chat, c'est moi. Car tu as dit trois mots à ma louange et, maintenant, je pourrai boire le lait tiède et blanc trois fois le jour à tout jamais. Mais, pas moins, je suis le Chat qui s'en va tout seul et tous lieux se valent pour moi.

Alors la Femme rit et mit devant le Chat un bol de lait tiède et blanc et dit :

— Ô Chat, tu es aussi habile qu'un homme, mais souviens-toi, ton marché ne fut conclu avec l'homme ni le Chien, et je ne sais pas ce qu'ils feront en rentrant.

— Que m'importe, dit le Chat. Pourvu que j'aie ma place dans la grotte, près du feu et mon lait tiède et blanc trois fois le jour, je ne me soucie pas de l'homme ni du Chien.

Ce soir-là, quand l'homme et le Chien rentrèrent dans la grotte, la femme leur dit l'histoire du marché, tandis que le Chat, assis au coin du feu, souriait en écoutant. Alors l'homme dit :

— Oui, mais il n'a pas fait de marché avec moi ni avec tous les hommes qui me ressemblent.

Alors il retira ses deux bottes de cuir, il prit sa hachette de pierre (ce qui fait trois) et les rangea devant lui et dit :

— Maintenant nous ferons marché à notre tour. Si tu n'attrapes pas les souris tant que tu seras dans la grotte à jamais et toujours, je te jetterai ces trois choses partout où je te verrai, et de même feront après moi tous les hommes qui me ressemblent

— Ah ! dit la femme aux écoutes, tu es un très habile Chat, mais pas autant que mon homme.

Le Chat compta les trois choses (elles avaient l'air très dures et bosselées), et il dit :

— J'attraperai des souris tant que je serai dans la grotte à jamais et toujours ; mais, *pas moins*, je suis le Chat qui s'en va tout seul et tous lieux se valent pour moi.

— Pas tant que je serai par là, dit l'homme. Si tu n'avais pas dit ces derniers mots, j'aurais serré ces choses pour jamais et toujours, mais à présent je te jetterai mes deux bottes et ma hachette de pierre (ce qui fait trois) toutes les fois que je te rencontrerai. Et ainsi feront après moi tous les hommes qui me ressemblent.

Alors le Chien dit :

— Attends une minute. Il n'a pas fait marché avec moi ni avec tous les Chiens qui me ressemblent.

Et il montra les dents et dit :

— Si tu n'es pas gentil pour le bébé pendant que je suis dans la grotte, je te courrai après jusqu'à ce que je t'attrape, et quand je t'attraperai je te mordrai. Et ainsi feront avec moi tous les Chiens qui me ressemblent.

— Ah ! dit la femme aux écoutes. C'est là un très habile Chat, mais pas autant que le Chien.

Chat compta les crocs du Chien (ils avaient l'air très pointus), et il dit :

— Je serai gentil pour le bébé tant que je serai dans la grotte et pourvu qu'il ne me tire pas la queue trop fort, à jamais et toujours. Mais, *pas moins*, je suis le Chat qui s'en va tout seul et tous lieux se valent pour moi !

— Pas tant que je suis là, dit le Chien. Si tu n'avais pas dit ces derniers mots, j'aurais refermé ma gueule pour toujours et jamais : mais à présent je te ferai grimper aux arbres en quelque endroit que je te trouve. Et ainsi feront après moi tous les Chiens qui me ressemblent.

Alors l'homme jeta ses deux bottes et sa hachette de pierre (ce qui fait trois), et le Chat s'enfuit hors de la grotte et le Chien courut et le fit monter aux arbres ; et de ce jour à celui-ci, Mieux Aimée, trois hommes sur cinq ne manqueront jamais de jeter des choses à un Chat quand ils le rencontrent, et tous les Chiens courront après et le feront grimper aux arbres. Mais le Chat s'en tient au marché de son côté pareillement. Il tuera les souris, il sera gentil pour les bébés tant qu'il est dans la maison et qu'ils ne lui tirent pas la queue trop fort. Mais quand il a fait cela, entre-temps, et quand la lune se lève et que la nuit vient, il est le Chat qui s'en va tout seul et tous lieux se valent pour lui. Alors il s'en va par les chemins mouillés du Bois Sauvage, sous les arbres ou sur les toits, remuant sa queue, solitaire et sauvage.

Extrait du Chat qui s'en va tout seul
(traduction de Robert d'Humières et Louis Fabulet)

Charles Dantzig

La Gazelle et le chat siamois

Comment l'animal doux
Qu'on aime caresser
Gazelle ou chat siamois
A-t-il un front si dur ?

Extrait du Bestiaire

Ernst Theodor Amadeus Hoffmann

L'Éveil du chat Murr

Pendant ce récit de maître Abraham, Kreisler se leva brusquement, se promena avec agitation dans la chambre, frappa ses mains l'une contre l'autre, et s'écria enfin avec transport : – voilà qui est vraiment beau, délicieux ! Je reconnais mon maître avec qui je ne fais qu'un corps et une âme.

— Oh ! Je le sais, dit maître Abraham, tu te complais dans ce qu'il y a de plus sauvage, de plus terrible, et cependant j'ai encore oublié ce qui eût achevé de te livrer aux sombres puissances du monde invisible ! J'avais fait tendre les cordes de la harpe éolienne qui s'élève au-dessus du grand bassin, et la tempête y joua en habile musicienne. Les accords de cet orgue gigantesque se mêlèrent aux hurlements de l'ouragan et aux mugissements du tonnerre. Ces sons terribles se succédaient avec une rapidité croissante et donnaient l'idée d'un ballet de furies, mais d'un caractère si sublime que jamais on n'entendit rien de pareil entre les toiles d'un théâtre. Enfin, une demi-heure après, tout ce vacarme avait cessé. La lune montrait son visage calme au-dessus des nuages. Le souffle de la nuit murmurait doucement au sein de la forêt effrayée, et essuyait les larmes des sombres bosquets. La harpe éolienne n'interrompait plus le silence de la nature, que comme le tintement mourant d'une cloche lointaine. Cependant mon émotion était profonde, et toi, mon cher Jean, tu remplissais tellement mon âme, que je croyais à chaque instant te voir sortir du milieu de mes espérances trompées, de mes rêves non accomplis, pour t'élancer dans mes bras. Bientôt le silence de la nuit me rendit un peu plus calme, et je commençai à réfléchir à tout ce que je venais de faire pour pénétrer les secrets du sort impénétrable, et mon projet quoique enfant de mon imagination, me frappa alors par sa hardiesse bizarre. Un frisson mortel parcourut mes veines et j'eus peur de moi-même. Il me sembla qu'une foule de feux follets dansait au-dessus du parc ; mais ce n'était que les domestiques qui, armés de lanternes, cherchaient les chapeaux, les perruques, les bourses, les épées, les souliers et les chats perdus au milieu du désordre d'une fuite précipitée. Alors je m'en allai. Arrivé au milieu du pont qui conduit à la ville, je m'arrêtai pour jeter un dernier regard sur le parc qui, à la lueur magique de la lune, ressemblait à un jardin enchanté dans lequel se jouaient des fées folâtres et légères. Dans cet instant, un cri plaintif presque semblable à celui d'un enfant nouveau-né frappa mon oreille. Tremblant de découvrir un crime, je me penchai cependant au-dessus de la balustrade, et aussitôt je distinguai, à la lueur incertaine de l'astre nocturne, un petit chat qui grimpait péniblement le long des poutres pour se soustraire à la mort. Je présumai qu'on venait de noyer toute une famille de jeunes chats, et que ce pauvre petit innocent avait échappé seul au cruel destin de ses frères ; Eh bien ! me dis-je, si ce n'est pas un enfant, c'est du moins un pauvre animal qui sans doute tient tout autant à la vie ; il ne m'aura pas imploré en vain, je le sauverai.

[...]

— Allons-donc, tu radotes, maître Abraham, dit Kreisler, tu connais ma répugnance pour les chats et tu sais bien que je n'aime que les chiens.

— Je t'en prie, mon cher Jean, reprit maître Abraham, je t'en supplie, ne repousse pas mon matou, qui promet tant ; reçois-le jusqu'à ce que je sois de retour de mon voyage. Je te l'ai déjà amené, et il attend à ta porte une bonne réception. Accorde-lui du moins un regard.

En prononçant ces derniers mots maître Abraham ouvrit la porte, et l'on vit sur le paillasson un chat couché en cercle et endormi. Il pouvait en effet passer pour un prodige de beauté. Des lignes noires et grises s'unissaient sur son front et y formaient comme des hiéroglyphes d'une extrême délicatesse, sa queue d'une longueur et d'une force extraordinaire, était aussi dessinée avec une rare perfection, sa robe bigarrée des plus riches couleurs, brillait d'un tel éclat au soleil, qu'il semblait que l'or fut mêlé au noir et au gris.

— Murr, mur ! cria maître Abraham.

— Krrr, krrr, répondit le chat, qui aussitôt s'étendit, se leva, fit le gros dos de la manière la plus gracieuse, et ouvrit deux grands yeux pétillants d'esprit et de feu ; tel était du moins l'avis du maître Abraham.

Extrait du Chat Murr
(traduction de François-Adolphe Loève-Veimars)

TABLE

L'Animal des rois

Le Chat des écrivains

Les Malheurs des chats

Histoires de chat

Les auteurs du *Cahier rouge des chats*

Alexis Akyne : étudiant français, 1990.
Marie-Catherine d'Aulnoy : écrivain français, 1651-1705.
Jules Barbey d'Aurevilly : écrivain français, 1808-1889.
Honoré de Balzac : écrivain français, 1799-1850.
Charles Baudelaire : écrivain français, 1821-1867.
Elisabeth-Charlotte de Bavière, princesse Palatine : duchesse d'Orléans, 1652-1722.
Béatrix Beck : écrivain français, 1914-2008.
Joachim du Bellay : poète français, 1522-1560.
Jeanne Louis Henriette Campan : femme de chambre de Marie-Antoinette, 1752-1822.
Lewis Carroll : écrivain anglais, 1832-1898.
François-René de Chateaubriand : écrivain français, 1768-1848.
Charles Cros : poète français, 1842-1888.
Charles Dantzig : écrivain français, né en 1961.
Jean-Nicolas de Cheverny : mémorialiste français, 1731-1802.
Jean Cocteau : écrivain français, 1889-1963.
Alphonse Daudet : écrivain français, 1840-1897.
Georges Docquois : écrivain français, 1863-1927.
Alexandre Dumas : écrivain français, 1802-1870.
Ésope : écrivain grec, VIIe siècle av. J-C.
Jean-Henri Fabre : entomologiste français, 1823-1915.
Jean-Pierre Claris de Florian : poète français, 1755-1794.
Jean de La Fontaine : poète français, 1621-1695.

Théophile Gautier : écrivain français, 1811-1872.

Edmond de Goncourt : écrivain français, 1822-1896.

Remy de Gourmont : écrivain français, 1858-1915.

Félix d'Hézecques : mémorialiste français, 1774-1835.

Hérodote : historien grec, vers 484 av. J-C-vers 420 av. J-C.

Jean-Louis Hue : écrivain français, 1949.

Ernst Theodor Amadeus Hoffmann : écrivain et compositeur allemand, 1776-1822.

Jules François Félix Husson, dit Champfleury : écrivain français, 1821-1899.

Louis de Jaucourt : encyclopédiste français, 1704-1779.

Rudyard Kipling : écrivain anglais, 1865-1936.

Jules Laforgue : écrivain français, 1860-1887.

Jacques Laurent : écrivain français, 1919-2000.

Pierre Loti : écrivain français, 1850-1923.

Thibault Malfoy : écrivain français, né en 1984.

Stéphane Mallarmé : écrivain français, 1842-1898.

François Maynard : poète français, 1582-1646.

Catulle Mendès : écrivain français, 1841-1909.

Athénaïs Michelet : femme de l'historien Jules Michelet, 1826-1899.

François Augustin de Moncrif : écrivain français, 1687-1770.

Paul Morand : écrivain français, 1888-1976.

Pline l'Ancien : naturaliste romain, 23 ap. J-C – 79.

Ambroise Paré : chirurgien français, 1510-1590.

Charles Perrault : écrivain français, 1628-1703.

Edgar Allan Poe : écrivain américain, 1809-1849.

Polyen : écrivain grec, IIe siècle ap. J-C.

Plutarque : écrivain romain, vers 46 ap. J-C – vers 125.

François Rabelais : écrivain français, 1494-1553.

Gédéon Tallemant des Réaux : écrivain français, 1619-1692.

Jules Renard : écrivain français, 1864-1910.

Edmond Rostand : écrivain français, 1868-1918.

Sophie Rostopchine, comtesse de Ségur : écrivain français, 1799-1874.

Jean-Jacques Rousseau : écrivain français, 1712-1778.

François Rozier : botaniste français, 1734-1793.

Diodore de Sicile : historien grec, vers 90 av. J-C – vers 20 av. J-C.

Hyppolite Taine : écrivain français, 1828-1893.

Émile Zola : écrivain français, 1840-1902.

Dans la collection Les Cahiers Rouges

Cocteau Jean : *La Corrida du 1er mai* ▪ *Les Enfants terribles* ▪ *Essai de critique indirecte* ▪ *Journal d'un inconnu* ▪ *Lettre aux Américains* ▪ *La Machine infernale* ▪ *Portraits-souvenir* ▪ *Reines de la France*

Combescot Pierre : *Les Filles du Calvaire*

Consolo Vincenzo : *Le Sourire du marin inconnu*

Cowper Powys John : *Camp retranché*

Curtis Jean-Louis : *La Chine m'inquiète*

Dali Salvador : *Les Cocus du vieil art moderne*

Daudet Léon : *Les Morticoles* ▪ *Souvenirs littéraires*

Degas Edgar : *Lettres*

Delteil Joseph : *Choléra* ▪ *La Deltheillerie* ▪ *Jeanne d'Arc* ▪ *Jésus II* ▪ *Lafayette* ▪ *Les Poilus* ▪ *Sur le fleuve Amour*

Desbordes Jean : *J'adore*

Dhôtel André : *Le Ciel du faubourg* ▪ *L'Île aux oiseaux de fer*

Dickens Charles : *De grandes espérances*

Donnay Maurice : *Autour du chat noir*

Doubrovsky Serge : *Le Livre brisé*

Dreyfus Robert : *Souvenirs sur Marcel Proust*

Dumas Alexandre : *Catherine Blum* ▪ *Jacquot sans Oreilles*

Eco Umberto : *La Guerre du faux*

Ellison Ralph : *Homme invisible, pour qui chantes-tu ?*

Fallaci Oriana : *Un homme*

Fernandez Dominique : *Porporino ou les mystères de Naples* ▪ *L'Étoile rose*

Fernandez Ramon : *Messages* ▪ *Molière ou l'Essence du génie comique* ▪ *Proust* ▪ *Philippe Sauveur*

Ferreira de Castro A. : *Forêt vierge* ▪ *La Mission* ▪ *Terre froide*

Fitzgerald Francis Scott : *Gatsby le Magnifique* ▪ *Un légume*

Fouchet Max-Pol : *La Rencontre de Santa Cruz*

Fourest Georges : *La Négresse blonde suivie de Le Géranium Ovipare*

Frank Bernard : *Le Dernier des Mohicans*

Freustié Jean : *Le Droit d'aînesse* ▪ *Proche est la mer*

Frisch Max : *Stiller*

Funck-Brentano Frantz : *La Cour du Roi-Soleil*

Gadda Carlo Emilio : *Le Château d'Udine*

Galey Matthieu : *Les Vitamines du vinaigre*

Gallois Claire : *Une fille cousue de fil blanc*

García Márquez Gabriel : *L'Automne du patriarche* ▪ *Chronique d'une mort annoncée* ▪ *Des feuilles dans la bourrasque* ▪ *Des yeux de chien bleu* ▪ *Les Funérailles de la Grande Mémé* ▪ *L'Incroyable et triste histoire de la candide Erendira et de sa grand-mère diabolique* ▪ *La Mala Hora* ▪ *Pas de lettre pour le colonel* ▪ *Récit d'un naufragé*

Garnett David : *La Femme changée en renard*

Gauguin Paul : *Lettres à sa femme et à ses amis*

Genevoix Maurice : *La Boîte à pêche* ▪ *Raboliot*

Ginzburg Natalia : *Les Mots de la tribu*

Giono Jean : *Colline* ▪ *Jean le Bleu* ▪ *Mort d'un personnage* ▪ *Naissance de l'Odyssée* ▪ *Que ma joie demeure* ▪ *Regain* ▪ *Le Serpent d'étoiles* ▪ *Un de Baumugnes* ▪ *Les Vraies richesses*

Girard René : *Mensonge romantique et vérité romanesque*

Giraudoux Jean : *Adorable Clio* ▪ *Bella* ▪ *Eglantine* ▪ *Lectures pour une ombre* ▪ *La Menteuse* ▪ *Siegfried et le Limousin* ▪ *Supplément au voyage de Cook* ▪ *La guerre de Troie n'aura pas lieu*

Glaeser Ernst : *Le Dernier civil*

Gordimer Nadine : *Le Conservateur*

Goyen William : *Savannah*

Groult Benoîte : *Ainsi soit-elle*

Guéhenno Jean : *Changer la vie*

Guilbert Yvette : *La Chanson de ma vie*

Guilloux Louis : *Angélina* ▪ *Dossier confidentiel* ▪ *Hyménée* ▪ *La Maison du peuple*

Maurois André : *Ariel ou la Vie de Shelley* ▪ *Le Cercle de famille* ▪ *Choses nues* ▪ *Don Juan ou la Vie de Byron* ▪ *René ou la Vie de Chateaubriand* ▪ *Les Silences du colonel Bramble* ▪ *Tourguéniev* ▪ *Voltaire*
Mistral Frédéric : *Mireille/Mirèio*
Monnier Thyde : *La Rue courte*
Monzie Anatole de : *Les Veuves abusives*
Moore George : *Mémoires de ma vie morte*
Morand Paul : *Air indien* ▪ *Bouddha vivant* ▪ *Champions du monde* ▪ *L'Europe galante* ▪ *Lewis et Irène* ▪ *Magie noire* ▪ *Rien que la terre* ▪ *Rococo*
Mutis Alvaro : *La Dernière Escale du tramp steamer* ▪ *Ilona vient avec la pluie* ▪ *La Neige de l'Amiral* ▪ *Abdul Bashur* ▪ *Le dernier visage* ▪ *Le rendez-vous de Bergen*
Nabokov Vladimir : *Chambre obscure*
Nadolny Sten : *La Découverte de la lenteur*
Naipaul V.S. : *Le Masseur mystique* ▪ *Crépuscule sur l'islam* ▪ *Jusqu'au bout de la foi* ▪ *L'Énigme de l'arrivée* ▪ *La Moitié d'une vie* ▪ *Les Hommes de paille*
Némirovsky Irène : *L'Affaire Courilof* ▪ *Le Bal* ▪ *David Golder* ▪ *Les Mouches d'automne précédé de La Niania et Suivi de Naissance d'une révolution*
Nerval Gérard de : *Poèmes d'Outre-Rhin*
Nicolson Harold : *Journal 1936-1942*
Nizan Paul : *Antoine Bloyé*
Nourissier François : *Un petit bourgeois*
Nucéra Louis : *Mes ports d'attache*
Obaldia René de : *Le Centenaire* ▪ *Innocentines* ▪ *Exobiographie*
Pange Pauline de : *Comment j'ai vu 1900* ▪ *Confidences d'une jeune fille*
Peisson Edouard : *Hans le marin* ▪ *Le Pilote* ▪ *Le Sel de la mer*
Penna Sandro : *Poésies* ▪ *Un peu de fièvre*
Peyré Joseph : *L'Escadron blanc* ▪ *Matterhorn* ▪ *Sang et Lumières*
Philippe Charles-Louis : *Bubu de Montparnasse*
Pieyre de Mandiargues André : *Le Belvédère* ▪ *Deuxième Belvédère* ▪ *Feu de Braise*
Ponchon Raoul : *La Muse au cabaret*
Poulaille Henry : *Pain de soldat* ▪ *Le Pain quotidien*
Privat Bernard : *Au pied du mur*
Proulx Annie : *Cartes postales* ▪ *Nœuds et dénouement* ▪ *Les pieds dans la boue*
Proust Marcel : *Albertine disparue*
Radiguet Raymond : *Le Diable au corps suivi de Le Bal du comte d'Orgel* ▪ *Les joues en feu*
Ramuz Charles-Ferdinand : *Aline* ▪ *Derborence* ▪ *Le Garçon savoyard* ▪ *La Grande Peur dans la montagne* ▪ *Jean-Luc persécuté* ▪ *Joie dans le ciel*
Reboux Paul et **Muller** Charles : *A la manière de...*
Revel Jean-François : *Sur Proust*
Richaud André de : *L'Amour fraternel* ▪ *La Barette rouge* ▪ *La Douleur* ▪ *L'Etrange Visiteur* ▪ *La Fontaine des lunatiques*
Rilke Rainer-Maria : *Lettres à un jeune poète*
Rivoyre Christine de : *Boy* ▪ *Le Petit matin*
Robert Marthe : *L'Ancien et le Nouveau*
Rochefort Christiane : *Archaos* ▪ *Printemps au parking* ▪ *Le Repos du guerrier*
Rodin Auguste : *L'Art*
Rondeau Daniel : *L'Enthousiasme*
Roth Henry : *L'Or de la terre promise*
Rouart Jean-Marie : *Ils ont choisi la nuit*
Rutherford Mark : *L'Autobiographie de Mark Rutherford*
Sachs Maurice : *Au temps du Bœuf sur le toit*
Sackville-West Vita : *Au temps du roi Edouard*
Sainte-Beuve : *Mes chers amis...*
Sainte-Soline Claire : *Le Dimanche des rameaux*
Saint Jean Robert de : *Journal d'un journaliste*
Schneider Peter : *Le Sauteur de mur*
Schoendoerffer Pierre : *L'Adieu au roi*

Sciascia Leonardo : *L'Affaire Moro* ■ *Du côté des infidèles* ■ *Pirandello et la Sicile*

Semprun Jorge : *Quel beau dimanche*

Serge Victor : *Les Derniers temps* ■ *S'il est minuit dans le siècle*

Sieburg Friedrich : *Dieu est-il Français ?*

Silone Ignazio : *Fontarama* ■ *Le Secret de Luc* ■ *Une poignée de mûres*

Soljenitsyne Alexandre : *L'Erreur de l'Occident*

Soriano Osvaldo : *Jamais plus de peine ni d'oubli* ■ *Je ne vous dis pas adieu...* ■ *Quartiers d'hiver*

Soupault Philippe : *Poèmes et poésies*

Stéphane Roger : *Chaque homme est lié au monde* ■ *Portrait de l'aventurier*

Suarès André : *Vues sur l'Europe*

Teilhard de Chardin Pierre : *Écrits du temps de la guerre 1916-1919* ■ *Genèse d'une pensée* ■ *Lettres de voyage*

Theroux Paul : *La Chine à petite vapeur* ■ *Patagonie Express* ■ *Railway Bazaar* ■ *Voyage excentrique et ferroviaire autour du Royaume-Uni*

Twain Marc : *Quand Satan raconte la terre au Bon Dieu*

Vailland Roger : *Bon pied bon œil* ■ *Les Mauvais coups* ■ *Le Regard froid* ■ *Un jeune homme seul*

Van Gogh Vincent : *Lettres à son frère Théo* ■ *Lettres à Van Rappard*

Vasari Giorgio : *Vies des artistes* ■ *Vies des artistes, II*

Vercors : *Sylva*

Verlaine Paul : *Choix de poésies*

Vitoux Frédéric : *Bébert, le chat de Louis-Ferdinand Céline*

Vollard Ambroise : *En écoutant Cézanne, Degas, Renoir*

Vonnegut Kurt : *Galápagos* ■ *Barbe-Bleue*

Wassermann Jakob : *Gaspard Hauser*

Webb Mary : *Sarn*

White Kenneth : *Lettres de Gourgounel* ■ *Terre de diamant*

Whitman Walt : *Feuilles d'herbe*

Wilde Oscar : *Aristote à l'heure du thé* ■ *L'Importance d'être Constant*

Wittig Monique et **Zeig** Sande : *Brouillon pour un dictionnaire des amantes*

Wolfromm Jean-Didier : *Diane Lanster* ■ *La Leçon inaugurale*

Zola Émile : *Germinal*

Zola Émile, **Alexis** Paul, **Céard** Henry, **Hennique** Léon, **Huysmans** JK, **Maupassant** Guy de : *Les Soirées de Médan*

Zweig Stefan : *Brûlant secret* ■ *Le Chandelier enterré* ■ *Erasme* ■ *Fouché* ■ *Marie Stuart* ■ *Marie-Antoinette* ■ *La Peur* ■ *La Pitié dangereuse* ■ *Souvenirs et rencontres* ■ *Un caprice de Bonaparte*

Cet ouvrage a été imprimé en France
par CPI
en octobre 2015

Composition réalisée par Belle Page

N° d'édition : 19082 – N° d'impression : 2018704
Dépôt légal : octobre 2015